客户体验丛书

客户旅程

以客户为中心的作战地图

刘胜强 / 编著

CUSTOMER JOURNEY

CUSTOMER-CENTRIC OPERATION MAP

人民邮电出版社

北 京

图书在版编目（ＣＩＰ）数据

客户旅程 ：以客户为中心的作战地图 / 刘胜强编著
. -- 北京 ：人民邮电出版社，2023.9
（客户体验丛书）
ISBN 978-7-115-62509-0

Ⅰ．①客… Ⅱ．①刘… Ⅲ．①企业管理－销售管理
Ⅳ．①F274

中国国家版本馆CIP数据核字(2023)第154499号

内 容 提 要

本书是"客户体验丛书"的第二本，重点聚焦客户旅程专题，主要包括四部分：第一部分主要介绍客户旅程的核心概念和客户旅程管理的总体框架；第二部分主要对客户旅程管理中的核心主题进行深入介绍，尤其是关于客户旅程地图的绘制和客户旅程分析；第三部分主要介绍客户旅程在各个专业领域的应用方法和案例，从文化建设、客户洞察、品牌和营销，到整体的企业转型，尤其是在营销领域的应用，进行了重点阐述；第四部分主要介绍与客户旅程相关的工具和平台。

本书适合客户体验管理、品牌和营销、客户研究和分析人员，以及客户体验工具与平台的从业人员阅读。

◆ 编　　著　刘胜强
　　责任编辑　苏　萌
　　责任印制　马振武
◆ 人民邮电出版社出版发行　　北京市丰台区成寿寺路 11 号
　　邮编　100164　电子邮件　315@ptpress.com.cn
　　网址　https://www.ptpress.com.cn
　　涿州市京南印刷厂印刷
◆ 开本：720×960　1/16
　　印张：15　　　　　　　　　2023 年 9 月第 1 版
　　字数：220 千字　　　　　　2023 年 9 月河北第 1 次印刷

定价：89.80 元

读者服务热线：**(010)81055493**　印装质量热线：**(010)81055316**
反盗版热线：**(010)81055315**
广告经营许可证：京东市监广登字 20170147 号

前言
Foreword

数字技术的迅猛发展，带来触点和交互的爆发式增长，从用户体验（User Experience，UX）走向客户体验（Customer Experience，CX）成为必然趋势。在客户体验时代，客户旅程（Customer Journey）将成为最基础、最核心的要素。而对客户旅程的管理能力是企业客户体验管理能力的基石，它包括了企业的触点管理、客户旅程地图绘制、客户旅程分析、客户旅程编排等一系列进阶能力，它是企业开展体验文化建设、客户体验度量、客户体验设计、体验创新等所有体验相关工作的第一步。

客户旅程正在从早期的一个客户研究方法，逐步上升为企业运营和管理的战略工具。与其他很多专业方法相比，客户旅程有一个非常难能可贵的特点，就是它非常直观、有趣，不论是来自研究、营销、设计领域，还是 IT 领域的人员，都可以非常快速地理解这个概念，初用起来也非常简单，大大降低了使用门槛。但是，要深入应用客户旅程，并且取得显著的实质性效果，却是一件非常困难的事情。客户旅程不是一个一蹴而就的方法，想要使其在企业里广泛应用，需要更加全面、严格的实施体系。为了让更多的企业、机构和专业人员，更快、更好地掌握客户旅程相关的理念、方法和工具，在实践中避免失误，本书从更体系化的角度构建了整个客户旅程管理的框架，并详细介绍了各个组成模块相关的概念、方法、工具和应用案例，希望能帮助大家从客户旅程中获得更大的价值。

同时，这本书也是"客户体验丛书"的第二本，是总册《客户体验101：从战略到执行》之外的第一本主题分册，建议结合总册一起阅读，以便能更加全面地了解客户体验和客户旅程的关系，更好地使用客户旅程这个方法。

刘胜强

2023 年 1 月

什么是客户旅程

客户旅程是一段时期内，客户与品牌在一系列触点上交互的总和，按关注层面可分为跨渠道的宏观旅程和某一渠道内的微观旅程。

为什么关注客户旅程

数字化时代触点爆发式的增长，使单一触点的交互已经无法反映客户体验的真实水平，客户旅程正在成为企业提供实时、一对一高质量客户体验的主线和基石。

如何利用客户旅程

客户旅程既可以作为研究和设计的辅助工具，同时也是数字化时代贯穿企业战略转型、文化建设、体验设计、交付、测量等各环节的运营模式和总体框架。

目录
Contents

Part 3
第三部分　客户旅程在各领域的应用

第一部分

客户旅程管理总体框架

本部分首先阐述了客户旅程在数字化时代的重要性和必要性，并构建了客户旅程管理的总体框架、主要的工作内容和总体原则。

第 1 章

客户旅程管理：

数字化体验管理的
核心能力

本章概要

　　数字化时代，客户与企业交互的触点爆发式增长，客户体验正在从单一触点走向端到端旅程，客户旅程是企业交付最佳体验的根本。本章首先介绍数字化给客户体验带来的内涵演变，以及客户旅程能给客户和企业带来的价值。然后重点阐述作为数字化体验管理的核心能力——客户旅程管理的整体架构、工作内容和工作原则。

1.1 数字化带来的触点大爆炸

过去 10 年，数字技术的爆发式增长创造了"赋能型"的客户，他们能够熟练地使用各种工具和无数的信息，在自己有需求时就能找到他们想要的东西，并以最低的价格让这些东西交付到自己家门口。为了应对这一趋势，以客户为中心的企业开启了数字化转型之路，争先恐后地拓展与客户的数字化触点和交互，以跟上客户的步伐。

如今，始终在线的客户使用越来越多的触点来发现、探索、购买、使用商品，以及与品牌保持互动。企业通过实体店、自助终端、平板电脑、呼叫中心、移动终端、社交媒体等各类渠道和触点，以各种复杂的形式与客户进行交互，如图 1-1 所示。在数字化的早期，互联网和移动互联网是这些日益复杂的购买过程的核心部分，伴随着 5G 的发展，以物联网为代表的其他数字触点也迅速普及，不管在哪个领域，客户与企业的触点都在急剧增加，具体表现在以下几个方面。

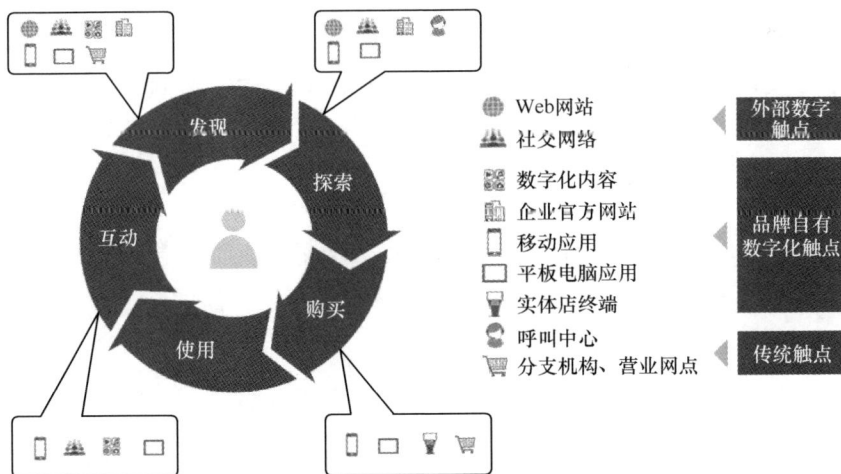

Web网站
社交网络
数字化内容
企业官方网站
移动应用
平板电脑应用
实体店终端
呼叫中心
分支机构、营业网点

外部数字触点
品牌自有数字化触点
传统触点

图1-1　数字化时代跨触点永续连接的客户

偏好随时随地的数字化交互：客户尤其是年轻人群更加青睐数字化渠道，2022 年中国互联网信息中心（CNNIC）调查的数据显示，中国的网民规模达到 10.51 亿，手机网民规模达到 10.47 亿，手机用户中线上购物的比例达到81.6%，移动支付比例达到 87.6%。即使是传统零售企业也正在通过部署数字显示器、平板电脑等电子设备将数字功能集成到商店中。

喜欢跨渠道和触点体验：客户已经越来越喜欢通过多渠道与企业交互，对多渠道购物的期望在持续增加。根据消费者研究机构 ChannelAdvisor 在 2022 年对全球超过 5000 名消费者的调查，82% 的消费者在购买旅程中会使用多个数字化触点，70% 的消费者会使用 2 ～ 4 个触点，12% 的消费者使用的触点在 5 个以上，44% 的消费者会线上下单、线下实体店取货。线上和线下体验之间的紧密结合对满足客户的需求已经变得至关重要。

热衷于通过社交渠道搜索和分享：数字化时代的客户社交属性很高，而不仅仅是通过网络了解购物情况。68% 的中国城市网民会定期在品牌的官方网站上查看评分和评论；京东、天猫等各大电商网站都建立了强大的评论功能，很多购物者会上传自己购买产品的照片和使用视频。

在客户偏好和行为触发对数字化触点需求的同时，数字技术也在迅猛发展以迎合这种需求。自 2016 年以来，智能终端市场逐渐饱和，但人工智能（AI）、物联网（IoT）等新技术应用加速发展，开始出现了语音交互、生理识别、VR（虚拟现实）/AR（增强现实）等新的交互形式。同时，由于前期移动互联网大发展时期出现的大量 App 和社交网络，也让客户与企业进行交互的渠道从原来的单一触点（产品 / 服务）变得多元化。所以，不管从交互的形式还是交互的渠道来看，客户体验正在从原来的单点图文交互走向多维交互，如图 1-2 所示。

在新需求、新技术的驱动下，客户与企业交互的形式与渠道呈现多元化，而且与企业打交道的触点数量正在急剧增加。根据美国咨询委员会 SAB 的估算，每个消费者在 2022 年的每一天有 34 亿个触点可以进行交互。

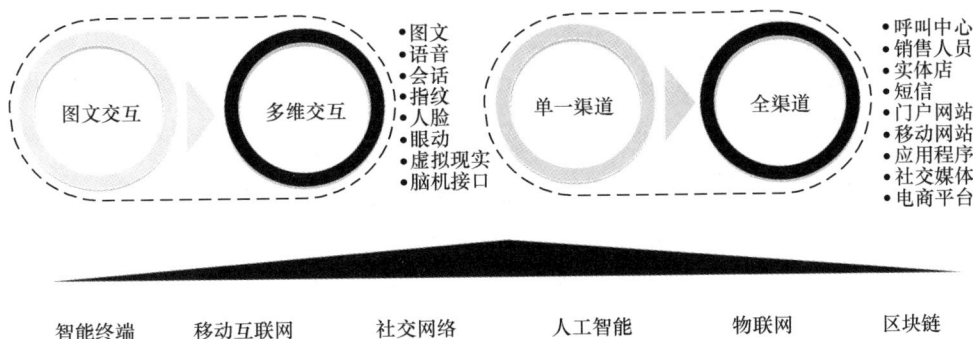

图1-2　体验的多元发展趋势

1.2　触点大爆炸带来的挑战

触点的急剧增加，虽然加强了客户与企业的连接，但同时也带来了更多的复杂性和相应的问题，这主要表现在以下几个方面。

1. 客户行为的随机性和不确定性增加

太多的触点加上太多的影响因素，导致客户随时可能会受到另外一个触点的影响，快速跳转到其他触点。根据英国数字营销专家娜塔莉·薇芙（Natalie Weaving）的研究，目前一个客户至少需要跟企业/品牌经历9个触点，才会形成一次最终的消费。也就是说，在触点大爆炸的趋势下，客户行为的随机性和不确定性大大增加，单一触点对转化率的贡献在不断下降。

2. 客户最终的感知并不是简单线性的触点累加

触点增加了，但是客户的满意度并不是对这些触点感知的简单平均，这就导致了多触点会不断放大每一个触点的缺陷。根据麦肯锡对某个电信运营商获客过程的研究，一个客户从最开始接触到最后购买服务持续3个月的时间，平均涉及9次电话联系、一次技术人员的上门拜访，以及多次电子邮件互动。在每个触点，客户对企业的满意度都超过了90%，但整个过程下来，平均的客户满意度却降至约40%。每个触点并没有问题，但整个过程出现了问题。所以，触点的增加让企业提供良好体验的难度急剧增加。

3. 企业内部职能孤岛式的组织结构面临巨大挑战

许多企业仍然在组织孤岛中运作，每个职能部门承担着不同的职责，负责不同的触点，这种模式限制了企业在整个过程中提供流畅的跨触点体验能力的发挥。这种烟囱式的运营模式会不断造成触点之间的体验断裂，同时会把每个触点的缺陷放大，对最终的体验造成严重的影响。

1.3 从单一触点走向客户旅程

在企业现有的模式和环境下，多触点会在客户体验、商业转化上给企业带来巨大的挑战，企业不能像过去一样只把焦点放在单一触点上，而应该放在由多个触点组成的一个完整过程上，这个端到端的过程就是客户旅程。企业也应该从追求聚焦单一触点交互的用户体验（UX），转向更加注重覆盖整个客户旅程的客户体验（CX）。

客户旅程的定义：客户旅程是客户为达成某一目标，在各个阶段与品牌在一系列触点上交互的总和。

——客户体验 CX101

数字技术将产品和服务（不论是实体还是数字的）分解为越来越细的、越来越多的触点，未来的体验就是基于这些触点组合而成的旅程形成的感知，如图 1-3 所示。随着触点的增多和行为的碎片化，未来在单一触点上的体验追求的是效率和沉浸，小程序的迅速发展就是这一趋势的体现。而多触点的客户体验，将是像客户旅程一样的流。这种流以客户为中心，为每一个客户的每一次体验，提供实时、智能、一对一的交互，并且每一次交互都更加自然，整体更加流畅。

1. 对客户旅程的关注迅速增加

在意识到数字化带来的客户行为和体验内涵上的变化后，各方对客户旅程的关注和重视越来越多。Google 搜索趋势数据显示，过去 15 年全球范围内对"客户旅程"和"客户体验"的关注度在持续迅速增加，而对"用户体验"的关注度则基本持平。5 年前，"客户旅程"的搜索量只有"用户体验"的 1/5 左右，但目前已经处在同一水平，如图 1-4 所示。

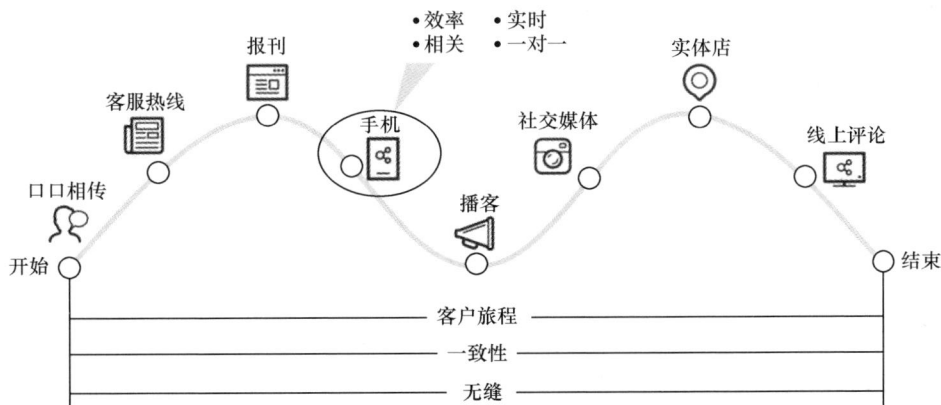

图1-3　数字化时代的体验蓝图

图1-4　过去5年全球Google搜索热度趋势

（资料来源：Google Trends）

　　同时，来自业内大型企业、权威研究和咨询机构的数据也都显示，客户旅程对客户体验和实现最终商业价值发挥了积极作用，如图 1-5 所示。所有这些来自不同角度的观点都说明：关注单一触点是不够的，多触点的客户旅程才是未来。

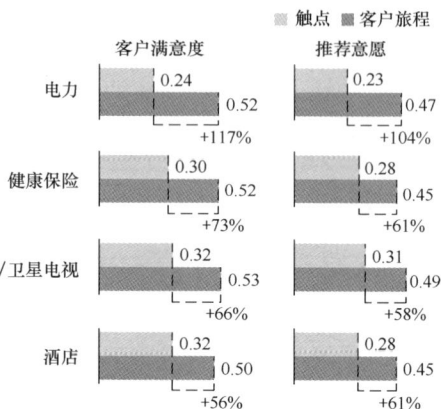

"客户体验旅程水平的高低，与客户满意度和收入的相关性，远高于触点的表现。"

"尽力提升客户旅程的满意程度，不仅可以将客户满意度提升20%，更可能降低20%的服务成本，同时提高15%的业务收入。"

客户满意度提升 **20%**

服务成本降低 **20%**

业务收入增加 **15%**

客户旅程与整体绩效表现的相关性明显高于触点

▨ 触点　■ 客户旅程

	客户满意度	推荐意愿
电力	0.24 / 0.52　+117%	0.23 / 0.47　+104%
健康保险	0.30 / 0.52　+73%	0.28 / 0.45　+61%
有线电视/卫星电视	0.32 / 0.53　+66%	0.31 / 0.49　+58%
酒店	0.32 / 0.50　+56%	0.28 / 0.45　+61%

图1-5　客户旅程与满意度、商业绩效之间的关系

[资料来源：麦肯锡咨询公司（McKinsey&Company）]

2. 客户旅程的特点

数字化时代的客户旅程，主要有以下特点，在进行客户旅程的研究、分析和管理时需要注意以下几点。

（1）每一个客户旅程都是独一无二的

根据客户旅程的定义，不同的人在不同的场景下，其目标也会不一样，所以每一个人在每一次不同的场景下，都会有一次不同的客户旅程，与组织产生不同的交互和体验。因此，在真实的世界里，每时每刻都有无数的客户在经历着无数个不同的客户旅程，每个人都从这个独一无二的客户旅程中，获得实时的、独特的客户体验。

（2）客户旅程可以划分为不同的阶段

虽然客户旅程的终点是达成某一个目标，但是客户是通过逐步完成不同的小目标，最终达成这个大目标的。达成这些小目标的过程，就是一个完整客户旅程中的不同阶段。通常，我们可以将一个客户旅程划分为发现、探索、购买、使用、互动等几个主要的通用阶段，但并不是每次的客户旅程都会经历所有的阶段，而且其不是线性的，可能会发生阶段性的暂停、跳跃、往复。

3. 客户旅程的不同类型

在数字化时代，由于触点的急剧膨胀、信息的无限扩张，相比以前，客户为完成某一个目标所经历的交互会越来越多，实际经历的客户旅程会越来越复杂。在有强大的数字化工具和平台可以使用之前，我们是无法看清实际发生的真实的客户旅程的。同时，为了避免从一开始就陷入过于具体的细节而导致整体视角的缺失，我们需要根据不同的需要，在不同的层面对客户旅程进行分析和研究。

（1）微观客户旅程

微观客户旅程是客户在某一个触点或渠道内的行为路径。如果是在线下渠道，其可能发生在一个营业厅或者实体门店，而在线上则可能是一个 Web 网站或各个 App 内的旅程。这些渠道内的客户旅程可能还包括一些更聚焦、更短的微观客户旅程，我们往往只截取某一段客户旅程来做深入分析，如客户注册旅程、客户登录旅程等。使用过谷歌分析（Google Analytics）的人们应该对图 1-6 比较熟悉，它展示的是用户在一个网站或者 App 内的总体行为路径（Google Analytics 称其为 User Flow）：包括总共经历了几步，每一步打开了哪些页面，每个页面的流量是多少，每一步的上一步是从哪里来的，下一步流向了哪里，有多少用户直接退出了。同样，对于每一个用户，也有同样的路径图。基于这些数据，可以分析用户最典型的路径有哪些，最不常走的路径是哪些，在哪些路径的哪个页面转化率最高，哪些路径的流失率和转化率最低，并结合具体的页面分析原因，找到优化方案。

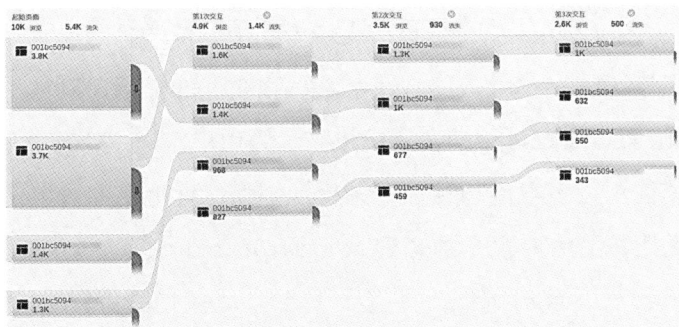

图1-6　微观客户旅程（以某网站的客户浏览行为为例）

（资料来源：Google Analytics）

（2）宏观客户旅程

宏观客户旅程是在微观客户旅程的基础上，进行抽象和提炼后的跨渠道和触点的旅程。与微观客户旅程相比，它的复杂程度会大很多。尤其是在数字化时代，渠道和触点的形式越来越多，为了某一个目的而进行的跨渠道和触点行为已经成为常态，并且会日趋复杂。以电信运营商的宽带服务来说，客户从最初的了解到购买使用、到期后续约，会经历 7 个阶段，每个阶段都可以通过各种线上线下触点跟企业交互，如图 1-7 所示，并且不同触点之间也不是单向线性的，可能会存在迂回，所以整个客户旅程会非常复杂。据统计，一个省级运营商的各级线上触点有 300 ～ 600 个，线下触点有 1000 ～ 3000 个。虽然其分析的整体框架与微观客户旅程大致相同，但分析的触点数量、层次和维度会大大增加。

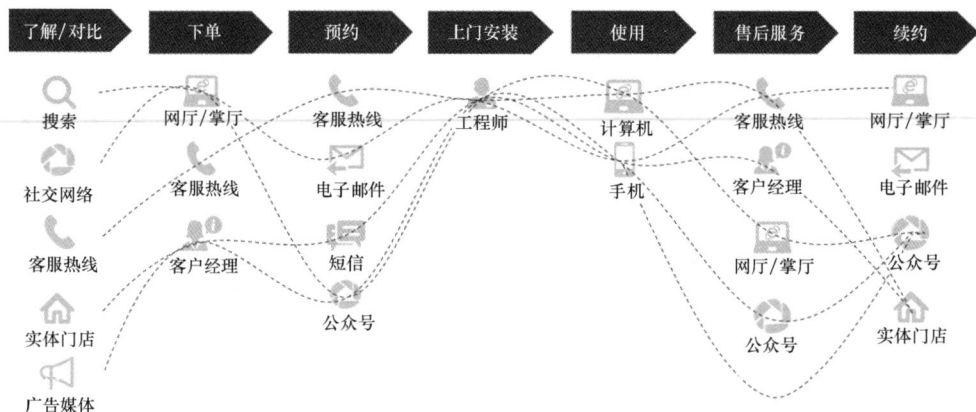

图1-7 宏观客户旅程（以光纤宽带客户体验为例）

微观客户旅程往往被用在具体使用流程和交互的分析、设计上，侧重于用户体验（User Experience）层面，所以也被称为用户旅程（User Journey）。而宏观客户旅程往往用在多渠道和触点的分析规划和设计上，同时也可以支持具体交互层面的设计，侧重于客户体验（Customer Journey）。

除了用户旅程、客户旅程，还有一个更广泛视角的旅程——消费者旅程（Consumer Journey）。用户旅程是客户与某一个产品、渠道、触点相关，而客户旅程是与某一个企业或组织相关。但有时为了完成某一个目标，客户会在不同的品牌之间进行穿梭，而不仅仅局限于某一个企业或组织，这种交互也不仅仅是不同品牌之间的信息对比，例如，在阿里云平台完成一个网站备案的过程，需要在不同的阶段跟阿里、认证机构、政府部门进行交互，这就是消费者旅程。旅程的不同层面如图 1-8 所示。

图1-8　旅程的不同层面

1.4　客户旅程管理的框架

在客户体验时代，客户旅程将成为最基础、最核心的要素，客户旅程的管理能力是企业客户体验管理能力的基石。它包括了企业的基本要素管理、客户旅程地图绘制、客户旅程测试与分析、客户旅程编排等一系列进阶能力，它是企业开展体验文化建设、客户体验测量、客户体验设计、体验创新等所有体验相关工作的第一步。客户旅程管理框架如图 1-9 所示。

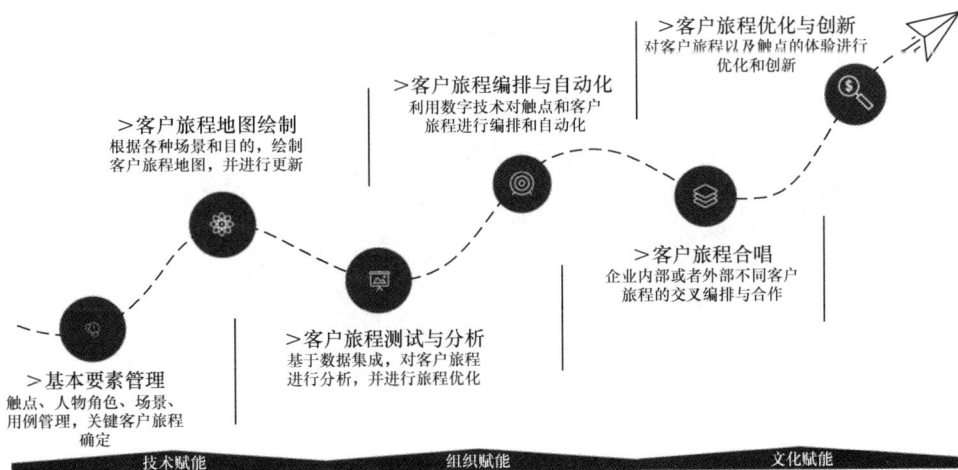

>客户旅程优化与创新
对客户旅程以及触点的体验进行优化和创新

>客户旅程编排与自动化
利用数字技术对触点和客户旅程进行编排和自动化

>客户旅程地图绘制
根据各种场景和目的，绘制客户旅程地图，并进行更新

>客户旅程合唱
企业内部或者外部不同客户旅程的交叉编排与合作

>客户旅程测试与分析
基于数据集成，对客户旅程进行分析，并进行旅程优化

>基本要素管理
触点、人物角色、场景、用例管理，关键客户旅程确定

技术赋能　　　　组织赋能　　　　文化赋能

图1-9　客户旅程管理框架

客户旅程管理的定义：客户旅程管理基于对人物角色和触点等基本要素的管理，通过客户旅程地图绘制、客户旅程测试与分析、客户旅程编排与自动化、客户旅程合唱、客户旅程优化与创新等实践活动，监测、分析客户的行为和体验，以优化全周期、全触点的客户体验。

——客户体验CX101

1. 客户旅程管理的基本原则

（1）全员参与

客户旅程管理是一项全面管理行为，不单是对客户旅程中可见部分（与客户交互的部分）的管理，还包括对客户旅程中不可见部分（为客户旅程交付提供支持的内部行动）的管理，如图1-10所示。它是一项需要全员参与的系统工程，包括营销、销售、客服等一线团队，也包括科技、物流、生产等后端部门。

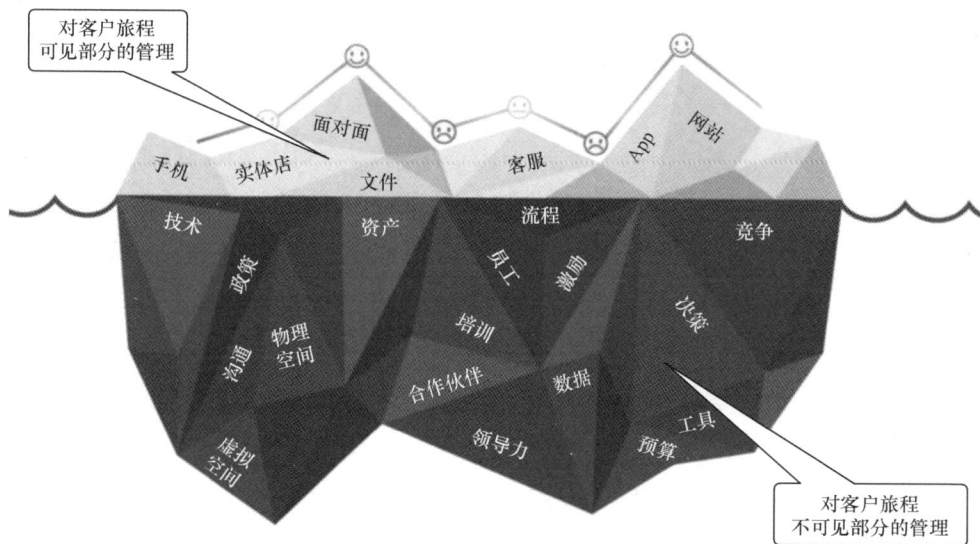

图1-10 客户旅程冰山

[资料来源：客户旅程专家凯丽·博丁（Kerry Bodine）]

（2）3K 原则

3K 指关键人物角色（Key Persona）、关键客户旅程（Key Journey）、关键触点（Key Touchpoint），如图 1-11 所示。在客户与企业交互的过程中，不同的客户、不同的场景相互交叉会产生非常多的旅程，但并不是所有的旅程都是同等重要的，不同的问题对客户体验的影响程度并不是线性的，企业的资源也是有限的，为了确保有限的投入能获得最大的体验改善，需要优先对最重要的客户旅程进行改进。

聚焦 3K 是企业在客户旅程管理中取得突破的关键

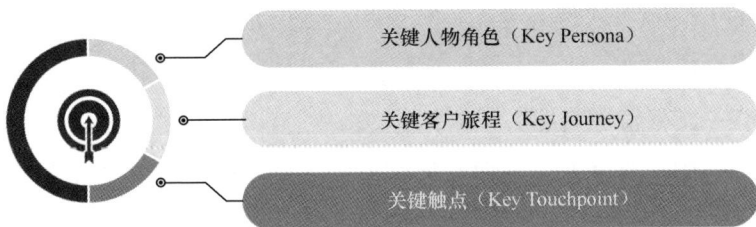

图1-11　客户旅程管理的3K原则

（3）敏捷迭代

这项原则是在第二项原则基础上的延展。首先按照 3K 原则选取重点客户旅程切入，当在少数几个客户旅程上快速获得效果、证明客户旅程管理的价值后，开始建立相对规范的数据和运营体系，再向其他业务领域进行快速扩展，获取规模效益。

2. 客户旅程管理的工作内容

基本要素管理是客户旅程管理的基础。管理好客户旅程的基本要素，是开展更高阶的客户旅程地图绘制、分析和编排工作的基础。对人物角色、客户场景、渠道和触点进行全面梳理，建立规范的管理制度和体系，可以大大提升其他客户旅程管理工作的效率和效果。

（1）客户旅程地图绘制

客户旅程地图以可视化图形的方式呈现特定客户的某一场景下的假定性客户旅程，描述这一过程中各阶段客户的目标、期望、行为、情绪、痛点等，以及完整的体验。

（2）客户旅程分析

客户旅程分析结合定性与定量、主观与客观数据，对贯穿客户旅程的全触点、全周期客户交互行为、动机进行分析，并预测客户行为，以优化交互、提升价值。

（3）客户旅程编排

客户旅程编排基于预测性和规范性的客户旅程分析能力，以接近实时的方式，对与客户的一系列跨渠道、多触点的交互进行设计和规划，并以自动化流程的方式提供实践。

（4）客户旅程管理赋能

与整体的体验管理工作需要赋能体系的支持一样，客户旅程管理也需要文化、技术和组织方面的赋能。

以上客户旅程管理的各项工作，将在以下章节进行具体的介绍和阐述，包括每项工作的内容、方法、工具和评估。

第二部分

客户旅程管理
核心内容

本部分主要阐述客户旅程管理框架包含的各专题内容，重点涵盖客户旅程地图的概念、要素、绘制方法、应用场景，以及客户旅程分析的方法和应用案例。

第 2 章

客户旅程地图：

以客户为中心的
作战地图

本章概要

客户旅程地图是客户旅程的可视化表达，它是体验经济时代企业在体验战场上的作战地图。本章首先分析客户旅程地图的演进历程，然后重点介绍客户旅程地图的组成要素，以及客户旅程地图的主要用途和作用，最后对与客户旅程地图类似的各种地图进行对比分析。

2.1 客户旅程地图的演进历程

客户旅程地图（Customer Journey Map，CJM）一词的确切来源尚不清楚，但跨触点的基本思想最早来自简·卡尔松（Jan Carlzon）的"关键时刻（Moment of Truth）"这一概念，他在 1987 年出版了客户经营的经典著作《关键时刻》。卡尔松提倡对客户体验进行生态考虑，但他也从未明确谈及"客户旅程地图"这一概念。

直到 20 世纪末，"用户体验""客户体验""体验经济"等体验相关的核心概念逐渐成为人们关注的焦点，客户旅程地图才开始出现。例如，在 1994 年《营销管理》杂志发表的一篇开创性文章中，《客户体验工程》的作者刘易斯·卡本（Lewis Carbone）和斯蒂芬·海克尔（Stephan Haeckel）提到了"体验蓝图（Experience Blueprint）"，他们将其定义为"对需要工程化的体验意图的图形化呈现，并对每项意图的特性及其功能进行描述"。

2002 年，客户体验专家柯林·肖（Colin Shaw）在简·卡尔松"关键时刻"的基础上，引入他称之为"时刻地图（Moment Mapping）"的概念。通过将各种与客户联系的时刻串联起来，最后可以得到一个像带有多片羽毛的箭头一样的图形，如图 2-1 所示，每一片羽毛代表客户体验中的一个阶段。通过这个图形可以分析和提炼出创建出色客户体验的机会，柯林·肖对时刻地图要素的描述与现在的客户旅程地图非常相似，其中包括了客户在旅程中各个阶段的期望，以及在情感方面的要素，如图 2-2 所示。

可以说，作为一种类型的图表，客户旅程地图很大程度上源自服务蓝图。虽然两种类型的图比较相似，特别是在结构（按时间顺序）上，但是在视角、范围、重点和用途上，二者存在差异。现代风格的客户旅程地图大概是在 20 世纪初出现的，体验管理专家布鲁斯·特姆金（Bruce Temkin）及其曾经工作过的客户体验研究机构——弗雷斯特（Forrester），是客户旅程地图最早的积极支持者之一，并在美国大力推广客户旅程地图。2010 年，布鲁斯·特姆金在一份弗雷斯特发布的题为《绘制客户旅程地图》的报告中，将客户旅程地图定义为：

客户旅程地图是用可视化的方式说明客户与企业关系中的流程、需求和感知的文档。

——布鲁斯·特姆金

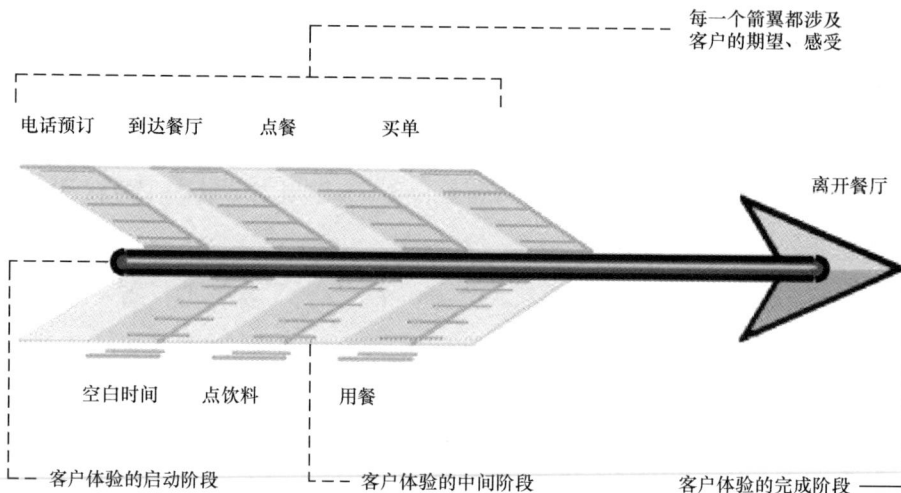

图2-1 柯林·肖对时刻地图要素的描述

（资料来源：《建设伟大的客户体验》）

步骤	预订	空白阶段	开车前往	到达停车场	进入餐厅	下单
期望	我能顺利完成预订，餐厅还有位置	直到我当晚到达餐厅这段时间，什么也没发生	我不需要导航就能顺利到达餐厅	很容易找到车位，停车方便	我受到服务员面带微笑的欢迎，他们很友好，帮我找到座位	会有很多的选择，且以一种友好的方式呈现
威胁	座位已经全被预订了	什么也没做，失去了可能的机会	我不知道餐厅的位置	到达餐厅时已经没有车位了	忽略我，因为所有的服务员都很忙	菜单上没有我喜欢的菜，广告上的已经售完了
超越实体期望的机会	预订时，服务员记得我来过，并知道我以前点过哪些菜	我刚刚收到了一封预订确认信和一份菜单的副本	餐厅发来一张地图	餐厅预留了一个车位给我	到达餐厅时，服务员在门口列队欢迎我	服务员给出不错的建议
超越情感期望的机会	服务员认出了我，并记得上次我来吃饭的时间	这封信是个性化的，推荐了我可能会喜欢的菜，这让我很高兴	我正在看菜单，看起来很不错	餐厅外面专门设有一个标志，欢迎我的光临	我受到的欢迎像迎接久别重逢的亲人	服务员记得我上次吃过什么，表明他们的关心
情感诱发	惊喜且充满期待	惊喜且充满期待	餐厅考虑得非常周到	我感到自己很特别	服务员对我像朋友一样	服务员非常关心顾客

图2-2 时刻地图包含的情感要素

（资料来源：《建设伟大的客户体验》）

特姆金指出，公司需要使用能够加深对实际客户需求理解的工具和流程，该领域的关键工具之一就是"客户旅程地图"。这些地图如果使用得当，可以将公司的视角从由内而外转变为由外而内。

图 2-3 是一个关于通信业务某一场景的客户旅程地图示例，地图中划分了旅程的主要阶段，体现了消费者在每个阶段与企业在各个渠道和触点的互动，分析了每个阶段存在的痛点、情感和满意度。需要注意的是，客户旅程地图一定是和具体的人物角色、场景相对应的。相同的人群在不同的场景下，其客户旅程是不一样的，即使是相同的场景，不同的人群所经历的旅程也是不同的。

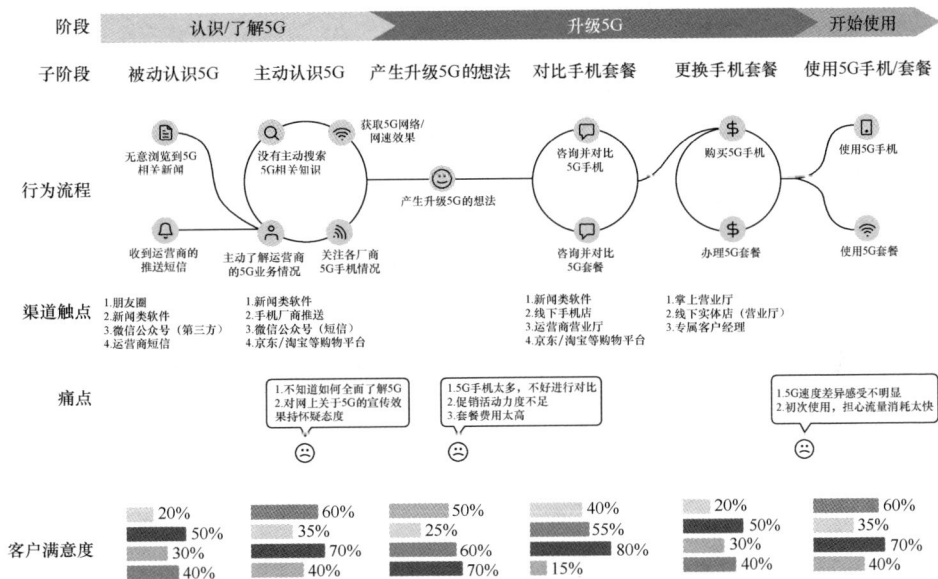

图2-3　客户旅程地图示例

客户旅程画布（Customer Journey Canvas）是客户旅程地图的一个变种，特别适合于需要快速从整个团队获取输入信息的场景。利用这种开放、框架式的画布，可以让其他人非常容易地参与到客户旅程地图中。客户旅程画布是由服务设计专家马克·斯蒂克多恩（Marc Stickdorn）和雅各布·施耐德（Jakob Schneider）在《这就是服务设计思维》（*This Is Servece Design Method*）一书中提出的，画布的模板可以用于团队一起审核其客户的旅程。

客户旅程画布揭示了服务体验的前台和后台，使团队提供服务前的行动与客户期望保持一致，以及在提供服务后，还能帮助团队管理客户关系等，如图2-4所示。

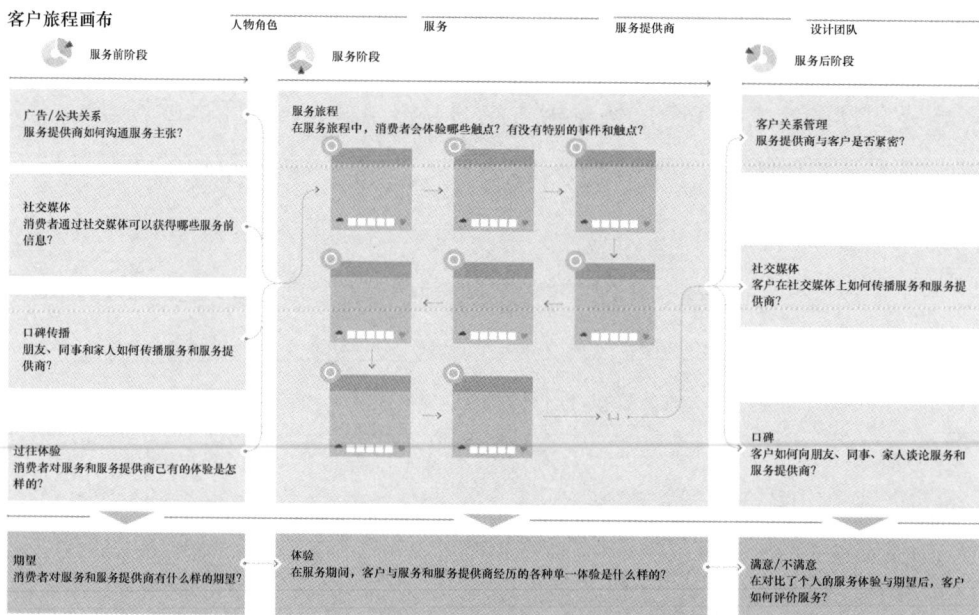

图2-4 作为客户旅程地图变种的客户旅程画布

（资料来源：《这就是服务设计思维》）

2.2 客户旅程地图的组成要素

客户旅程地图常见的组成要素包括人物角色、场景、目标、阶段、渠道和触点、客户行为、关键时刻、客户情感、客户痛点和机会等，如图2-5所示。除了这些常见的组成要素，有时根据需要，客户旅程地图还可以进一步包含利益相关者、服务蓝图等要素。

（1）人物角色

客户旅程的目标客户，在旅程中要体现客户的基本信息、个性特征、目前状况、未来目标等。

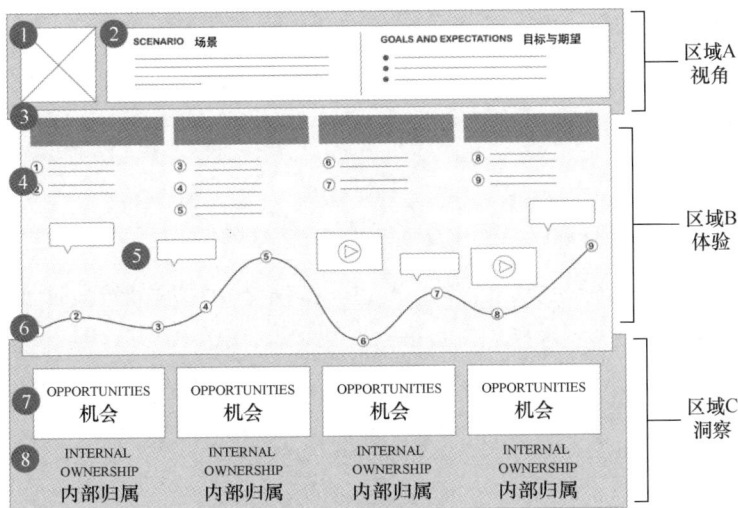

图2-5 客户旅程地图的主要组成要素

[资料来源：尼尔森诺曼集团（NNG）]

（2）场景

触发人物角色开启某一客户旅程的环境，是让客户产生一个明确目标的开始画面和情形。一个完整的客户旅程，同时也是一个系列场景的组合。

（3）目标

在当下的场景和旅程中，客户期望获得的结果，即他／她想要获得什么？达成怎样的目标？

（4）阶段

阶段是在一个完整的客户旅程中相对独立的子过程。这些过程往往具备相对的阶段性目标、连续行为，或者区别于其他阶段的子场景。

（5）渠道和触点

渠道和触点是客户与企业发生交互的场所和对象，触点是具体的交互对象，而渠道是触点的载体。渠道和触点既有实体的，也有数字化的。

（6）客户行为

客户行为是在每一个渠道和触点，客户与企业发生的各种交互，也可能包含与其他企业的交互。这些行为往往存在一定的逻辑关联，也是形成体验的基础。

（7）关键时刻

关键时刻是在整个旅程的所有交互过程中，对客户情感、感知影响最大的时刻，这些关键时刻决定了整个客户旅程的体验水平。

（8）客户情感

客户情感是客户在每个过程和交互中的情绪状态，以及对企业提供的体验的态度。可以表现为量表形式的评级，或者用表情和描述情感的词汇进行评级。

（9）客户痛点

客户痛点是在客户旅程中客户感受到的挫折，以及担心、不满意或者与期望差距大的地方，这些已成为不良客户体验的最大来源。

（10）机会

机会是企业可以对客户旅程中的体验进行提升与创新的地方，通常情况下，每一个客户痛点和存在负面情绪的地方，都是可以利用的机会。

（11）利益相关者

利益相关者是在整个过程中对客户体验有直接影响和间接影响的所有相关者。通常也会将他们之间的相互关系，以及对客户体验的影响关系纳入考虑范围。这些关系可以另外通过利益相关者地图或体验生态地图来呈现，从整体视角分析企业与客户之间的相互作用，可以基于这种地图来分析其对体验质量的影响，以及客户是如何从中受益或体验不佳的。图 2-6 展示了一个机场的利益相关者地图，里面涉及客户、机场、航空公司、政府等各种利益相关者。

（12）服务蓝图

严格来说，企业蓝图并不是一项要素，而是一系列与客户旅程相对应的内部要素。通过在常规的客户旅程地图上增加企业蓝图，可以从客户视角更加全面地展示企业内外部的旅程和流程，如图 2-7 所示。它包括在每一个触点下面，企业内部是谁在提供这项服务或者交互，是哪些 IT 系统在负责支撑，以及会涉及哪些合作伙伴等。很多大型科技企业绘制的客户旅程地图，都会列出每个阶段背后提供支持的外部 IT 厂商、内部的 IT 系统，以及关键的定量指标。

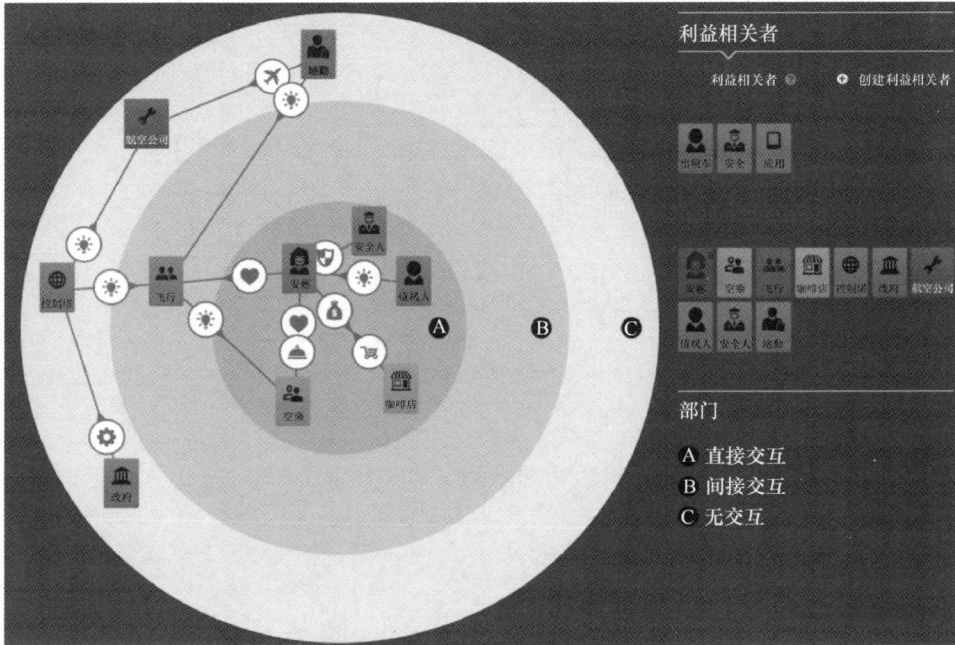

图2-6　利益相关者地图（示例）

（资料来源：Smaply）

　　需要指出的是，以上列出的客户旅程地图要素并不是绝对的，不一定每次都要列出所有的要素，更不是说不能再添加其他要素。需要根据每次绘制客户旅程地图的目的和用途，酌情进行调整。

2.3　客户旅程地图的用途与作用

　　客户旅程地图是帮助企业站在客户的角度看待问题的有效工具，可以用视觉语言端到端地来描绘客户的需求、看法、使用流程，以及痛点和情感，并展现客户和公司的关系，能以更完整和深入的视角了解客户的动机和态度：是什么触发客户开始考虑？是什么让客户决定购买？是什么服务让客户满意？等等。这些通过客户旅程地图能够解答的问题，也可以使企业很容易了解到客户遇到的痛点是什么，并能够清晰地识别出整个流程中最核心的阶段。总的来说，客户旅程地图的价值主要包括以下几个方面。

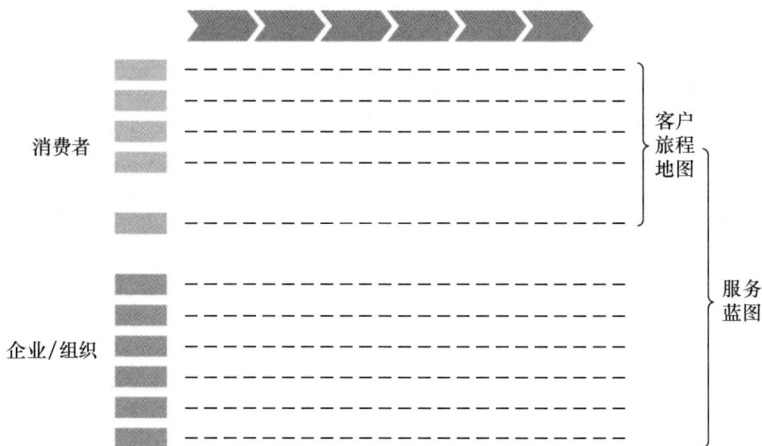

图2-7　包含内部企业蓝图要素的客户旅程地图

1. 建立和提升同理心

　　客户旅程地图能够将企业视角从"由内向外"转为"由外向内"，加强对客户实际需求的理解。企业对客户需求有多深的理解往往决定了企业的长期价值，而企业对客户的理解能力取决于企业全体员工的同理心。客户旅程地图是一种非常直观的方式，可以帮助企业不同层面的员工提升对客户的同理心，促进以客户为中心的文化建设。

2. 提供团队共享的全局信息

　　客户旅程地图能够及时捕捉外部客户的信息和企业内部的运营信息，并提供一种相对固定和完整的展现形式。每个部门、团队和个人对业务都会有自己的理解，但客户旅程地图能够在各种理解和目标之间达成一种平衡，所有成员都能共享同样的全局信息，但可以从不同的视角和维度来解读。同时，客户旅程地图还可以承担起对客户知识进行统一管理的作用。

3. 打破企业部门间的孤岛

　　客户并不需要知道（也不想知道）自己的需求是由企业的哪一个部门负责

实现的，理想的解决方案是企业的各部门能够以客户旅程为主线，顺畅地实现以客户为中心的跨部门协作。对客户旅程地图的阐述，通常可以反映出组织内各部门存在的连接点，围绕客户旅程进行的沟通和洞察可以激发跨部门的协作。

4. 帮助企业进行战略性洞察

许多企业的业务线过多，导致无法专注在最重要的战略上，绘制客户旅程地图能够帮助企业定位关键业务和场景。例如，美国铁路客运公司曾想重新设计座位，目的是让旅程更加舒适，但设计团队并未直接改进座位设计，而是先思考客户的整个旅程，从绘制完成的客户旅程地图中识别出了 12 个阶段，发现客户直到第 8 个阶段才会坐到座位上。也就是说，一趟旅程的大部分时间里客户和座位都没关系，与其让座位更舒适，不如提升此前每一个阶段的交互体验，这样反而对客户和企业更有价值。

5. 发现体验创新机会

客户旅程地图能超越狭隘的产品和内部视角，更广泛地绘制客户的世界，观察客户的行为和体验，发现创新机会。柯达曾经是胶卷业巨头，统治该领域超过半个世纪之久，却最终在 2012 年破产。很多人认为是柯达没有及时进行技术创新，导致错失数码摄影机遇。但实际上柯达在 1975 年就发明了第一台数码相机。柯达的失败是因为其将自己的业务局限在胶卷领域，如果站在场景中思考就会发现，客户需要的不是胶卷相机，而是能记录图片信息的工具，帮助客户更容易成为一名摄影师才是终极目的，而数动相机和智能手机实现了这一目的，其对胶卷相机来说是破坏式创新。

2.4　其他与体验相关的地图

除客户旅程地图之外，还有一些类似的图表，由于在形式和内涵上比较相近，常常被混淆。我们不能拘泥于概念本身，但清晰理解这些图表的差异，有助于更好地使用它们，避免造成误解。并且，在特定环境下，完全可以根据需要创建属于自己的方法图表。

1. 服务蓝图

前文已经提到，客户旅程地图源自服务蓝图。但客户旅程地图更关注个体的感受，服务蓝图则忽略这一点而进行抽象描绘，例如，会将环境因素剔除掉，对环境是否嘈杂、食物是否美味等并不关注。服务蓝图描述的是企业服务客户时的整个流程。服务蓝图包括有形展示顾客行为、前台接待员工行为、后台接待员工行为和支持过程，如图2-8所示。

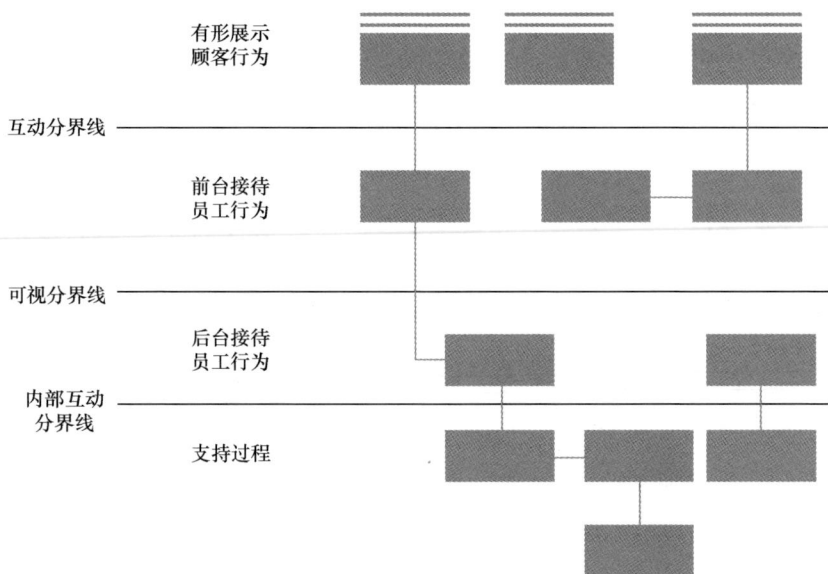

图2-8　服务蓝图的一般结构

2. 体验地图

和客户旅程地图关注具体某类客户的情境不同，体验地图被用于理解一般客户行为，它不依赖于特定的产品或服务，而是可以通过行为、想法和情绪来理解。在绘制客户旅程地图之前，可以使用该地图来了解普遍的客户行为，也可以将体验地图和其他工具结合进行可视化。通过图2-9可以直观地看出体验地图和客户旅程地图的区别。

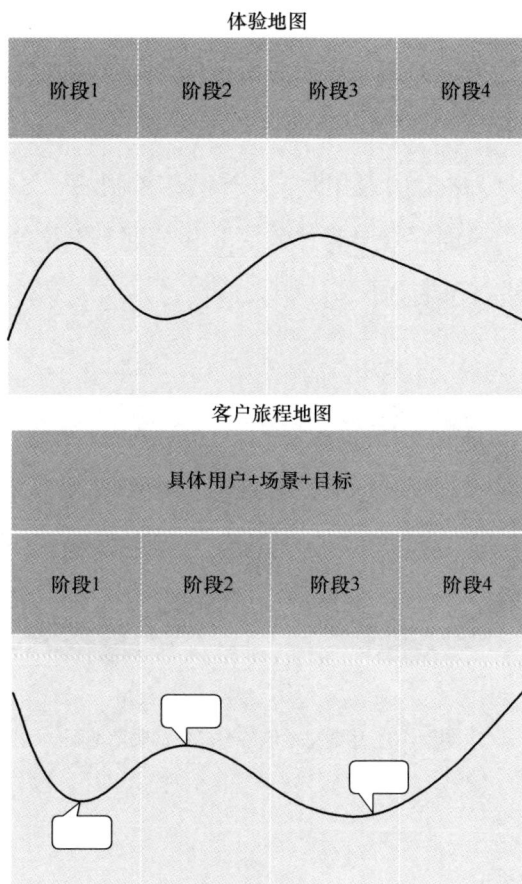

图2-9　体验地图和客户旅程地图的区别

3. 客户生命周期地图

与客户旅程地图相比，客户生命周期地图的范围更广，涉及客户和组织之间的全生命周期的关系。客户生命周期通常包括更为抽象一些的阶段，这些阶段反映整体关系而不是特定的客户旅程。

客户生命周期地图的历史可以追溯到 20 世纪 60 年代初，拉塞尔·科利（Russell Colley）在《定义广告目标以衡量广告效果》一书中提出了评估广告成功的框架，简称为 DAGMAR 模型，包括了从认识到行动的多个互动阶段。

1961 年，罗伯特·勒韦兹（Robert Lavidge）和加里·斯坦纳（Gary Steiner）提出了类似的模型。约翰·詹金斯（John Jenkins）根据这些模型以及 20 世纪 60 年代形成的其他模型，在 1972 年的《营销与客户行为》一书中提出了最早的综合生命周期地图之一。图 2-10 是甲骨文（Oracle）绘制的一张客户生命周期地图，它首先将整个客户生命周期划分为"购买"和"拥有"两个大的阶段，然后进一步对这两个阶段进行了细分。

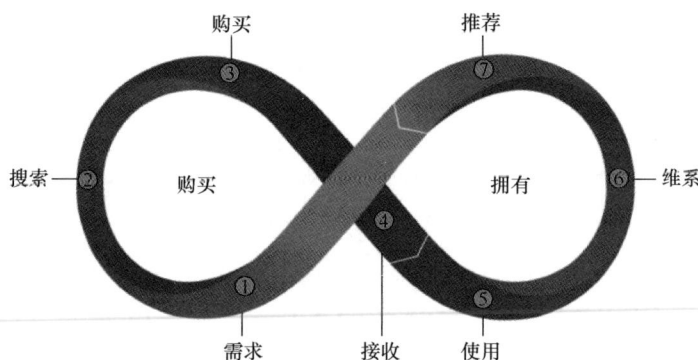

图2-10　甲骨文绘制的客户生命周期地图

（资料来源：Oracle）

4. 消费者决策旅程图

为了研究消费者的一般性决策和消费行为，麦肯锡公司提出了一个新模型，将其称为消费者决策旅程。麦肯锡认为，消费者正在逐渐改变他们研究和购买产品与服务的方式，他们比以往任何时候都能做更多的前期研究和比较，尤其是在网络上。

该模型的循环结构反映了需要重新评估消费者如何进行决策的过程。在这个客户被赋能的时代，这个过程更加循环，一个人购买后的体验成为下一个人的评估标准。如图 2-11 所示，该模型不再像营销分析中常用的漏斗模型。在漏斗模型中，刚开始会有大量消费者进入漏斗顶部，再逐层线性衰减。

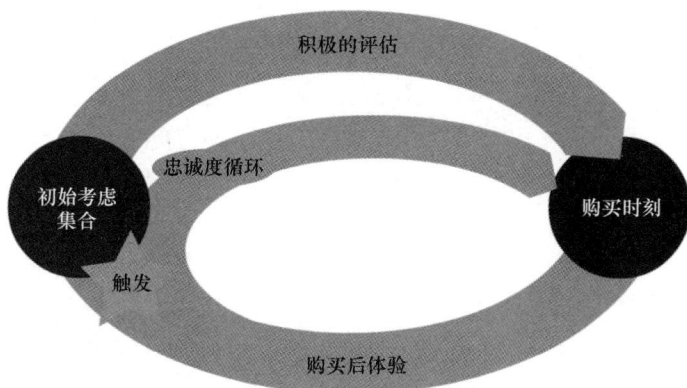

图2-11 消费者决策旅程

（资料来源：麦肯锡公司）

　　最后需要指出的是，这些区别是广义的概括，不是绝对的。这些方法和地图并不是非此即彼的关系，而是相关联的，也可以重叠使用。在很多情况下，这些术语可以互换使用，例如许多人习惯将体验地图称为客户旅程地图，服务蓝图也可以呈现端到端的体验。无论如何，不要拘泥于具体的概念，而应专注于讲述为客户创造价值的故事。

第 3 章

客户旅程地图绘制：

关键问题与常见绘制
方法

本章概要

客户旅程地图的用途越来越广泛，客户旅程
地图绘制几乎成为所有客户体验相关工作的一项
基本动作。本章首先明确客户旅程地图绘制中的
5 个关键问题，其次分析如何根据实际情况和具
体用途选择合适的客户旅程地图绘制方法，并重
点对 4 种方法——研究法、假设法、共创法和快
速法，进行阐述和对比，最后介绍验证客户旅程
地图有效性的方法。

3.1　客户旅程地图绘制中的关键问题

客户旅程地图绘制是从客户角度展望、设计和可视化整体客户体验的一种常见工具。它不仅可以帮助企业管理者从用户对产品和服务的最初需求来理解客户旅程，而且可以帮助企业管理者利用各种内部数据、外部调研结果等，得出基于理性和感性证据的客户旅程地图。

客户旅程地图绘制不仅仅是对客户心声的调查，也不仅仅是聚焦于客户与企业的单个交互，而是一种通过观察客户与企业在整个体验过程中的互动，来更好地理解客户的工具。在客户旅程地图绘制中，更恰当的方式是根据各种细分市场勾画人物角色，针对各种场景分别绘制出不同的客户旅程地图。在进行客户旅程地图绘制之前，首先要明确以下 5 个关键问题，如图 3-1 所示。

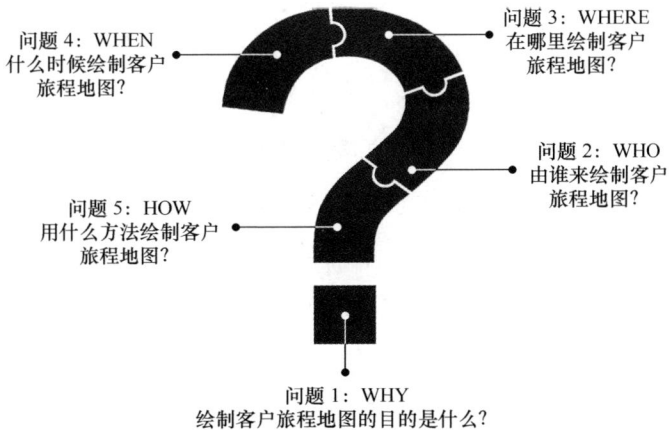

图3-1　客户旅程地图绘制的关键问题

1. 绘制客户旅程地图的目的是什么

这是客户旅程地图绘制必须回答的第一个问题，它直接决定其他 4 个问题的答案。客户旅程地图绘制的目的可能是在绘制的过程中实现的——例如，为了促进各个部门之间的沟通，构建统一的客户视角，通过客户旅程地图的绘制将来自各个领域的人员聚在一起共同绘制客户旅程地图；也可能是在绘制之后的应用过程中实现的——例如，将客户旅程地图应用到体验测量的指标体系设计，或者根据客户旅程地图来寻找体验创新机会等。

不同的目的和应用场景，决定了绘制宏观层面的客户旅程地图还是微观层面的客户旅程地图，从而影响数据采集的广度、深度和形式，以及绘制客户旅程地图的方法。例如，如果是为了促进部门之间的沟通，建立以客户为中心的文化，那么只需要绘制宏观层面的客户旅程地图，而且不用采集非常广泛和全面的内外部数据，通过一个工作坊的形式即可进行。如果是要应用到具体的体验测量，则需要绘制非常具体的微观层面的客户旅程地图，通过深入的定性和定量研究来洞察客户的行为，才能设计详细具体的测量指标。

2. 由谁来绘制客户旅程地图

客户旅程地图常常会涉及的另外一个问题就是："在企业里谁应该负责绘制客户旅程地图呢？"事实上，客户旅程地图的绘制不应该只是体验专业人员的事情。在企业绘制客户旅程地图时，需要多部门和多角色人员的参与，其中也不应仅含有营销、客户服务、销售等直接面对客户的一线部门，还应该包括财务、人力资源、法务、后勤等不直接面对客户的后台部门。后台部门或许因为不直接面对客户而不愿意参与客户旅程地图绘制，但如果考虑到企业需要向客户发送账单、招聘一线服务人员或向客户发送必要的监管文件，则所有的后台部门也是需要直接面对客户的一线部门。

让客户旅程地图绘制团队成员多元化，有利于真正全面理解客户体验中好的部分、坏的部分，以及特别令消费者反感的部分。当明确了绘制客户旅程地图的正确人选之后，就应该将客户旅程地图绘制与他们各自的工作紧密关联起来，从而使他们正确地参与到客户旅程地图绘制的过程中。

3. 在哪里绘制客户旅程地图

理想的情况下，客户旅程地图的具体绘制工作应该由相关人员在一个工作室中亲自完成。把不同部门的参与者组织到一起共同思考客户体验的组成元素非常重要，在绘制客户旅程地图的工作室中，需要准备纸张、便利贴、彩色笔，甚至能激发积极情绪的零食、奖品等，来保证每个人都充满活力地参与到客户旅程地图的绘制中来。

当绘制客户旅程地图的同事离开工作室时，他们带走的不仅是对客户体验更为深刻的理解，还有发自内心对其他同事所做贡献的感激之情。这样一来，企业绘制出的客户旅程地图才能展示最真实、最全面的客户体验。如果需要，视频会议和在线协同等工具也可以应用到客户旅程地图的绘制中，从而确保远程办公的每个人也可以在绘制过程中提供建议。

4. 什么时候绘制客户旅程地图

客户旅程地图绘制并不是一次性的工作，由于客户在变化、市场在变化、场景在变化、企业在变化，因此客户旅程也在不断变化。虽然"当前视角"可以帮助企业了解当前状态下的客户体验，但也需要从"未来视角"看待客户体验。我们应该经常性地思考：希望企业的客户有怎样的体验？企业提升客户体验的机会在哪里？在提升的过程中，有哪些里程碑需要企业去完成？

因此，客户旅程地图的绘制应该是一个持续进行的工作，从当前状态开始，定期不断进行反思，不断刷新客户旅程地图，从而获得持续的进步与提升。这种持续对客户旅程地图绘制进行优化的过程，有利于驱动和执行有关客户服务、新产品开发、客户体验转型和沟通设计等领域的策略。

5. 用什么方法绘制客户旅程地图

一般情况下，通过工作坊的形式是开始绘制客户旅程地图最好的方法。具体来说，根据不同的企业情况、不同的目标和应用场景，进行客户旅程地图绘制的具体方法也不同。有丰富数据和素材的企业可以使用自下而上的方法，首先记录每个触点的情况，然后按照细分市场和生命周期阶段进行绘制。其他企业由于情感、社会或品牌等因素，会采取自上而下的方法。这些企业可以基于假设或真实的用户数据来灵活地绘制客户旅程地图。最终，要让绘制出来的客户旅程地图达到理性与感性的平衡，从而为客户体验优化和创新提供所必需的知识。

前文已经指出，客户旅程地图的用途有很多种，情形和目的不同时用到的绘制的方法也不同，不能任何时候都套用同一种方法来绘制客户旅程地图。事实上，根据业内的客户旅程地图绘制的经验，大致有 4 种方法可以用于客户旅程地图的绘制——假设法、研究法、共创法及快速成型法。

3.2　绘制客户旅程地图的必要准备工作

为了确定哪种绘制客户旅程地图的方法更合适，并保证地图绘制工作的具体实施能顺利开展，客户体验专业人员在启动客户旅程地图绘制工作前，需要开展几项必要的准备工作。

1. 评估内部的技能现状

虽然绘制客户旅程地图的预期目标和用途（例如，统一团队认识、获得对客户的深入洞察、争取内部资源的投入等）是选择何种绘制方法的重要考虑因素，但企业在客户旅程地图绘制方面的技能也会影响选择何种绘制方法。例如，在定性研究方面没有丰富专业知识的企业，可能会觉得需要以大量研究为基础的研究法令人望而生畏。共创法可能是最具挑战性的方法，要求企业拥有一流的配套设施、出色的设计和项目管理技能。快速成型法需要强大的项目管理技能，才能保证在短时间内获得高质量的输出。

2. 找到合适的内外部盟友

盟友可能来自企业内部的部门和团队，也可能来自外部的咨询公司。企业文化、技能组合、预算、紧迫性和时间期限都是客户体验专业人员在决定是由内部团队绘制客户旅程地图，还是聘请外部公司绘制客户旅程地图时需要考虑的因素。当内部资源非常有限时，聘请外部公司绘制客户旅程地图是必要的。如果需要外部支持，则可以考虑不同类型和规模的合作伙伴，如用户研究和人物角色创建专家、用户体验设计师、转型和文化变革咨询公司，以及客户旅程地图工具供应商和服务提供商等。

同时，争取尽量多的内部支持也非常重要，通常刚开始的时候，并不是所有的部门和团队都能充分认识到客户旅程地图的重要性和应用价值，很多人并不愿意将太多的资源投入客户旅程地图的绘制，需要认真去发现和尽力争取早期的内部支持者，让客户旅程地图绘制启动起来，树立初始的标杆工程。

3. 建立团队的绘制技能

无论采取何种方式，无论是在公司内部进行，还是聘请外部供应商，作为客户体验专业人员，都需要亲自了解客户旅程地图绘制的细节。可以考虑先参加一次外部的客户旅程地图绘制工作坊，或者邀请外部公司对专业团队和相关部门的同事进行基本的客户旅程地图绘制培训。通过这种方式，同事也能够将客户旅程地图绘制的价值传达给其他同事和管理层，思考应用它的最佳方式，并评估潜在的供应商。

客户体验专业人员至少需要了解所有基本的客户旅程绘制方法。如果企业准备把客户旅程地图绘制作为一项战略工具，则其客户体验专业人员至少应该掌握假设法和快速成型法。由于研究法和共同创法需要进行深入的民族志研究、设计及其他辅助技能，因此初期需要依靠外部力量的帮助来培养这些技能。

4. 明确主要目标与工作项

在真正开始绘制某个客户旅程地图之前，可以通过对照客户旅程画布将主要问题分析清楚，使参与绘制的各方达成共识，具体包括面临的主要业务挑战、绘制客户旅程地图的目的、目标客户、所需的数据、利益相关方、如何应用等，如图 3-2 所示。

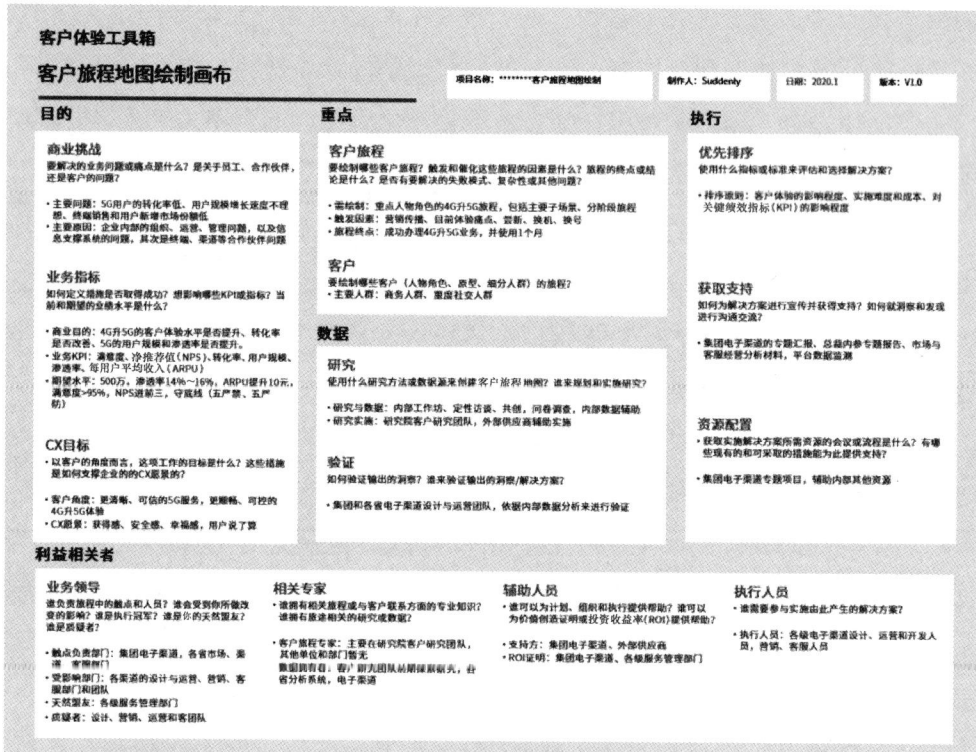

图3-2 客户旅程画布（示例）

客户体验工具箱

客户旅程地图绘制画布

项目名称：********客户旅程地图绘制　制作人：Suddenly　日期：2020.1　版本：V1.0

目的

商业挑战
要解决的业务问题或痛点是什么？是关于员工、合作伙伴，还是终端客户的问题？
- 主要问题：5G用户的转化率低，用户规模增长速度不理想，终端销售费用向用户旅程市场细分化。
- 主要原因：企业内部的组织、运营、管理问题，以及信息支撑系统的问题，其次是终端、渠道等合作伙伴的问题。

业务指标
如何定义项目是否取得成功？想影响哪些KPI指标？当前期望的绩效水平是什么？
- 商业目标：4G升5G的客户体验水平是否提升、转化率是否改善、5G的用户规模和渗透率是否提升。
- 业务KPI：渗透率、净推荐值（NPS）、转化率、用户规模、渗透率、每用户平均收入（ARPU）
- 期望水平：500万，渗透率[4%～16%，ARPU提升10元，满意度>95%，NPS退居第三，守营线（五严禁、五严防）

CX目标
以客户的角度而言，这项工作的目标是什么？这些措施是如何支撑企业的CX愿景的？
- 客户角度：更通畅、可信的5G服务，更顺畅、可控的4G升5G体验
- CX愿景：获得感、安全感、幸福感，用户说了算

重点

客户旅程
要绘制哪些客户旅程？触发和催化这些旅程的因素是什么？旅程的终点或结论是什么？是否有要解决的失败模式、复杂性或其他问题？
- 要绘制：重点人物角色的4G升5G旅程，包括主要子场景、分阶段旅程
- 触发因素：营销传播、目前体验痛点、营销、换机、换号
- 旅程终点：成功办理4G升5G业务，并使用满1个月

客户
要绘制哪些客户（人物角色、原型、细分人群）的旅程？
- 主要人群：商务人群、重度社交人群

数据

研究
使用什么研究方法或数据来创建客户旅程地图？谁来规划和实施研究？
- 研究方法：内部工作坊、定性访谈、共创、问卷调查、内部数据辅助
- 研究实施：研究院客户研究团队，外部供应商辅助实施

验证
如何验证输出的洞察？谁来验证输出的洞察/解决方案？
- 集团和各电子渠道设计与运营团队，依据内部数据分析来进行验证

执行

优先排序
使用什么指标或指标标准来评估和选择解决方案？
- 排序准则：客户体验的影响程度、实施难度和成本、对关键绩效指标（KPI）的影响程度

获取支持
如何为解决方案进行宣传并获得支持？如何就洞察和发现进行交流？
- 集团电子渠道的专题汇报、总裁例会参专题报告、市场与客户经营分析材料、平台数据监测

资源配置
获取实施解决方案所需资源的会议或流程是什么？有哪些现有的和可以采取的措施为此提供支持？
- 集团电子渠道专题项目，辅助内部其他资源

利益相关者

业务领导
谁负责管理中的触点和人员？谁会受到所倡议改变的影响？谁是执行冠军？谁是你的天然盟友？谁是质疑者？
- 触点负责部门：集团电子渠道、各省市场、渠道
- 变影响冠军：各渠道的设计与运营、营销、客服部门和团队
- 天然盟友：各服务管理部门
- 质疑者：设计、营销、运营和客团队

相关专家
谁拥有关于旅程或客户联系方面的专业知识或数据？谁拥有关于相关的观察或数据？
- 客户旅程专家：主要在研究院客户研究团队，其他单位和部门皆无
- 数据拥有者：群和集团队前期研前究机不，各省分析系统、电子渠道

辅助人员
谁将为计划、组织和执行提供帮助？谁可以为价值验证和投资收益率（ROI）提供帮助？
- 支持方：集团电子渠道、外部供应商
- ROI证明：集团电子渠道、各级服务管理部门

执行人员
谁需要参与实施由此产生的解决方案？
- 执行人员：各级电子渠道设计、运营和开发人员，营销、客服人员

3.3　客户旅程地图绘制的基本方法

客户旅程地图的绘制需要根据不同的情况选择合适的绘制方法，目前业内主要有4种绘制方法，每种方法都有不同的准备、绘制和验证活动。以下对各种方法在目标、参与者、形式、输出、优点、缺点等方面进行了简要的描述和界定，可以作为方法选择和开展准备工作的参考依据。

1. 假设法——协调跨职能团队并获得内部支持

- 目标：跨职能团队的思想统一，将客户体验作为当务之急，争取企业内部的支持。
- 参与者：10～20个利益相关者，包括内部相关专家、一线员工、客户

体验专业人员。

- 形式：1～2天的工作坊，以及可能需要开展的后续验证研究工作。

- 输出：客户旅程地图假设、利益相关者的认可与支持，以及客户旅程地图。

- 优点：可以对客户旅程地图的价值和绘制方法进行充分的介绍，并且相对比较容易准备和开展。

- 缺点：输出的客户旅程地图是未经验证的，需要有效的跟进，以保持发展势头和参与热情。

当需要在跨职能利益相关者中推动以客户为中心的文化变革时，通常可以使用假设法来绘制客户旅程地图。通过绘制客户旅程地图，企业可以围绕客户体验而非内部运营重新开展框架式讨论，利益相关者可以开始拓展由外而内的视角，了解他们的个人行为如何导致了负面的客户交互。为了强化这种从外到内的视角，可以将这种方法与工作坊的形式相结合，将来自组织中不同部门的员工聚集在一起，共同经历客户旅程。使用此方法时需要做到以下几个关键点。

（1）确定相关的旅程并组建跨职能团队

对于这种方法，客户体验专业人员应该专注于核心客户旅程，如新用户注册、购买和获得帮助等旅程，这些旅程通常涉及的都是企业一定需要开展的工作。此外，这个旅程应该足够复杂，需要一个跨职能的团队花费数小时的时间来绘制它，但也不能太复杂以至于团队难以理解或无法完成绘制工作。例如，在其首次客户旅程地图绘制工作坊中，出版商爱思唯尔（Elsevier）专注于两个旅程：一个是作者旅程，因为大量的客服电话是这个旅程导致的；另一个是电子书购买旅程，因为这个旅程可能跟每个人都相关。每个旅程都需要有相应的角色参与，虽然有那些想要学习旅程地图绘制的利益相关者参与是一件好事，但角色的构成应该优先考虑让整个团队有足够的跨职能代表性。

（2）在旅程地图绘制过程中创造同理心并建立联盟

使基于假设的工作坊获得成功的主要工作包括：为参与者设定适当的期望，花时间在前期建立深刻的客户同理心，并绘制生态系统图，以便利益相关者了解他们在提供客户体验方面所发挥的作用。为了能以客户的视角沉浸式体验，参与者应该创建一张记录客户思考、感受、所见和行为的同理心地图，如图3-3所示。在绘制客户旅程地图的过程中，一个常见的错误是参与各方，尤其是客户体验专业人员，没有预留足够的时间来共享关键洞察，并找出需要跨职能部门合作解决的问题，但做到这两点是推动以客户为中心的文化变革的关键。

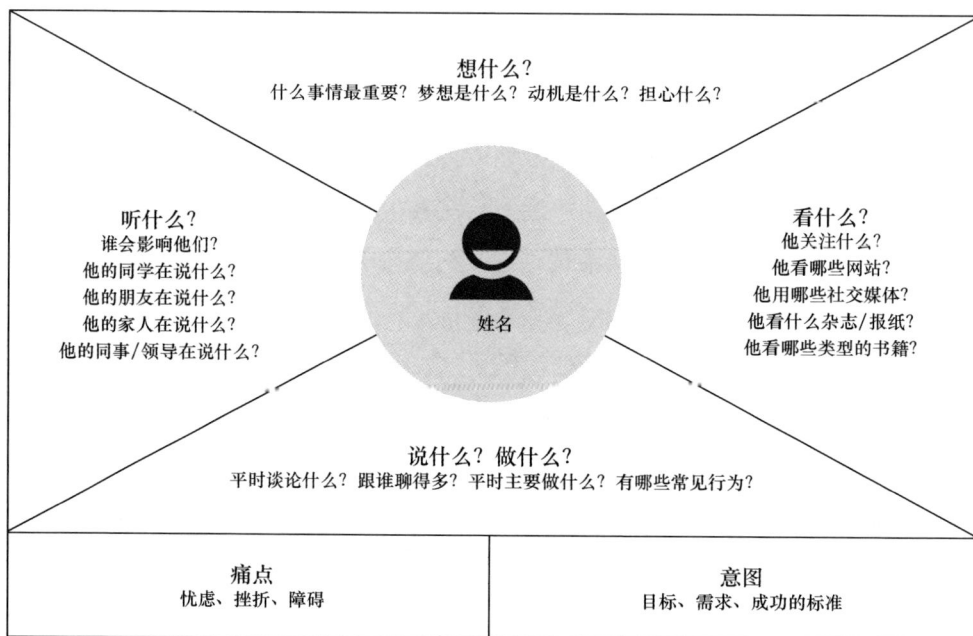

图3-3　同理心地图

（3）在工作坊之后通过验证和传播保证积极性的延续

如果客户体验专业人员后续没有跟进验证研究，并让员工参与这些延续活动，那么工作坊期间产生的热情就会迅速消失。可以在会议室和经常进行客户体验讨论的地方（如办公室的过道）展示客户旅程地图，激发大家参与客户旅程地图的热情。开完工作坊之后，为了宣传客户旅程地图，以及收集更多的洞察，常用的方法是让员工使用便利贴，在海报大小的客户旅程地图上添加各种内容。例如，用不同颜色的便利贴标注出痛点、活动项目、客户体验改进想法，以及支持性研究。

（4）基于假设法绘制客户旅程地图的实施步骤

第 1 步

- 持续时长：30 ～ 45 分钟。
- 主要活动：介绍客户旅程地图和生态系统地图的基本概念，并概括介绍工作坊的活动。
- 常见陷阱：没有对工作坊的产出设定正确的期望，没有提供一个案例研究来证明客户旅程地图和生态系统地图的价值。

第 2 步

- 持续时长：30 分钟左右。
- 主要活动：了解关键人物角色和痛点。
- 常见陷阱：使用过于狭隘 / 过于注重产品的角色。

第 3 步

- 持续时长：60 分钟左右。
- 主要活动：绘制客户旅程地图。
- 常见陷阱：选择一个太简单或太复杂的旅程。

第 4 步

- 持续时长：30 分钟左右。
- 主要活动：评估旅程的健康状况。
- 常见陷阱：没有从客户的角度评估旅程的健康状况。

第 5 步

- 持续时长：60 分钟左右。
- 主要活动：绘制生态系统地图。
- 常见陷阱：参与者的跨职能代表性不足，没有足够的生态系统洞察力。

第 6 步

- 持续时长：30 分钟左右。
- 主要活动：评估生态系统的健康状况。
- 常见陷阱：把所有的问题都归咎于技术和系统。

第 7 步

- 持续时长：30 ～ 45 分钟。
- 主要活动：对发现的体验关键问题进行根因分析。
- 常见陷阱：坚持假设，指责方法或技术的不足。

第 8 步

- 持续时长：45 分钟左右。
- 主要活动：对潜在客户体验举措提出想法。
- 常见陷阱：专注于明显的解决方案或几个领域，过早地放弃其他想法。

第 9 步

- 持续时长：30 分钟左右。
- 主要活动：对关键客户体验举措进行优先级排序。
- 常见陷阱：不根据客户价值、可行性和品牌价值进行量化分析。

第 10 步

- 持续时长：30 ～ 60 分钟。
- 主要活动：总结讨论关键洞察和应用所学知识的方法。
- 常见陷阱：没有充分关注未来跨职能协作的潜力。

2. 研究法——基于客户数据持续构建地图

- 目标：深入地研究和理解客户，洞察端到端的客户需求和体验，寻找体验优化和创新的机会。

- 参与者：作为参与者的客户、作为辅助者的研究人员，以及作为观察者的利益相关者。

- 形式：3 ～ 8 周的实地研究和内部分析，并就成果与利益相关者进行分享和解读。

- 输出：经过验证的客户旅程地图、研究框架、分析模型，以及作为研究成果一部分的人物角色。

- 优点：提供一个经过验证的客户旅程地图，通过与客户的初步研究对假设进行验证。

- 缺点：可能成为一个费时费力的大项目，有很高的前期成本，寻找合适的目标客户可能非常棘手和耗时。

在很多人看来，开展研究既费钱又耗时，因此更倾向于使用假设法，主要根据利益相关者的意见绘制客户旅程地图。虽然利益相关者确实掌握了客户旅程相关的不同领域的有价值的知识，但通常情况下，他们中的大多数人的客户旅程视角不够广泛，对每个阶段的客户需求也没有足够深入的看法，难以整合出一个符合实际的、整体性的视角，导致仅基于假设法会有以下两个风险。

- 绘制出的地图内容分量不够，更有可能被视为一种"客户故事"，而不是被视为推动变革的有力工具。
- 团队成员最终可能会使用实际上并不是十分准确的地图来做出体验设计和优化的决策。

相比假设法，研究法的重点不是优先考虑跨职能协同，而是从一开始就开展深入的客户研究。这使得客户体验专业人员和利益相关方能够在尝试绘制客户旅程地图之前深入了解客户的需求、动机、行为、场景和体验流程。业内也通常将此称为"纯粹主义"方法，因为它强调在初始创建客户旅程地图时主要使用客户数据，而不是利益相关者的假设。在采用研究法时，关键点包括以下内容。

（1）设计和准备客户研究方案

客户研究方案以文档形式概述研究人员用于收集客户数据的关键问题，以及所需要的技术支持和研究活动。这要求客户旅程地图绘制人员首先要确定目标客户是谁、要绘制的旅程，以及所需的数据类型。为了在进入实地研究之前建立客户的同理心和具体场景，客户体验专业人员和观察研究的利益相关者可以一起参与沉浸式活动，如神秘客户等。

（2）创建客户旅程地图草图

预留 3 ～ 8 周时间进行研究分析，并创建客户旅程地图的初稿。各种客户研究方法，如访谈、情境调查、卡片分类、日记研究、情绪板等，都有助于在研究阶段从客户那里获得洞察。理想情况下，利益相关者和关键员工作为观察员和记录员参与研究，好让他们接触原始客户数据并建立同理心。然后，客户体验专家和研究人员对数据进行整理和分析，将客户在旅程中的步骤整合在一起，并确定关键时刻和关键痛点。

（3）通过向利益相关者进行讲解来验证并优化地图

在这种方法中，客户体验专业人员通过向利益相关者进行分享和讲解研究成果，一起来审查关键洞察，征求反馈，改进和验证客户旅程地图，同时也在没有直接参与研究的利益相关者之间建立同理心。这些协作式的研讨会让参与者对客户旅程地图有一种归属感，并有机会将更多的数据纳入地图。在分享时，要根据目标、受众和用途，选择适当的形式和内容，并根据需要整合报告、图片、视频和其他元素。

（4）明确客户旅程地图绘制的基本步骤

第 1 步：查找已有数据

在开始研究客户旅程地图绘制之前，需要花一些时间在企业内寻找现有的相关数据。在过去的工作中，通常都会积累一些关于客户旅程的各种数据。这些数据无论是定性的（如来自过去焦点小组的数据、在线客服的聊天记录等）还是定量的（客户满意度调查等），都可以为确定绘制客户旅程地图的研究内容提供依据。

第 2 步：进行定性研究

在绘制客户旅程地图时，大家都希望将现有的定量数据作为客户旅程地图绘制的基础。虽然基于这些明确的定量数据，可以对某一个具体交互上客户的总体态度和满意度水平有一个高层面的了解（如净推荐值），但要有效地描述整个旅程中客户的情绪、态度和动机，仅有这些笼统的定量数据还不够。对于所需的这些类型的洞察，采用直接观察或与客户访谈等定性研究方法更加有效。以下是可以了解客户在旅程的每个阶段的想法、感受和行为的定性研究方法，如表 3-1 所示。

表3-1 绘制客户旅程地图的定性研究方法

研究方法	为什么将它用于客户旅程地图绘制
客户访谈	与客户一对一对话，发现第一手的故事、痛点和需求
实地研究	观察用户在其自然环境中执行的操作，确保了解用户交互的实际流程，并发现被访者无法回忆起来的事情
日记研究	长期跟踪实际场景的行为，可以让客户随时间记录他们的行为、想法和情绪，以便了解各种旅程
竞争分析	可以对竞争对手的产品和服务体验进行基准测试和评估，并确定其优势和劣势
组合式定性研究	将不同的定性方法结合到一项研究中，以便从多个角度探索旅程

定性研究法 1：客户访谈

通过访谈可以聆听到有关客户体验、客户态度和行为的第一手故事。如果已经能够使用现有数据来创建客户旅程中各个阶段的总体假设，则可以就每个阶段直接提出问题。这时询问宽泛的问题，例如"能告诉我您对'产品或服务'的感受吗？"不如询问具体的问题有用，例如"您在注册过程中有什么特别困难的地方吗？"

访谈可以面对面，也可以通过电话、在线视频等方式进行。面对面访谈的一种技巧是鼓励参与者使用便签来直观地表达，从客户对产品和服务的需求到开始使用那一刻的过程，可以帮助客户回忆各个步骤，并在整个访谈过程中准确地重新排列这些步骤。如果随后还会开展其他形式的客户访谈，则可以把面对面访谈创建的草图发给他们，并根据需要进行审查和修改，以反映他们自身的体验。

定性研究法 2：实地研究

虽然访谈是客户旅程地图绘制时一种非常有价值的研究方法，但人们所说的并不总是与他们实际所做的相一致。因此，最好将访谈与其他定性方法结合起来，例如实地研究。实地研究可以采取多种形式，从情景调查式的家访到一起逛街式的购物体验。

从参与者自己的视角和所处的环境观察客户，对于发现盲点和验证客户在访谈过程中告诉你的内容至关重要。需要重点关注访谈记录和实地研究发现的各种差异，例如，在一项客户旅程地图绘制研究计划中，分析客户服务代表的工作报告显示客户的问题都得到了解决，但是在实地研究中，却观察到相同的客户服务代表在使用各种复杂的变通方法来寻找并解决客户的问题，并不像在工作报告中看起来那么顺利，客户所经历的体验也不像报告中反映的那样平滑。

定性研究法 3：日记研究

因为客户旅程会随着时间的推移在不同的渠道中穿行，所以日记研究是一种特别有用的方法，使用这种方法可以随着时间的变化不断了解客户的想法、感受和行为。日记研究是一项长期研究，用来记录客户针对特定目标所采取的每一个行动（如购买冰箱或注册新的手机流量套餐），以及他们在这些互动中的感受，并往往会持续数天、数周或几个月的时间。因为参与者的想法、感受和行为被尽可能接近实时地采集，所以可以避免访谈中所依赖的客户记忆。并且，还可以从客户旅程各个阶段的参与者那里获取数据，而不仅仅是某一个阶段。

以前的日记研究大多需要客户根据要求自主对关键场景的行为、想法进行研究，被访者往往不能非常准时地记录，经常会出现遗漏或通过回忆来记录的情况，从而影响数据采集的完整性和准确性。但随着数字技术的发展，出现了越来越多的数字化工具，可以预先设计好需要记录的场景和内容，提醒被访者记录和上传信息。并且被访者可以直接通过手机进行记录和上传信息，更加及时，而且形式更加丰富，除了传统的文字，还可以上传图片、视频、表情等。这些数字化工具，让使用日记研究的方法更加容易和高效。目前提供类似服务的工具有 dscout、Dovetail、indeemo 等，图 3-4 是定性研究工具 dscout 的用户参与日记研究的使用界面。

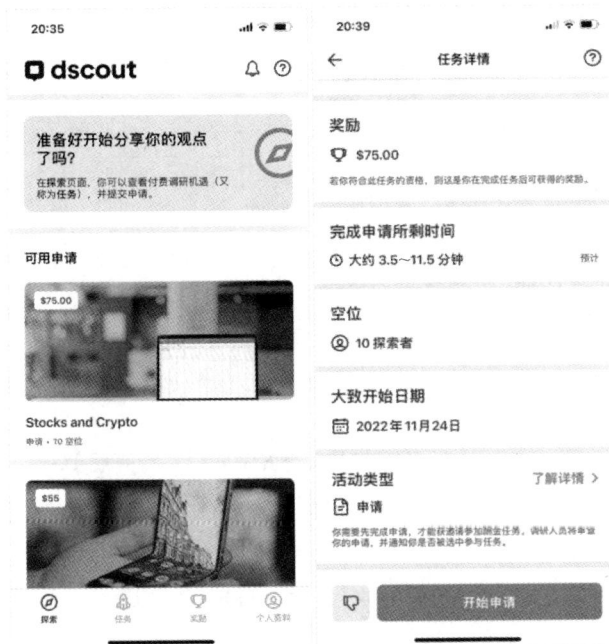

图3-4　日记研究工具dscout

定性研究法 4：竞争分析

如果需要为企业尚没有提供的产品或服务设计未来状态的客户旅程地图，那么竞争分析这种方法特别有用。通常情况下，可以通过在线的方式使用远程可用性测试类的工具和平台记录客户使用竞争对手网站、App 的情况，并让他们对测试中具体某个时间点的想法、感受和动机发声。因此，即使企业没有这类用户群，竞争对手的数据也可以作为客户旅程地图绘制的研究输入。

定性研究法 5：组合式定性研究

在时间和预算允许的情况下，最好使用多管齐下的方法进行客户旅程地图绘制的研究，组合利用多种定性研究方法，将上述几种不同的定性方法结合到一项研究中，以便从多个角度探索旅程。以下是一个组合使用定性研究方法的计划示例，如表 3-2 所示，这些研究计划还可以根据项目目标、时间表和预算等背景因素进行调整。

表3-2　组合使用定性研究方法（示例）

第1阶段	客户访谈
1.1	进行面对面的用户访谈，以发现客户旅程所有相关阶段的第一手用户故事，使用便签让参与者在谈话时绘制出他们的步骤
1.2	向一组新参与者提供从阶段1.1开始的初步的旅程模板，并使用数字白板工具进行电话访谈，让他们审查和修改旅程模板
第2阶段	实地研究
2.1	执行情景调查以观察参与者在他们的实际环境（如在家、办公室等）中使用公司产品的情况，并进一步确认客户访谈中获得的内容
第3阶段	日记研究（其他方法同时并行开展）
3.1	开展日记研究，以更好地了解客户更加完整的行为、想法和感受
3.2	在整个研究的关键时刻与日记研究参与者进行访谈
第4阶段	竞争分析
4.1	进行竞争分析，将研究结果与其他类似公司或产品进行比较

第3步：用定量数据补充定性研究

定量研究可以在客户旅程地图绘制开始阶段帮助确定工作重点，例如要针对哪些人群的哪些场景绘制客户旅程地图。除此之外，定量数据还可以对定性研究的结果进一步验证，使洞察更加有吸引力和说服力。在完成定性研究后，可以选择通过以下方式补充或强化研究结果。

- 在客户访谈完成后进行问卷调查，以了解在访谈中发现的客户行为、想法出现的频率和程度。

- 使用数据分析（如相关网页的页面浏览量或跳出率）进一步佐证客户旅程中的某些触点让用户感到沮丧的可信度。

- 使用与特定交互相对应的满意度或净推荐值（NPS）指标来补充客户旅程地图中描绘的情绪波峰或波谷。

表3-3列出了在客户旅程地图绘制中常用的定量研究方法，以及其简要的实施方法。这些都是比较成熟的客户研究方法，具体的实施方法可以参考其他

相关著作和材料。

表3-3　客户旅程地图绘制的定量研究方法

定量数据	如何应用
问卷调查	对前期尚未发现的客户行为的频率和程度进行量化，或者进一步确认前期还不太明确的发现
客户反馈	收集新功能需求，发现可以优化的机会，并为新的产品和服务创意提供依据
数据分析	利用有关频率和影响的量化数据分析客户痛点，以更好地了解客户体验存在的问题
舆情分析	揭示客户在旅程中每个阶段的情绪，更加丰富地呈现客户旅程各阶段的客户感情
客户满意度	将数字化的分数与客户旅程每个阶段对齐，进一步支持定性数据的发现，例如客户原话

总的来说，当开始制订客户旅程地图绘制研究计划时，可以参照使用以下步骤。

- 在开展对外部的客户研究之前，先看看企业内部是否有可以利用的现有数据支撑绘制工作，或者至少可以帮助制订研究计划。

- 在制订研究计划时，组合可以直接与客户互动或观察的定性研究方法，如客户访谈、实地研究、日记研究、竞争分析等。

- 使用来自问卷调查、数据分析、客户满意度等的定量数据来加强和补充客户旅程地图绘制中的定性研究结果。

另外需要强调的是，要让核心利益相关者团队参与研究过程，并在整个研究过程中让他们了解最新的研究洞察和进展，以便得到他们持续的支持，并减少他们在决策时过度依赖各种想当然的假设。

3. 共创法——快速提供经过验证的客户旅程地图

- 目标：客户的参与和合作，深入、近距离地接触客户。

- 参与者：客户作为参与者，研究人员作为促进者，利益相关者作为观察者。

- 形式：4～6小时的共创工作坊。

- 输出：经过验证的客户旅程地图、共同设计的体验优化概念，以及对新概念 / 原型的态度和反馈。

- 优点：提供一次洞察、分析、设计和构建新的客户旅程原型的机会，允许客户直接参与整个过程。
- 缺点：需要非常熟练的相关技能，每次工作坊的参与者的招募可能会相当费时。

通过与客户共同创建旅程地图，可以在为期一天的工作坊结束后，立即生成经过验证的客户旅程地图。这种方法还可以让客户参与概念测试、旅程重新设计与研讨等可选环节，以解决在工作坊中发现的问题和痛点。当使用共创法来创建客户旅程地图时，需要重点注意以下几点。

（1）预留充足的时间来准备和招募客户

规划和实施共创工作坊不适合内向型的个人和团队，它需要大量的时间来策划研讨活动、培训辅助人员、招募客户。尤其是对于 B2B 企业，招募到合适的客户很可能会非常复杂和费时，且由于保密问题而需要更多的时间和精力，以防止竞争对手混进工作坊。此外，共创需要将多个客户聚集在一起，因此在研讨会之前需要进行适当热身和准备，这个过程包括让他们熟悉工作坊的形式，阅读并签署保密协议，以及确保他们在其他客户面前能分享他们的想法和意见。

（2）通过强有力的主持和整合技能绘制客户旅程地图

由于工作坊产生的旅程是每个客户的体验集合，因此客户体验专业人员必须确保研讨会中的客户可以并且只代表一个人物角色，只聚焦在某一个旅程。在工作坊期间，主持人需要运用技能让参与者放松心态，获得他们的真实体验；让参与者专注于任务，管理好会议时间，并控制好可能出现的破坏情绪。为了减轻主持人的工作量，现场需要辅助人员做笔录，并将客户体验综合到一个旅程。在实施方面，共创工作坊与情景研究有许多相似之处。例如，都会从一系列热身练习开始，然后开展讨论以引出客户的核心需求，记录他们的体验，发现问题和解决方案原型。

（3）专注于共创输出成果的传播

共创法输出的客户旅程地图在共创工作坊中已经经过验证，所以不用另外开展验证工作，可以直接对输出的客户旅程地图进行传播，但需要以一种在文化上适合组织的方式进行分享，并激励员工基于客户旅程地图采取行动。例如，将共创工作坊中用到的便利贴、生成的图表、共同绘制的手绘原型，以及工作坊客户的照片和视频，在合适的地方展示出来，是让更多的人感受客户旅程的一种沉浸式方法。此外，与研究法一样，客户体验专业人员应与利益相关者合作，利用运营数据和财务数据来增强客户旅程地图，为其提供更具体形象的场景。

（4）共创法绘制客户旅程地图的实施步骤

第 1 步

- 持续时长：90 ～ 120 分钟。
- 主要活动：为主持人制定基本规则，不断进行练习，准备要回答的问题。
- 常见陷阱：没有设定主持人正确的期望和角色，没有提前为客户准备问题，没有开展排练活动。

第 2 步

- 持续时长：30 分钟左右。
- 主要活动：欢迎客户，并简要介绍这一天的日程。
- 常见陷阱：假设客户之前参加过共创活动，或者知道活动的预期是什么；招募的客户不能代表某一个人物角色。

第 3 步

- 持续时长：30 分钟左右。
- 主要活动：做一个热身运动，让客户思考和谈论他们的体验。
- 常见陷阱：不让客户相互了解，无法让他们作为一个团队舒适地分享。

第 4 步

- 持续时长：30 ～ 45 分钟。
- 主要活动：讨论目前的品牌体验，并确定需求和要求。
- 常见陷阱：没有抓住需求和要求之间的相对重要性。

第 5 步

- 持续时长：60 分钟左右。
- 主要活动：绘制客户现有旅程地图并确定痛点。

- 常见陷阱：无法将多个输入协调到同一个旅程，或者过度关注异常体验。

第 6 步

- 持续时长：60 分钟左右。
- 主要活动：绘制理想的客户旅程地图，通过"头脑风暴"创建新的体验解决方案。
- 常见陷阱：没有把创意转化成实际的体验，即没有与客户一起创建体验原型。

第 7 步

- 持续时长：30 ～ 60 分钟。
- 主要活动：与客户一起审查新概念或原型。
- 常见陷阱：没有给客户一个重新设计或改进想法的机会。

第 8 步

- 持续时长：15 分钟左右。
- 主要活动：召集工作人员和客户说再见，并表示感谢。
- 常见陷阱：没有对客户的时间和付出进行补偿。

第 9 步（本步骤不用客户参加）

- 持续时长：30 ～ 60 分钟。
- 主要活动：对一天中的关键洞察和意外收获进行讨论和总结。
- 常见陷阱：没有明确需要跟进的下一步工作事项或项目。

4. 快速成型法——快速构建一个有形的客户体验成功案例

- 目标：创造一个形象生动的客户体验成功故事，以便进行传播。
- 参与者：核心客户体验团队和关键利益相关者小组，旅程中所涉及的触点、数据和指标的所有者。
- 形式：60 ～ 90 分钟的面对面工作会议或在线工作会议。
- 输出：客户旅程地图假设、优先行动项目列表，以及用于传播的成功故事。
- 优点：建立一个用来获得支持的客户体验成功故事，并围绕未来的客户体验目标动员员工。

- 缺点：需要通过严格的项目管理来交付成果，在创建文化变革和跨职能协同方面可能效果较差。

对于刚接触客户旅程地图绘制的企业来说，能够快速整合形成可以用来宣传和规模化推广的初始成功故事是一个很好的切入方式。快速成型法是一种基于假设法的进一步的简化版本，聚焦于众所周知且急需解决的问题，在短时间内快速地绘制地图并加以应用。通过快速提供价值，快速成型法可帮助企业建立客户旅程地图，解决更广泛的客户体验问题。要想快速地绘制出客户旅程地图，并保证地图有效和实用，那么使用快速成型法进行客户旅程地图绘制时需要注意以下事项。

（1）组建一个行动导向的小型团队来解决一个明确的问题

快速成型法通过量化指标来明确业务上的痛点，例如业务收入突然下降、客户投诉持续增加或客户流失率高等，并设定了短期内（如90天）的改善目标。例如，对目前低于平均线的 NPS 进行优化，以降低呼叫中心的话务量。为了快速启动项目，团队的核心成员可以先对可用数据进行审查并快速整合，通过这些数据创建一个基于假设的客户旅程地图，其他的项目团队成员可以在后期对其进行扩展。

（2）开展工作坊对可选解决方案进行绘制和优先排序

正如其名称一样，快速成型法通常在60～90分钟完成，项目团队审查其在准备阶段创建的假设性客户旅程地图，从客户的角度评估其健康状况，并对关键时刻进行排序，这使得团队能够专注于对客户而言非常重要且最需要优化的旅程。然后对产生问题的根本原因进行挖掘，接着通过"头脑风暴"提出快速解决方案。针对备选方案，根据其可行性和可测量性进行优先排序。在研讨会结束时，团队会输出一个基本的客户旅程地图、最多3个针对性的解决方案，以及相应的达成的指标。

（3）通过实施进行验证并在获得成功时进行传播

在快速成型法中，验证和传播的重点并不在于客户旅程地图本身，而是验证实施过程中获得的洞察，以及快速解决方案的有效性。在某些情况下，来自A/B 测试的结果，或者来自在线社群和论坛的反馈，可以作为客户体验优化成功的证据。在这种方法中，客户体验专业人员不是将客户旅程地图本身进行传播，而是强调绘制客户旅程地图如何帮助他们解决问题。在此基础上，可以尝试举行一个快速的（可能只有十几分钟）普及性会议，向员工传授客户旅程地图绘制的基础知识，让他们通过学习能快速地创建一个客户旅程地图。

3.4　客户旅程地图绘制的基本步骤

无论选择哪种方法，客户体验专业人员必须在旅程地图绘制之前以及绘制之后，通过以下基本步骤，才能绘制出有效的客户旅程地图，并从客户旅程地图中获得更大的价值，如图3-5所示。

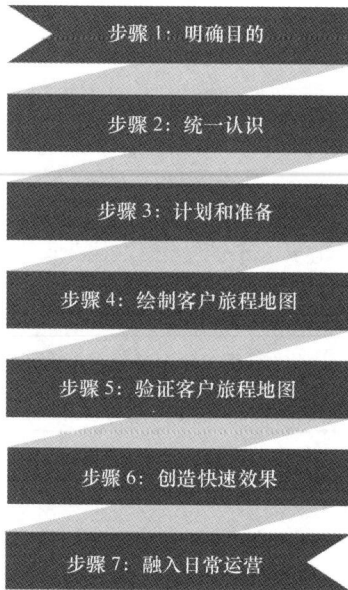

步骤1：明确目的

步骤2：统一认识

步骤3：计划和准备

步骤4：绘制客户旅程地图

步骤5：验证客户旅程地图

步骤6：创造快速效果

步骤7：融入日常运营

图3-5　客户旅程地图绘制的基本步骤

1．明确目的

- 确定客户旅程地图绘制的目的。
- 明确客户旅程地图绘制的输出。
- 召集一个核心利益相关者小组来共同参与和承担责任。

2. 统一认识

- 传达工作愿景和目标。
- 选择合适的沟通语言。

3. 计划和准备

- 设定地图的范围、层次和分支。
- 利用或创建人物角色。
- 把人物形象与具体的旅程联系起来。
- 保证合适的资源。

4. 绘制客户旅程地图

- 设定期望。
- 建立同情心。
- 应用客户旅程地图。

5. 验证客户旅程地图

- 验证假设。
- 分享和传播客户旅程地图。

6. 创造快速效果

- 基于价值和可行性评估机会。
- 将熟悉的指标建立联系并快速取得成效。

7. 融入日常运营

- 使客户旅程地图成为业务的一部分。
- 将旅程数字化并用作仪表板。

- 指定客户旅程地图的长期责任团队。

3.5 如何评估客户旅程地图的有效性

1. 客户旅程地图的检查点

许多客户旅程地图无法发挥其潜力，很大一部分原因是忽略了最佳实践提供的一些基本原则和经验。为了评估客户旅程地图的有效性，客户体验专业人员应该检查客户旅程地图是否满足了以下几点。

（1）是否包括必要的组成要素

所有的客户旅程地图应包括必需的核心内容，例如目标客户、旅程描述，以及客户的行为、想法和感受。此外，有效的客户旅程地图也要包含针对预期用途的补充性内容。例如，在地图中添加的关键数据和指标来自哪些后台支撑系统，以突出旅程中客户数据的来源和获取方式。

（2）是否适用于具体的目的

客户旅程地图的形式和内容取决于其目标受众和用途。例如，它是用于项目规划和优先级排序、获得管理层支持、培训员工，还是用于实施客户体验改进计划？有效的旅程地图可以根据针对的问题定制内容和格式，并突出显示需要改变的操作和行为。例如，为了改善员工处理投诉的方式，巴克莱银行将其客户旅程地图变成一张学习地图。这意味着不能只是创建一个通用版本的客户旅程地图，而应创建多个版本以满足每个场合的需求。

（3）能否作为有效沟通工具

无论是数字形式还是实物形式，客户旅程地图都可以包含一些客户声音，或者相匹配的成功故事。除了基本知识（如清晰的图形设计元素），突出其中某些交互的相对重要性，捕捉情绪高潮和低谷，并帮助讲述引人入胜的客户故事，可以使客户体验变得更具备同理心。例如，制药公司 Prime Therapeutics 通过沉浸式的体验室将员工纳入客户旅程地图，让员工可以随时听取实时的客户服务热线电话，并能从客户的角度看待体验。

2. 客户旅程地图检查问题清单

（1）客户旅程地图是否包括了基本内容？

- 客户旅程地图是否清楚地定义了目标客户（如人物角色）？
- 客户旅程地图是否清楚地描述了客户旅程的目标或期望的结果？
- 客户旅程地图是否清楚地描述了客户完成旅程所采取的所有步骤（即客户正在做什么）？
- 客户旅程地图是否捕获了客户在旅程每一步中与之交互的触点？
- 客户旅程地图是否捕捉到客户在旅程中的情绪（即客户的感受）？
- 客户旅程地图是否捕捉了客户在旅程中的期望（即客户在想什么）？
- 客户旅程地图是否识别了旅程中的重要交互（如重要的时刻）？
- 客户旅程地图是否明确了客户在旅程中的痛点和亮点？

（2）客户旅程地图是否包括适合其预期用途的补充内容？

如果有兴趣更深入地了解客户体验，需检查以下方面。

- 客户旅程地图是否捕捉到了每个交互发生的上下文场景或环境？
- 客户旅程地图是否捕获到了在客户旅程中发挥作用的第三方（如朋友、家人、同事、合作伙伴）？
- 客户旅程地图是否包含了在旅程中经历的时间（即每一步的用时或每一步之间的时间间隔）？

如果想诊断或解决体验中存在的问题，需检查以下方面。

- 客户旅程地图是否明确了支持或阻碍旅程的后端支持人员、流程和工具（即客户体验生态系统）？
- 客户旅程地图是否明确了每个触点、工具、流程的所有者或利益相关者？

如果想用数据来测量或证实体验中的发现，需检查以下方面。

- 客户旅程地图是否明确了客户洞察或客户理解存在差距的根源？
- 客户旅程地图是否包含描述类、感知类或结果类测量指标 [如等待时间、客户满意度（CSAT）、净推荐值（NPS）]来量化问题或机会？

- 客户旅程地图是否包含了客户的声音，使得客户旅程更加生动形象？

如果对品牌、营销和客户体验之间的关系感兴趣，需检查以下方面。

- 客户旅程地图是否捕捉到了客户在旅程的不同步骤中如何体验品牌承诺？

- 客户旅程地图是否标明了客户旅程是如何与客户生命周期的各个阶段相关联的？

如果想强调提升体验的方法，需检查以下方面。

- 客户旅程地图是否标明了改善客户体验的机会？

- 客户旅程地图是否突出了旅程的最佳实践或服务卓越的领域？

（3）客户旅程地图是否适合其预期用途？

- 企业是否清楚谁是客户旅程地图的预期受众？

- 客户旅程地图是否映射在正确的层面，以满足其受众需求？

- 客户旅程地图在数量和类型等细节上是否适合其预期用途？

- 客户旅程地图是否适合其预期受众进行使用？

- 客户旅程地图是否为其预期受众揭示或呈现了新的客户洞察或理解？

- 客户旅程地图的证据是否充足、是否具备权威性？

（4）客户旅程地图是有效的沟通工具吗？

- 客户旅程地图是否清楚地说明了正在绘制的旅程类型？

- 旅程地图是从客户的角度绘制的吗？

- 客户旅程地图讲的是可视化的故事吗？

- 客户旅程地图是否创造了客户同理心？

- 客户旅程地图包含的数据是否清楚地说明了需要采取哪些行动或哪些行为需要改变？

- 客户旅程地图中的文字清晰吗？

- 客户旅程地图的布局是否有效利用了空间？

- 文本格式和布局是否支持轻松地浏览客户旅程地图？

- 客户旅程地图是否使用了易于理解的语言、图形、图标和符号？
- 客户旅程地图的格式是否容易被预期受众共享或访问？
- 客户旅程地图是什么时候创建的，由谁创建的？

上述问题清单是客户体验专业人员添加到其客户旅程地图中的常见信息类型，但并不是全部，在具体运用时需要根据实际情况进行调整。

3.6 客户旅程地图绘制中可能出现的错误

有很多原因导致客户旅程地图绘制工作无法进行或者达不到预期效果：可能缺乏客户旅程地图绘制的目的，可能缺乏企业领导的大力支持，或者将不适合的人员加入绘制团队，这些都会影响客户旅程地图的绘制以及后期的应用，以下总结了客户旅程地图绘制过程中常见的错误和建议。

1. 没有做到以客户为中心

在绘制客户旅程地图时，大家经常会犯的一个错误就是假设客户旅程地图是业务流程，然后把详细的业务流程图绘制了出来，将客户旅程的范围定义为开始业务的时间到结束业务的时间。出现这个错误的原因是没有站在客户的角度，没有考虑客户想要实现的目标。他们想要实现的目标不是要体验企业的业务流程，并付钱给企业，而是去解决一个自己碰到的具体问题。

虽然企业通常说自己是以客户为中心的，但当他们在设计客户与企业具体的交互时，并没有做到真正的以客户为中心。"我们通过研究消费者，建立了一个路径使客户每次都遵循同样的流程"——这样的说法是不对的。以客户为中心就要做到聚焦于客户，而且客户并不是每一次都用同样的方法做同一件事。如果企业绘制了许多客户与企业交互的路径，却缺少客户当下真正想用的那一种，那么企业就无法满足客户预期，以往建立的信任也会瓦解。因此，正确的做法是真正做到从真实的客户视角看待问题，让客户有足够的、必要的、可利用的信息来完成他与企业的交互，在这一过程中，他们可以创造出自己特有的客户旅程。必须跳出业务流程，认识到客户旅程可以在他们真正访问企业网站的很久之前就已经开始，并且会在他们离开企业之后的一段时间才结束。

2. 将客户旅程地图与触点地图混淆

触点地图展示了客户与企业交互的各个细节，而客户旅程地图展示的是客户整个探索、购买和使用过程的全貌，包括所有重要的步骤，甚至包括一些所在企业没有涉及的步骤。这是客户旅程地图与触点地图最大的不同，它可以让企业管理者发现一些当前缺失的关键点，并在未来进行有效的提升，从而增加客户价值。但是，触点地图只关注客户与企业的单个交互或者接触，这种方法的问题在于难以从更宽广的层面了解触点如何嵌入客户的整个目标与行动。

3. 只与意见相同的成员和同事沟通

在客户旅程绘制工作坊中，观点相似的同事更容易互相吸引，能以更快的速度在观点和输出上达成共识。然而，必须记住，员工们通常表达的是自己的个人观点，而不是有真凭实据支撑的观点。如果员工的个人观点被误认为是事实的话，将会非常危险。鉴于此，从一群来自不同背景和领域的绘制者中获取一系列不同的观点非常重要。

4. 缺乏清晰明确的工作管理

由于客户旅程通常被企业组织架构中的不同职能部门所打断，因此在绘制客户旅程地图时形成一个跨部门团队就显得非常重要，这有助于准确地反映不同部门对客户旅程的看法。但是，如果想要这个跨部门的团队成功地运作起来，合理的管理就显得至关重要。布鲁斯·特姆金认为，如果企业管理者没有建立一个好的团队，也没有对其进行有效的管理，那么一旦开始常态化、大规模地绘制各种客户旅程地图，并收集外部客户反馈以及相关的其他信息，客户旅程地图就会变得非常混乱，团队内部的相关工作也会变得草率、没有章法。这样一来，没有人会相信能顺利地完成客户旅程绘制并进行有效的应用，也没有人愿意再参与到这份工作中。

5. 没有将所有的利益相关者纳入

在绘制客户旅程地图的过程中，将需要参与其中的部门及主管纳入绘制团队非常重要。企业所面临的很多主要问题在客户旅程地图绘制过程中都可以找到答案，但脱离一线的"象牙塔"式的绘制方法是最大的障碍，因为这种方式让真正为客户交付体验的员工的意见并没有在地图中体现出来。我们可能常常听到企业的一线员工说："上面从来没有人来问过我，如果主管向我询问，我会告诉他目前企业应该如何提升。"

另外很重要的一点是，绘制客户旅程地图的工作一定要得到企业高层管理者的大力支持。没有企业高层管理者的支持，那些想积极主动地将客户旅程地图在企业内部进行延伸和扩展的工作将很难开展。

6. 没有进行必要的客户调查和研究

将不同部门员工的观点纳入客户旅程地图绘制是一个好的开始，但绘制者也需要通过与消费者的直接对话来证实这些来自企业内部的观点。有时候，绘制者会认为自己已经非常了解客户，就不去做充分的外部调查了。但事实上绘制者通常并没有自己想象的那样了解客户，因此在绘制过程中就会出现偏差。不要在不进行消费者调查和研究的情况下绘制客户旅程地图，如果客户旅程地图没有包含消费者洞察，就会导致企业基于没有被证实的假设做决策。一旦将这样的客户旅程地图与消费者真实的旅程进行对比，就会发现这些假设与真实的情况存在明显的偏差。

7. 在调研过程中花费太长时间

不进行足够的消费者调研会损害客户旅程地图的有效性，但进行太多用户调研同样也会产生问题。有时候，企业会开展大量的客户调研项目，并周而复始地进行，以至于在花费大量调研费用的同时把问题复杂化了。需要注意的是，绘制者进行消费者调研的目的是找到提升客户体验的机会，而不是把客户旅程绘制得非常细致。一般情况下，要达到非常明确的目的，并不需要非常大量的客户调研。

要让客户旅程地图绘制变得高效需要注意很多方面，这看起来似乎太过复杂，令人生畏，但是可以在短期内专注于几个实际领域，让客户旅程地图的绘制工作朝着正确的方向发展。

（1）从一开始就明确绘制客户旅程地图的目的和潜在影响

许多客户旅程地图绘制失败可追溯到一开始对客户旅程地图绘制的理解有缺陷。需要明确的是，客户旅程地图绘制不仅是了解客户如何与品牌互动的一种工具，而且是功能强大的变革推动者，它是大型客户体验改进过程中的一种有效工具，可以利用它来推动建立转型构想、决策模型，以及开发路线图。

（2）确保已为客户旅程地图的绘制做好准备工作

衡量是否准备好进行客户旅程地图绘制需要基于意识、教育、技能、工具和愿景。如果客户旅程地图绘制在企业内部还是一个陌生的概念，那么应该首先教育高层管理者和利益相关者，以确保他们愿意花费时间、资源和精力来做好它。此外，拥有用户体验相关技能也是一个关键因素。因此，在企业没有关键因素的情况下，可以寻求外部供应商的帮助——不要即兴发挥。企业文化、预算、绘制周期应作为在内部绘制客户旅程地图还是雇用外部公司绘制客户旅程地图的决定因素。

（3）选择正确的客户旅程进行绘制

基于客户众所周知的痛点或利益相关者的热情来绘制客户旅程地图是一种快速启动客户旅程地图绘制的成功经验。能支持现有战略投资的旅程也需要优先考虑，例如即将进行的技术投资、品牌改造计划或网站重新设计。为了获得成功，可以务实地选择一段显示客户痛点的旅程，并且该旅程应由利益相关者（或有意向的盟友）完全控制。换句话说，专注于可以改变的旅程，并选择明确的改进目标，例如提交净推荐值（NPS）、减少客户流失或减少客户来电，这将非常有助于客户旅程地图的绘制获得最后的成功。

第 4 章

客户旅程地图的规模化:

持续、高效、大规模地绘制
客户旅程地图的方法与策略

本章概要

随着企业对客户旅程的重视程度提高,对客
户旅程地图感兴趣的人越来越多。客户旅程地图
绘制的需求也在快速增长,客户体验团队会因此
遇到一个比较大的挑战:没有足够的人力或资源
来应对这种日益增长的需求。本章研究了在大
规模绘制客户旅程地图时可能存在的障碍,并
为提高客户旅程地图绘制能力提出了两项主要
的策略。

4.1 规模化绘制客户旅程地图面临的障碍

过去几年里，对客户旅程地图感兴趣的企业越来越多。其原因有很多，例如它可以帮助组织改进体验、打破内部孤岛、优化客户为中心的企业文化。但是，总体上对于许多企业和员工而言，客户旅程地图的使用仍处于起步阶段。根据2020年中国用户体验联盟开展的客户旅程调查，企业对客户旅程总体的认知度为25%。大多数客户体验专业人员刚刚开始进行客户旅程地图绘制工作，或者只绘制过很少的客户旅程地图。考虑到消费者使用任何一个品牌都要进行几十次大大小小的旅程，目前绘制的客户旅程地图数量就显得微不足道了。

随着客户旅程地图在企业中的受欢迎程度日益增加，以及其他跟客户旅程地图相关工作的需求增长（如体验测量、营销、品牌传播等），客户体验专业人员将面临一个新的问题——无法快速跟上客户旅程地图绘制需求的迅速增长，其中的原因主要包括以下几点。

1. 客户体验团队规模非常小

企业高层管理者对客户体验抱有越来越高的期望，业内普遍预期企业在客户体验人员配置方面的投资会很大。然而事实并没有那么乐观。根据 Forrester 在2019年的调查，大多数组织（64%）的客户体验团队全职员工少于10人，只有8%的企业超过50人。而且，大部分企业（51%）表示短期内不会迅速增加客户体验团队的专职人员。因此，客户体验团队的人手不会有显著改善。

2. 缺乏足够的预算

同样来自 Forrester 的调查，只有33%的客户体验专业人员表示他们所在的企业有足够的预算来满足研究需求。此外，52%的客户体验专业人员表示缺乏预算限制了他们企业客户体验工作的有效性。其结果是在那些预算不足的项目中，54%的企业无法为重新设计项目提供资金，53%的项目无法支持流程变革，

50% 的项目没有更多的员工支撑，29% 的项目无法投资于客户研究，但实际上这些活动对绘制客户旅程地图至关重要。

3. 客户体验团队承担太多的职责

近 72% 的客户体验团队承担了客户旅程地图绘制工作，然而，这只是这些小型客户体验团队必须负责的许多职责之一。85% 的客户体验团队还负责建立和运营体验测量计划，84% 的客户体验团队负责开发组织的客户体验策略，77% 的客户体验团队负责客户之声项目，58% 的客户体验团队负责培训员工的客户体验技能，如此之多的职责大大分散了客户体验团队的精力。

4.2 规模化绘制客户旅程地图的能力与策略

资源不足，同时承担的工作职责很多，短期内能获得的预算也不会得到明显改善，因此没有足够的人员来绘制大量的客户旅程地图将是一种常态。在这种情况下，要在企业内加强规模化的客户旅程地图绘制能力建设，可以围绕着以下两项关键战略来展开。

● 策略性地减少绘制客户旅程地图所需的时间和资源，从而更有效地利用现有的资源做更多的事情。

● 在企业中普及客户旅程地图绘制能力，增加企业内掌握客户旅程地图绘制方法的员工和部门数量，主要是通过培训和赋能工作。

1. 减少客户旅程地图绘制所需的时间和资源

绘制客户旅程地图的过程是需要大量时间和资源的，尤其是基于研究开展客户旅程地图绘制时，需要利益相关者和员工投入大量的时间，从内部渠道和客户那里收集和研究数据，并验证客户的行为和洞察。但是，仍然可以找到一些有效的方法，在合理的范围内压缩所需的时间和资源。

（1）不要从头开始——创建可利用的基线旅程

为了优化客户体验，通用汽车在内部开展了客户旅程地图的绘制工作。但为了在全球实现这一目标，它采取了一种非传统的方式，没有让每个国家的分公司都绘制自己的端到端客户旅程地图，而是首先基于美国市场开发了一个基线客户旅程地图，并让其旅程地图合作伙伴麦肯广告（McCann）与全球 7 个市场的通用汽车利益相关者和员工共同举办工作坊，将基线客户旅程地图本地化。在工作坊中，各地的通用汽车员工在学习了这段基线客户旅程地图绘制过程和输出结果后，根据需要进行修改，以反映当地特色的客户体验。例如，在印度提车时通常要举办祈福仪式；在欧洲和南美洲，大多数汽车都是定制的，需要 6 ～ 8 周才能提车。麦肯广告还帮助通用汽车在每个国家设立了客户旅程工作室，大部分不在办公室工作的员工可以抽空在客户旅程工作室回顾客户旅程地图，补充遗漏的细节。

（2）运用技术来加速客户旅程地图绘制的研究、文档编制和验证

目前，市面上已经有很多数字化的客户旅程地图绘制工具，常见的有 Smaply、UXpressia 等，可以方便地实现客户旅程地图的可视化和数字化。还有类似 Thunderhead 和 ClickFox 的旅程分析解决方案供应商，可以帮助客户体验专业人员跨渠道整合客户 ID，识别单个客户旅程，以及客户在与公司交互时的常见共同路径，使客户体验专业人员能够快速识别关键旅程并收集行为数据。客户体验咨询公司 CX Workout 的 SaaS 平台可以向客户和员工发送指定任务 (支持在移动设备上的简短调查和测试请求)，客户和员工可以通过文本、视频和照片参与这些研究活动，从而将部分研究工作自动化。当这些信息返回后，CX Workout 会自动将其集成到客户旅程地图中，从而减少研究的投入，提升效率。另外，还有一些客户旅程地图绘制软件解决方案提供商，例如 TandemSeven 的 UX360、Touchpoint Dashboard 和 SuiteCX，可以缩短将地图数字化并将其链接到各种数据源所需的时间，使地图的更新过程自动化。

（3）借助外部合作伙伴的专业资源和能力

如果企业内部对客户旅程地图绘制的需求很多而且很急迫，客户体验团队的人手或者效率无论如何也无法应对，那么聘请外部专业的合作伙伴将是一个有效的办法。例如，一家财富 500 强的医疗服务机构需要绘制涵盖临床医生日常工作的 47 个客户旅程地图，他们最后选择了与体验设计机构 Effective 合作。这项工作涉及超过 500 小时的实地调查时间，需要对旗下的 10 家诊所的 60 多名临床医生进行访谈，仅使用内部资源快速绘制客户旅程地图是不可能的。通过与 Effective 的合作，该公司快速扩大了研究和绘制客户旅程地图的人员规模，不仅完成了实地研究，还在与 Effective 合作构建的旅程中，将更多的细节充实到非常重要的旅程和交互中，并一起编制了一本 70 页的客户旅程地图绘制与查阅指导手册，为员工浏览每个客户旅程地图提供方法指引。

2. 增加客户旅程地图绘制技能的可获得性

提升规模化客户旅程地图绘制能力的另外一种途径就是增加企业中能够绘制客户旅程地图的员工数量，这种策略还有一个额外的好处：通过将客户旅程地图绘制技能渗入组织，使它成为组织 DNA 和业务实现的一部分，从而减少了在团队领导、经费投入，以及为每个客户旅程地图绘制项目配置人员的需要。在利用这一策略在组织内规模化客户旅程地图绘制能力时，重点要加强以下几个方面的措施。

（1）建设客户旅程地图绘制所需的工具包

为了让更多的员工掌握客户旅程地图绘制技能，管理软件供应商 Sage 的客户体验专业人员决定创建自己的数字地图绘制工具包，并在 Sage 内部网站上为这个工具包创建了子页面专区，包含了团队在绘制客户旅程地图时需要知道的所有内容，例如，旅程地图是什么，如何使用客户旅程地图，以及它们所能带来的好处等相关的文档。另外，工具包还提供了开展客户旅程地图绘制工作坊所需各种用品的链接、关于样本邀请的便捷指南、工作坊需要用到的模板等。建立初步的工具包后，他们与客户体验团队外围团队和各个区域团队一起进行审核，确定还缺少哪些个性化内容，并不断进行补充和完善。一旦内容确定下来，他们就把所有的内容翻译成各种语言，让所有国家和地区的员工都能容易理解和上手使用。

（2）组织客户旅程地图绘制工作坊培训员工和团队

出版商威立（Wiley）从开始绘制客户旅程地图时，为了尽量让更多的部门和团队参与进来，就在美国、英国和新加坡各地分公司举办了一系列为期两天的客户旅程地图绘制培训工作坊。在每次的工作坊上，Wiley 的跨职能团队都学习了客户旅程地图绘制的基础知识，包括定义客户是谁、如何绘制客户旅程地图、如何评估以确定客户痛点，以及如何制定问题的解决方案。作为 Wiley 在客户体验领域的早期投资之一，这些工作坊的主要作用体现在两个方面：一方面，他们向致力于在团队和产品小组中使用这些技能的员工传授了基本的旅程地图绘制技能；另一方面，向员工传达了这样一个信息，即 Wiley 将持续致力于深入了解客户，并以更好的服务方式应用这些知识。

（3）在实际客户体验项目中开展客户旅程地图绘制培训

安永咨询公司的设计部门在为政府部门提供一个创新项目咨询时，将绘制客户旅程地图融入具体的项目实施过程，作为项目创新方法的一部分。在这个过程中，他们要求参与的政府工作人员（每次 40 ~ 60 人）动手解决实际的商业问题。在 6 ~ 8 个月的时间里，工作人员被分成 4 ~ 7 人的团队，一起参加了一系列为期一天的工作坊，然后独立地开展项目工作。例如，第一个工作坊侧重于定义目标客户，然后对他们进行深入研究和洞察。下一个工作坊将向团队介绍客户旅程地图绘制方法，并让他们绘制一个假设的客户旅程地图，然后进行改进和验证。在此过程中，安永咨询公司根据需要提供一定的指导，以保持团队在大致正确的方向上。最后，团队将给他们分配的业务问题提供真正的解决方案，并有机会看到它们的实现。

（4）将客户旅程地图绘制纳入新员工入职计划

作为 IBM 投资 1 亿多美元的设计投资的一部分，所有新聘用的 IBM 产品经理和设计人员都必须完成一个由 IBM Design 团队运作的名为"BootCamp"的培训项目。该项目的时间范围从 1 周到 3 个月不等，其中 1 周的项目针对的是职业中期的社会招聘人员，3 个月的项目则针对的是初级设计师和产品经理，项目内容包括基础培训、实践指导和实际项目实施——这些内容旨在向新员工传授 IBM 专有的设计思维方法。在这个项目中，参与者会接受客户旅程地图绘制的工具使用和方法的培训，并被要求用这些方法来解决实际问题。在训练营毕业后，IBM 会将这些员工聘请为大使，在实际工作自己使用或培训其他员工使用这些方法和工具。

4.3 如何让规模化策略获得成功

在内部开展了客户旅程地图绘制的培训之后，为了保持大家对客户旅程地图绘制的热情，并对其他团队和员工提供专业赋能，客户体验团队还需要注意以下事项。

1. 避免实施过程中的教条主义

虽然绘制客户旅程地图有一些普遍的方法和流程，但在实际实施时需要根据自身的情况和条件进行适当调整，避免盲目地生搬硬套。例如，自动化数据处理公司（ADP）的客户体验专业人员在对内部客户旅程地图绘制方法进行标准化和赋能时，他们认为需要一种更灵活的方法。因为每个业务单元所处的市场环境不同，试图强迫大家采用单一流程是行不通的。他们允许每个业务部门采用自己的客户旅程地图绘制方法，但必须使用在线客户旅程地图绘制工具Smaply 来绘制，如图 4-1 所示。这样做是为了便于共享，并为整个公司的所有客户旅程地图建立一个公共存储库。许多从客户旅程地图绘制中获得良好效果的企业都采用了类似的灵活方法。正如通用电器的客户体验战略和企业体验全球总监 David Mingle 总结的那样："让更多的部门将 80% 的工作做好，要好过让更少的部门将 95% 的工作做好。"

图4-1　客户旅程地图绘制工具Smaply

（资料来源：Smaply官网）

2. 保持简单，降低使用门槛

降低门槛是普及客户旅程地图绘制方法的关键，甲骨文公司（Oracle）是最早在企业内推广客户旅程地图绘制的大型公司之一，其负责客户体验战略和设计的副总裁布莱恩·柯伦（Brian Curran）认为，客户旅程地图绘制成功的关键之一就是要揭开这个过程的神秘面纱，让它足够简单和清晰。当大家都可以有信心动手去做的时候，才能让客户旅程成为组织 DNA 的一部分。为了实现这一目标，Oracle 重新设计了客户旅程地图绘制工作坊，新的工作坊为实践者提供了易于理解的指导、框架和工具，可以应用于客户旅程地图绘制过程中的每个步骤——从理解客户、定义问题到构建业务用例，再到度量结果。

在普及客户旅程地图绘制方面，Oracle 并不是唯一一家强调解密客户旅程地图绘制流程，并让相关工具易于获得的公司。例如，一家大型健康保险公司制作了一段低保真度的 YouTube 风格教学视频，通常只需一个人站在白板前向员工展示绘制客户旅程地图的操作步骤，可简单移动。德国软件公司爱思普（SAP）创建了一个名为"Scenes"的可视化工具，包括一组预定义的插图，可通过实体或数字方式组合创建可视化的用户故事。它可以提供不同类型的图形元素：字符、语音气泡、标志、箭头、建筑物、设备、交通工具、办公家具和背景等。基本款的"Scenes"套装提供了大约 48 种不同的插图，可用于创建实体或数字故事板，让团队能够快速地为现有客户旅程绘制故事板，并模拟未来状态的旅程，如图 4-2 所示。

3. 提供持续的专业赋能和支持

在知识、方法方面提供持续的支持，是让客户旅程地图绘制在企业内保持广泛和深入应用的关键所在。例如，IBM 的设计部门 IBM Design 使用基于云的协作工具 Slack 为其员工提供持续的支持，并开发了 IBM 自己的客户旅程地图绘制工具，使团队能够了解竞争对手的客户旅程。但对于大多数企业来说，企业的资源非常有限，这个时候可以为关键团队提供专门的客户旅程地图绘制支持，为其他团队提供临时性、有条件的支持。例如，要求被支持团队承诺执行规范的客户旅程地图绘制流程，并根据调查结果采取行动，利用客户体验仪表板来跟踪进度并对结果负责。通过这些方式，尽量保证所有的团队都能严谨和规范地开展客户旅程地图绘制工作。

图4-2　研究人员使用爱斯普Scenes工具创建客户旅程地图

（资料来源：《Scenes：创建故事板的新方法和工具》）

4. 把他们最好的学生变成老师

工作坊非常适合培训大量员工的客户旅程地图绘制技能，但为了进一步放大其作用，可以借鉴 Oracle 的经验，利用工作坊创建一个自我延续的培训系统。在为一家零售商举办了一场客户旅程地图绘制工作坊的几周后，甲骨文让该公司的客户体验总监协助举办了一场同样的工作坊，并由甲骨文派人担任教练。然后，由客户体验总监从工作坊中挑选出最好的"学生"，并让他一起担任教练，为自己下一期的培训班提供协助。在每次工作坊之后将助教转变为教练，并将最优秀的学生转变为助教，一个自我维持的客户旅程地图培训系统就形成了，就可以不断地培训和扩大能够在企业内执行客户旅程地图绘制工作的人员数量了。

4.4　利用客户旅程地图集构建绘制工作框架

形成规模化客户旅程地图绘制能力后，客户旅程地图的数量越来越多，管理和利用这些地图将面临一系列问题，包括如何分类、存储和查询成百上千个客户旅程地图？在这么多的客户旅程地图中，什么样的旅程是最重要的？每个客户旅程地图的层面多高是合适的？

为了解决这些共性问题，需要对绘制地图的客户旅程进行识别、组织和重要性排序，并确保客户体验优化工作是在改进对客户最重要的部分，这时可以创建和维护一个客户旅程地图集，它提供了一个发现、组织和排序的系统方法。

1. 什么是客户旅程地图集

顾名思义，客户旅程地图集就是一组客户旅程地图的集合，它有助于对关键客户的旅程进行识别、组织和重要性排序。

通过创建和使用客户旅程地图集，可以更好地了解有哪些客户旅程要绘制地图，绘制顺序是什么样的，以及为什么要绘制它们。使用客户旅程地图集这个方法，可以将有限的资源更有效地投入客户旅程地图绘制工作，从而获得更好的投资回报率。

客户旅程地图绘制不是一项一劳永逸的工作，持续的客户体验改进需要不断地在现有的基础上对客户旅程进行评估。使用客户旅程地图集可以持续管理客户旅程地图绘制工作，它提供了一个框架，能以比较容易的方式与利益相关者进行沟通和共享，为客户旅程地图的绘制和应用消除疑虑、达成共识。

总之，客户旅程地图集是一个组织客户旅程的工具，用来帮助客户体验团队和企业实现以下具体的目标：

- 使用共享框架和语言进行协作；
- 有利于就旅程与利益相关者进行沟通；
- 针对具体的客户群体识别和组织客户旅程；
- 呈现每一个旅程的重要性和健康度；
- 甄别和标识出可能被忽视的旅程；
- 呈现客户旅程地图绘制工作的进展（待开始、已经完成、正在进行中）；
- 可视化旅程的关联关系。

2. 客户旅程地图集的组成部分

通常情况下，一份客户旅程地图集主要包括三大组成部分：第一部分是客户旅程地图集的焦点，包括地图集聚焦的人物角色、特征、主要场景等；第二部分是客户旅程地图集的篇章，类似人物角色全生命周期会经历的各个阶段；第三部分是具体的客户旅程地图集。

在每一个篇章里，人物角色会经历不同的场景，在每一个场景下，客户为达成目标会经历一个与企业交互的客户旅程，这相当于客户旅程地图集里的一个子旅程。每个篇章的子场景、子旅程集中在一起，就构成了一个人物角色的旅程地图集，如图4-3所示。同时可以对每个子旅程的信息进行标注，例如重要程度、是否已经绘制了客户旅程地图等。当进入每一个子旅程时，就可以打开这个子旅程的详细的客户旅程地图。

图4-3　客户旅程地图集（示例）

3. 建立客户旅程地图集的基本步骤

要构建一份完整的客户旅程地图集，一般可以分以下 6 个步骤。

（1）明确客户旅程地图集的焦点

在本步骤中，需要明确和标识以下关键内容。

- 确定客户旅程地图集应该重点关注的体验场景和人物角色。

- 客户旅程地图集中的旅程必须彼此相关，以便对它们进行比较，并有效地确定客户旅程地图工作的范围。

- 确定将客户旅程地图集应用在什么体验场景，在这些体验场景中，有哪些关键人物角色。因为目标和动机因人而异，所以每个人物角色的旅程地图集基本上是不同的。

（2）定义客户旅程地图集的篇章

在本步骤中，主要明确客户旅程地图集的以下内容。

- 绘制客户旅程所对应的宏观生命周期的各个阶段，明确各个阶段之间的相互顺序和关系。

- 明确人物角色与企业的关系何时开始和结束，以及如何将其划分到各个篇章。通常包括6个经典的客户生命周期阶段（发现、探索、购买、使用、投诉和互动），或者是与客户旅程地图集关注重点相对应的更为具体的阶段。

（3）确定人物角色的目标

在本步骤中，主要明确客户旅程地图集的以下内容。

- 理解人物角色在整个体验过程中试图达成的一系列目标。

- 每个阶段的具体目标都对应了客户的一个子旅程。

- 利用现有的研究成果或通过"头脑风暴"，来明确人物角色在每个篇章的目标。整理和最终确定目标，来揭示它们所代表的旅程，并通过进一步的研究来验证。

（4）标出客户旅程地图集中的旅程

在本步骤中，主要明确客户旅程地图集的以下内容。

- 标示出每个阶段里会发生的旅程。

- 按照篇章组织和呈现旅程，揭示它们是如何相互关联和相互影响的。这将帮助你确定客户旅程地图绘制工作的重点。

- 确定旅程的起点和终点，然后将它们添加到相应的章节中。不断完善，消除重复的旅程，增加缺失的旅程。

（5）明确从哪里开始绘制客户旅程地图

在本步骤中，主要明确客户旅程地图集的以下内容。

- 选择排序标准并对各个子旅程进行排序，确定哪些旅程是最重要的，优先开始绘制。优先排序的目的是确保投资于效果最佳的地方。
- 保证重要性排序方法有效且以客户为中心，主要根据客户和业务影响选择优先级标准。确保所有关键的利益相关者都参与了标准的制定，并在地图集中的所有旅程中统一应用它们。

（6）将客户旅程地图绘制工作规范化

在本步骤中，主要明确客户旅程地图集的以下内容。

- 从一次性的客户旅程地图绘制项目升级成为持续进行的项目。
- 不断监控和更新客户旅程地图集，确保有能力作出持续的、富有成效的客户体验改进。
- 使用客户旅程地图绘制工具，如 Smaply、UXpressia、Suite CX 等，将客户旅程地图集数字化。这将使它变得简单易用，还可以将旅程连接到度量指标，并使优先排序变得更容易。

4.5　规模化客户旅程地图绘制能力的原则

在利用以上策略和方法在企业内提升客户旅程地图绘制能力、扩大客户旅程地图的绘制和应用范围时，为了取得更好的效果，需要遵循以下基本原则。

1. 根据资源、文化和支持调整战略和目标

IBM Design 的 "BootCamp" 项目之所以能够立项并付诸实施，是因为该公司在设计方面投入了 1 亿美元，并得到了首席执行官的支持，很少有客户体验专业人员能获得如此大力度的支持。想要成功地扩大规模，客户体验专业人员就需要对现有资源、公司文化和高管的支持进行客观的评估，平复一下自己内

心的宏大目标。在 ADP，由于每个业务部门的市场动态明显不同，因此它选择让每个业务部门采用最适合它们的客户旅程地图绘制方法，并专注于对客户旅程地图工作进行优先排序。在 Wiley，如果有业务部门认为不需要绘制客户旅程地图，那么客户体验团队会将重点放在其他对绘制客户旅程地图感兴趣的部门上。

2. 关注实际的项目和结果而不是理论

在规模化客户旅程地图绘制工作时，始终要注意的是，最好的结果不是来自理论培训，而是来自一种脚踏实地的方法，让员工在真正的客户体验项目中学习和应用，专注于真正的业务问题。与传统的培训方法相比，这种方法的好处是可以让员工学会将技能应用到自己的业务运营中，他们不得不提出实际的解决方案，而不是理论或想象的解决方案，从而增加大家在培训中的认真程度，并带来可实现的解决方案。

3. 时时做好进一步应用的准备

在完成初期的培训工作坊之后，出版商 Wiley 的客户体验专业人员发现，对于那些热切希望将所学知识立即付诸实践的员工，他们没有准备好如何做出进一步的支持。为了保持培训工作坊的良好势头，Wiley 建议客户体验专业人员立即建立他们的支撑体系，这意味着培训一结束就能下发一个实施指南、模板和工具，并安排好进一步进行客户研究所需的流程指引和人员支持。此外，在员工提出了解决方案后，还需要一套方法来评估，并提供资源来支持实施这些解决方案。

4. 始终关注最终的实际效果

从根本上讲，大家关心的不是客户旅程地图，而是它为组织最终创造的价值。这就是为什么要把更多的注意力放在培训结束后的活动上，比如优先考虑解决方案、构建商业案例和传播等。例如，在提出解决方案之后，Oracle 让客户旅程地图绘制人员找出客户行为是如何因为提出的解决方案而发生变化的，然后指导员工根据业务效果（更少的支持电话、更高的留存率等）对这些行为变化进行度量。

第 5 章

客户旅程分析:

让客户旅程地图
从抽象走向真实

本章概要

　　没有数据的注入,再漂亮的客户旅程地图也只是一幅没有生命的图片而已。客户旅程分析是通过引入数据让客户旅程地图从抽象走向真实,从研究走向行动的关键。本章首先阐述客户旅程分析的定义,对客户旅程地图与客户旅程分析之间的区别和联系进行分析。接着重点介绍客户旅程分析的作用,以及基于现有基础开展客户旅程分析的途径。最后探讨客户旅程分析可能带来的趋势变化。

5.1 什么是客户旅程分析

近几年，对客户旅程地图的关注急剧攀升，很多企业通过组建跨部门的团队，花费了大量的时间和资源绘制出了一幅幅漂亮的客户旅程地图，但是最后很多地图被束之高阁，并没有发挥真正的作用，于是有些人开始质疑客户旅程以及客户旅程地图是否具备真正的实用价值。因此，为客户旅程地图找到更加实际的应用领域成为当务之急。

> 现在，我们需要采用一种新的分析方式，去认识导致现实的根本原因，利用新的方法来测量和优化我们与客户的交互方式。为了实现这些，是时候采用真实的客户旅程分析了。
>
> ——马丁·吉恩，Gartner 副总裁

其实，客户旅程地图只是旅程管理的起步，绘制客户旅程地图更大的作用是唤醒企业各个孤岛以客户为中心的意识，建立从客户视角看待问题的思维。但本质上，客户旅程地图并不是真实的客户旅程，它是在基于很多假设的基础上抽象出来的、用于沟通和传播的一个静态可视化图形。

甚至可以说，我们绘制的客户旅程地图其实是"假"的！要让客户旅程地图真正活起来，反映真实的客户行为和旅程，必须将它与真实的客户数据相连接。只有这样，才能看到真实的客户视角和世界，并基于真实的数据进行分析和洞察、应用和落地，这就是客户旅程分析。

> 客户旅程分析是结合定性与定量、主观与客观数据，对贯穿客户旅程的全触点、全周期客户交互行为、动机进行分析，预测客户行为，从而优化交互、提升价值的分析实践。
>
> ——客户体验 101

如图 5-1 所示的架构图大致呈现了客户旅程分析在整体的旅程管理体系中的定位，及其与其他模块之间的关系。在具体的内容上，客户旅程分析有以下两方面需要重点强调。

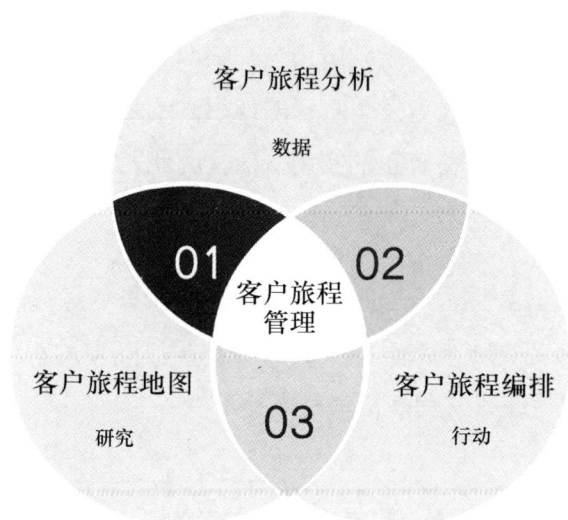

图5-1　客户旅程分析在旅程管理体系中的定位

1. 需要特定的工具、技能和治理实践

客户旅程分析既是科学也是艺术，它需要正确的数据和洞察力，这些都高度依赖于合适的数字化工具，是人工所无法实现的。这些工具在客户旅程的各个渠道、接触点和系统之间整合数据，以设计和规划当前和未来状态的旅程，测试和优化客户旅程假设，并在利益相关者和客户之间协调各项任务。

此外，如果要大规模实施客户旅程分析，还需要正确的技能、正确的治理和正确的运作模式。需要合适的人员来确保数据质量，在定量和定性之间取得合适的平衡，从而超越"什么"（What）、"如何"（How）、"何时"（When）及"为什么"（Why）等基本问题，整体性地进行审视和洞察。还需要领导带头进行变革，确定客户旅程的优先级，确定衡量成功的标准，并推动跨职能的工作来改进客户旅程。

2. 思维方式的变革及共同的语言体系

面对将业务系统、数据源和目标相互分割的职能式组织孤岛，很难制定出一个具有凝聚力的客户旅程分析策略。要想获得成功必须是整个组织一起努力，而不仅仅局限于单个业务单元和职能部门。虽然客户旅程分析工作可以从某一个业务单元启动和试点，但是客户旅程分析的扩展工作需要对所有的客户旅程达成共识，并进行合理的分类、排序。许多企业仍然将"旅程"误解为业务流程图、生命周期图或营销漏斗，这些都是目前普遍存在的误区，在开展客户旅程分析时需要予以纠正。

另外，要想大规模地实施客户旅程分析，需要为基于客户旅程的变革建立一个总体的共同框架。最好的方法是定义一个客户旅程地图集，为整个企业建立一个客户旅程目录，它可以将每个旅程的位置可视化，评估每个旅程的重要性，并基于共同的语言扩展与相关利益者进行客户旅程方面的沟通。

5.2 客户旅程分析与客户旅程地图的差别

客户旅程地图是客户对体验的可视化呈现，近几年，绘制客户旅程地图的数量呈井喷式增长。然而，令人遗憾的是，许多公司花费了大量的时间来绘制漂亮的客户旅程地图，将这些客户旅程地图大张旗鼓地进行发布，但最后很大一部分地图只是在收集灰尘，因为员工要回到他们被考核的实际工作中。

为什么会发生这种情况？需要进行哪些改变？答案可能还是在于客户旅程地图本身。为了实现可操作性，客户旅程地图必须是动态的、可测量的，而不仅仅是一张静态的图片。花费几周时间绘制一个非常详细和高度视觉化的客户旅程地图，并成功地让市场营销、客户体验、销售及管理团队都加入进来，这看起来似乎很好，但是最终每一个团队和个人都要回到各自背负的关键绩效指标，回到实际工作中。如果这对现实没有帮助，那为什么要花时间绘制一幅看起来很漂亮但没有实际用途的静态图片呢？

所以，关键是如何能够通过实时数据将客户旅程地图变为现实，真实地反映客户的实际体验，并将其与业务联系起来！

客户旅程分析与客户旅程地图最大的不同，是让客户旅程地图从假设向真实走出了质变的一步，如图5-2所示。同时，它也不同于以前的各种经营分析、营销分析、客户分析、财务分析等传统分析方法。它是一种基于客户视角的、真实的、实时的分析，它给原来所有的分析增加了一种全新的主线。

客户旅程地图　　　　　　　客户旅程分析

图5-2　客户旅程地图与客户旅程分析

1. 使用数据发现最重要的机会

没有数据的图片只是空洞的故事，数据是让图片变得生动的关键。没有数据，客户旅程地图最多也就是对少数"代表性"客户的主观观察，最坏的情况则完全是由各个部门根据他们自己对客户行为的解释形成的各种假设。

客户旅程分析可以克服以上这些缺点，因为它可以将洞察和发现建立在坚实的数据上，而不是单纯的假设和猜想上。客户与企业的实时交互，可以通过App、网站、销售系统、电子邮件等众多渠道，实时连接到集中的营销平台、数据仓库、呼叫中心等内部平台进行整合。

客户旅程分析可以展示旅程中每一步的客户数量，以及每一位客户在旅程中的交互、转化或流失。例如，客户旅程分析平台Pointillist的仪表板展示的客户旅程分析不仅含有客户操作，还显示了每一个独一无二的旅程中客户每一步的参与、转化或流失的数量，如图5-3所示。这些分析功能为营销人员提供了非常强大的数据，他们可以使用这些数据来确定目标客户、要执行的活动类型，以及在哪一步与客户进行互动是最合适的。

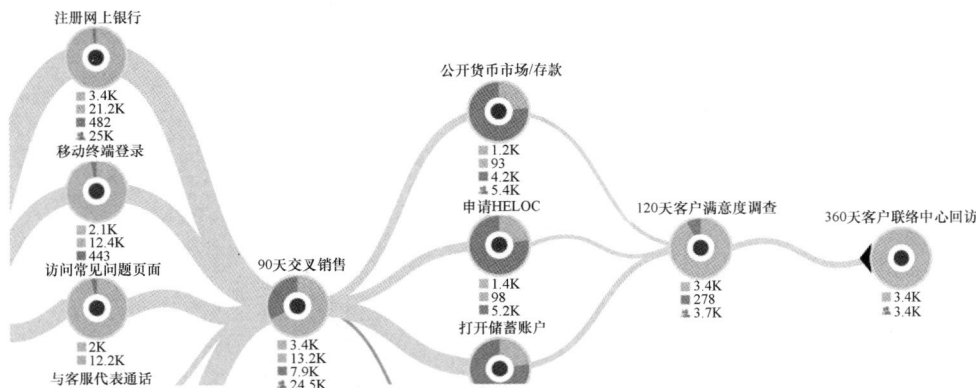

图5-3　Pointillist的客户旅程分析

2. 发现客户正在进行的真实旅程

市场研究机构 Gartner 的分析师杰克·索罗夫曼（Jake Sorofman）认为："客户旅程不是被创造的，而是被发现的。如果我们企图去创造客户旅程，就会掉入两个陷阱中的一个：要么开始凭空想象客户的需求，要么完全抛开客户最终又回到自己熟悉的需求——我们自己的需求。

客户旅程地图绘制工作中最被诟病的地方，就是它通常是在会议室里由内部员工绘制出来的，没有或者很少有外部客户的输入。很多客户旅程地图绘制人员认为只要将财务、研发、工程，还有营销、体验团队都纳入进来，就能保证地图反映客户的实际体验。但事实上，他们在做的只是将内部流程形成可视化的文档，并把它们称作客户旅程地图。

当跟客户打交道的员工将自身置于客户的角度，只是去想象一下客户的体验，则通常会导致一个假想的旅程，而无法反映客户实际采取的各种各样的路径。即使组织焦点小组或采访几十位客户，也无法发现客户所采取的数百万个真实、独特的旅程。

而客户旅程分析可以从各种来源收集实际的客户数据，包括各种自动化平台、网站、App、数据仓库、呼叫中心日志、电子商务平台和收银系统。集成所有这些数据并进行客户 ID 匹配，通过同源分析可以确定属于同一个人实际发生的所有交互。通过这种方式，客户旅程分析可以揭示客户在一段时期内，跨渠道与公司互动时实际采取的各种路径。

3. 更加全面地了解客户的旅程

客户旅程地图通常只传达一些少数、具有代表性的客户旅程。实际上，数百万客户中的每一个人在每一个场景下都会拥有自己独特的客户旅程，这可能与企业设计的原型版本的客户旅程相似，也可能非常不同。虽然不同的客户达到了相同的最终目标，但是他们经历的客户旅程可能是完全不一样的。不同的客户，即使是具有相同人物角色类型的客户，也会按照自己独特的步骤行进。绘制客户旅程地图时假设所有的客户都会经历相同的节奏，会错过与单个客户进行一对一个性化互动的机会。通过触发实时交互，客户旅程分析可以帮助企业在旅程中以不同的节奏培育客户。

不同的客户旅程之间也是相互关联的：在线上渠道和线下渠道之间不停地跳来跳去，甚至与其他的旅程纠缠在一起。例如，一个投诉旅程如果得到了很好的解决，就会引出一个交叉销售的新机会。客户旅程地图是无法帮助企业发现这些真实的、没有预设剧本的客户行为的。客户旅程分析可以通过揭示一段时间内不同渠道之间各种不同的真实客户旅程，根据企业所选择的测量指标，帮助甄别最重要的客户旅程，如重复购买率、忠诚度、转化率、新客户获取，以及对收入的总体影响。

4. 实时分析和影响客户行为

今天的客户希望公司根据他们的偏好、当下的场景、最近的交互行为，以及最新产品和服务的体验，提供个性化的相关信息和优惠。他们会因为某一个不好的体验而放弃他们的旅程，公司在整个客户旅程的任何一步都不能发生过于偏离客户预期的波动，甚至不能低于客户所感知到的平均水平。

为了实现这一目标，企业可能需要连接数百万个数据点，并实时分析客户的旅程，从而可以根据每个客户独特的偏好和旅程，为他们提供个性化体验。基于静态的客户旅程地图是无法实现实时与客户互动的，因此一个可行的解决方案是创建一个独立、规范的系统，将所有与客户期望中的交互程序化。传统工具很难帮助企业发现并管理现实世界中发生的无脚本的客户行为，但具备客户旅程分析能力的平台，可以使企业能够根据对客户行为的深入分析，来识别实时互动的机会，能够在客户流失之前识别有风险的客户，可以在几秒钟（而不是几周和几个月）内将客户交互和业务成效之间关联起来。

5.3　客户旅程分析对业务增长的作用

数字化已经让客户体验无处不在，从一线的营销人员到客户服务人员，再到高层管理人员，现在大家普遍认识到个性化、高效和引人入胜的客户体验可以促进客户的获得，提升品牌忠诚度和客户全生命周期价值。因此，企业必须转向统一的客户视角。为了实现这种统一的客户体验，传统的客户分析必须从原来的回溯式的分析和报告，向实时、行为驱动的交互式分析发展，客户旅程分析是实现这种转型的有效手段，如图 5-4 所示。

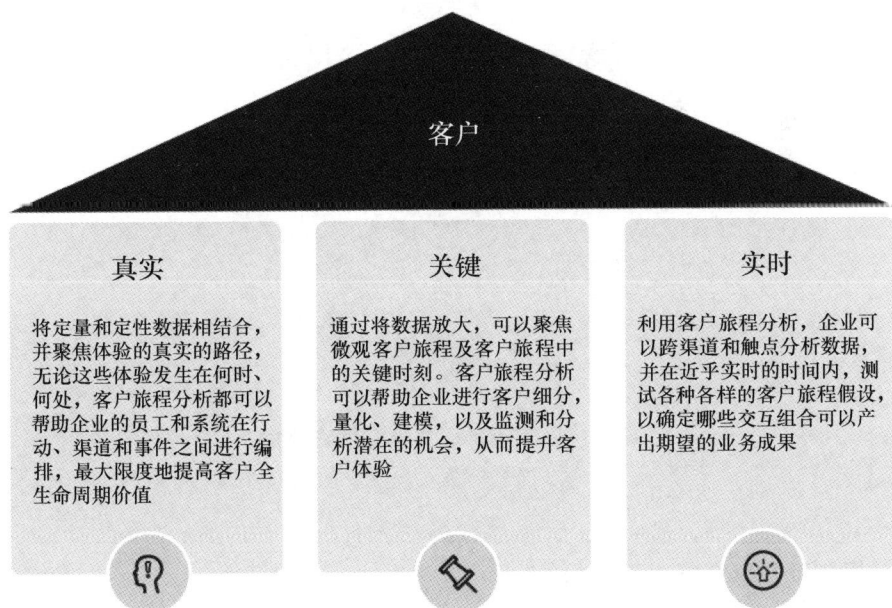

真实	关键	实时
将定量和定性数据相结合，并聚焦体验的真实的路径，无论这些体验发生在何时、何处，客户旅程分析都可以帮助企业的员工和系统在行动、渠道和事件之间进行编排，最大限度地提高客户全生命周期价值	通过将数据放大，可以聚焦微观客户旅程及客户旅程中的关键时刻。客户旅程分析可以帮助企业进行客户细分，量化、建模，以及监测和分析潜在的机会，从而提升客户体验	利用客户旅程分析，企业可以跨渠道和触点分析数据，并在近乎实时的时间内，测试各种各样的客户旅程假设，以确定哪些交互组合可以产出期望的业务成果

图5-4　客户旅程分析对以客户为中心的促进

前面的内容已经提到了客户旅程分析的种种好处，以下将更为集中和具体地阐述客户旅程分析在企业实际运营中可以发挥的作用，以及忽视客户旅程分析可能带来的负面影响。利用客户旅程分析，通过运用数据来进行测量和优化产品、服务和营销，提升客户体验，具体可以在以下方面对企业起到帮助。

1. 整合企业的定性和定量数据

客户旅程分析需要将数据横向跨越各种孤岛整合在一起，以提供客户的统一视图。为了满足客户旅程分析的这一数据要求，企业需要更高效地进行数据整合，有效提升数据质量。通过对定性和定量数据的挖掘，包括经营数据（Operation Data，O-Data）和体验数据（Experience Data，X-Data），如客户反馈调查、营销数据、点击流数据、面部表情和文本数据等，按照客户旅程为主线进行整合，如图 5-5 所示。

图5-5 以客户旅程为主线整合内部数据

（资料来源：Pointllist）

2. 分析和预测客户行为和动机

客户旅程分析通过获取客户的交互行为、感知和情绪，可以提供品牌改进体验的线索，以驱动客户所期望的行为，防止出现破坏客户体验的瓶颈。例如，一家大型商业银行将网页分析、呼叫中心数据和呼叫日志结合起来，来了解为什么成功进行在线支付的客户仍然在给银行打电话。在了解了客户的行为和动机后，银行对支付确认信息和即时余额更新的提示语进行了调整，使客户对自己的在线支付体验更加放心，进而减少了呼叫中心的通话量。

3. 预测和优化与客户的交互

在评估企业的政策、流程、产品或技术变化对未来客户旅程的影响时，客户旅程分析能够消除过多的猜测和假设。为了做到这一点，公司可以在具体的旅程中使用预测分析来优化下一个最佳行动，使得公司能够预测未来的客户行为，并设计正确的体验、服务和营销互动策略。家用清洁用品公司克洛索（Clorox）运用客户旅程分析来识别客户与品牌的关系，并通过核心客户群体的常用渠道测试特定的信息，这使得 Clorox 能够理解哪些信息最能引起共鸣，能够在客户旅程的特定阶段影响消费行为，并增加客户的情感共鸣和转化。

4. 确定运营中存在的瓶颈

客户旅程分析可以帮助企业将运营指标（如准时交付、呼叫等待时间等）与客户的体验评价进行关联。当绘制"购买—续订"客户旅程地图时，出版商爱思唯尔（Elsevier）发现其销售团队没有收集客户联系方式的数据来配置账户。因此，其他团队无法与客户建立服务，客户甚至在最初就取消了订阅。通过客户旅程分析，Elsevier 找到了低续订率的根本原因，并绘制了订阅旅程中的人员、流程和技术支持。此外，Elsevier 让销售人员负责获取正确的数据，并主动联系客户让其使用他们的新产品。

5. 提升营销转化和投资回报

通过识别高影响力的客户旅程、购买路径及尽早发现购买意图，客户旅程分析可以帮助营销人员提高赢得客户的效率。还可以通过识别交叉销售／向上销售的机会并在适当的时机和正确的渠道触发个性化互动，增加来自每个客户的收入。客户运营人员可以使用客户旅程分析来预测客户行为，了解客户偏好，并识别在特定情况下哪些措施最有效。总之，客户旅程分析可以帮助企业从现有的营销技术栈中获得更多的价值，从而改善结果并提高投资回报。

6. 最大化客户生命周期价值

进入客户时代，客户生命周期价值（CLV）是很多企业预测和考核经营状况的关键指标，客户旅程分析可以揭示端到端客户生命周期中影响客户价值最重要的因素，并帮助企业确定最大化客户生命周期价值的方法。

图 5-6 综合了客户旅程分析的主要作用。总的来说，客户旅程分析可以发现客户体验在整体以及细节方面存在的问题和瓶颈，更好地预测客户行为和满意度，提升客户体验，并为企业带来更好的业务收入。相反，如果企业只优化单个触点，就无法理解跨触点的客户交互是如何相互连接、重叠和影响的。那些不能分析复杂多触点客户旅程的企业，在数字化时代可能会面临以下问题。

01 整合企业的定性和定量数据
02 分析和预测客户行为和动机
03 预测和优化与客户的交互
04 确定运营中存在的瓶颈
05 提升营销转化和投资回报
06 最大化客户生命周期价值

图5-6 客户旅程分析的主要作用

问题 1：很难证明客户交互的价值

根据客户体验研究机构 Forrester 的调查数据，20% 的营销决策人员表示，对结果的测量是他们在营销计划中面临的最大挑战之一。市场营销人员和客户洞察人员很难整合不同的数据来源，很难在复杂的旅程中追踪客户，很难找到合适的人才来分析单个客户的完整交互。因此，很多企业无法识别他们最赚钱的客户旅程，或者推动转化（无论是购买还是下载应用程序）所需的最佳交互数量。

问题 2：短视的跨渠道体验会使客户受挫

同样来自 Forrester 的调查数据显示，只有 23% 的企业习惯于通过跨部门分析客户反馈，来发现和解决跨渠道问题。这使得大部分企业忽视了交互中存在的交付质量差距。零售商店 Mango 为线上买家提供商品免费退货服务，但是买家只能将商品退还到那些想售卖退还商品的零售店，导致客户遇到在不同渠道寻找零售店的麻烦。这样割裂的客户旅程最终会导致对客户和企业都有害的结果：一个不耐烦的客户和一个交叉销售机会的流失。

问题 3：浪费提升留存、增购和推荐的机会

不论在哪个行业，良好的客户体验都会带来不同类型的基于忠诚度的收入增加。但是，企业往往无法发现和有效利用客户旅程中的机会来提升参与度和留存率。捷蓝航空对卓越用户体验的关注，以及对端到端客户旅程（从预订机票到下飞机）的理解，吸引了更多的新客户，这些客户通过捷蓝航空飞行了更多里程，并推动了捷蓝航空的收入增长。从 2011 到 2015 年，捷蓝航空收入的增长率超过美联航公司的 5 倍（美联航是在 Forrester 用户体验指数中一直排名靠后的公司）。事实上，在同一时期，美联航的付费客户一直在减少，其收费里程也只是基本持平。

5.4　客户旅程分析的两个层次与三大步骤

1. 客户旅程分析的两个层次

客户的旅程发生在不同的层次——跨渠道的宏观层，以及单一渠道内的微观层。调整客户旅程分析的层次，可以放大到具体的交互，也可以缩小到合适的比例，来从整体角度判断每个交互在整个客户旅程中的相对重要性。首先，

需要掌握如何通过放大客户旅程分析来获得详细的客户洞察（对微观旅程的分析）。然后，再了解如何缩小客户旅程，从更广泛的层面获得战略性洞察（对宏观客户旅程的分析）。

（1）聚焦微观客户旅程以观察具体行为

使用客户旅程分析可以聚焦详细的微观客户旅程，获得关于客户旅程具体细节的洞察、标准化的测量指标、规范化的数据，并寻找结构化和非结构化数据结合分析的机会。

如果要聚焦某一段客户旅程进行深入分析，可以在开始绘制客户旅程地图时，首先将一个垂直市场中的某一个子旅程放大，目标是确定合适的客户体验测量指标，以便在预算有限的情况下能创造出明显的效果，并为客户旅程优化吸引利益相关者的支持，这在开展客户旅程分析的初期是非常有效的方式。这时，客户研究和客户旅程分析人员需要一起合作，并利用彼此的优势来放大聚焦特定的客户旅程，以实现以下客户旅程分析的目的。

选择正确的测量指标以增强以客户为中心的意识：放大某一个客户旅程，可以让企业内的利益相关者获得对客户行为、情感、动机和期望更深层次的理解，目的是界定客户对体验质量的期望，来进一步帮助企业选择正确的运营指标，以检测客户是否能够完成客户旅程中的关键任务。这些是为单个触点、触点切换，以及整个旅程选择正确体验测量指标的关键所在。

规范不同的数据来源来提高数据质量：有过客户研究与洞察经历的人都知道，数据来源和质量是进行分析时面临的最大挑战。使用客户旅程分析来放大具体细节，对具有相互关联的具体数据进行质量分析和治理，可以更有效地提升数据质量。这时需要数据专家、数据治理人员和业务人员通力合作，研究如何将不同的数据点进行连接和整合。

通过对照实验来测试客户旅程优化的假设：通过放大一段客户旅程，企业可以检验改进客户体验的一些假设。雷电云公司（Thunderhead）是一家基于SaaS（软件即服务）的客户旅程分析解决方案提供商，该公司的平台可以采集和分析整个客户旅程中的数据，它帮助一家旅游公司通过结合客户背景数据和客户如何在线研究度假产品的行为洞察，测试客户对不同产品的推荐意愿，以及对话风格的偏好，给呼叫中心话务员提供实时参考信息，帮助他们完成度假产品预订的最终转化，从而使销售额提高了60%。

（2）在宏观层面评估战略行动的进展

一旦公司通过放大聚焦特定客户旅程锻炼了自己的客户旅程分析技能，就可以向宏观层面进一步推进。通过来自多渠道的数据对多个客户旅程进行整合分析，来回答更具战略性的问题，如图5-7所示。可以通过宏观客户旅程的分析达到以下目的。

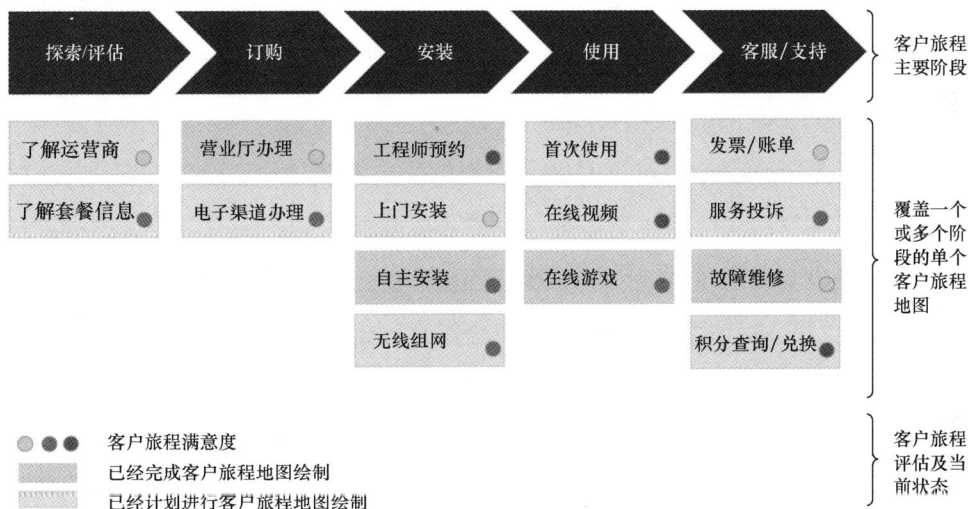

图5-7　通过宏观客户旅程分析识别战略活动

确定影响最大的客户旅程：使用宏观客户旅程分析，可以逐步缩小范围，甄别出存在高风险的客户触点，并明确下一步应该采取的行动，或者找出进行优化改进的最佳触点。例如，为了确定影响较高的客户旅程，eBay与客户旅程分析供应商NICE合作，找出客户特别关注、会打电话询问的复杂问题，如快递重新发送和信用卡支付的问题。聚焦交互分析这些客户旅程并进行优先改进，eBay优化了销售和客服代表与客户的交互，从而使总体客户满意度提高了3%。

计算更准确的客户生命周期价值（CLV）指标：客户生命周期价值是很多

企业考核的关键指标，宏观客户旅程分析可以从全生命周期的范围，帮助企业识别、关联和测量不同客户旅程中的复杂交互，这些是分析客户生命周期价值的基础。例如，数据分析公司 Analytic Partners 帮助其客户在不同的细分群体中分析经历获客旅程后 CLV 的变化，并评估高价值客户的旅程，以确定哪些渠道和交互需要优先考虑，以实现 CLV 的最大化。

证明客户旅程体验优化带来的财务效果：通过宏观客户旅程分析，将客户旅程指标与关键绩效指标（KPI）关联起来，可以分析不同指标（如获客、体验质量、增量购买、客户留存率和忠诚度）之间的关联关系。例如，欧洲能源公司 E.On 在其 11 个国际市场中，在客户生命周期层面对所有的客户旅程进行跟踪分析，监测旅程中的品牌声誉、净推荐值和业务收入数据，从而分析和测量净推荐值改进对业务收入的影响。

通过跨客户旅程分析进行品牌联动和创新：结合第三方数据、场景开展跨品牌的宏观客户旅程分析，可以捕捉企业不能直接控制的交互环节，为品牌及合作伙伴找出可以通过创新手段与客户建立连接的新方式。例如，伦敦城市机场利用实时乘客旅程数据，向英国边境管制部门通报排队人数增加的情况，使移民部门能够提供更多的工作人员，并打开更多的电子护照登机口；他们还共同落实乘客在机场的整体客户体验策略，包括 20 分钟完成值机、直通登机口、15 分钟抵达机场、直通火车站等，对多个客户旅程的体验进行优化。

2. 客户旅程分析基本步骤

不论在宏观层面还是微观层面，以及出于什么目的进行客户旅程分析，基本的分析步骤都主要有 3 个，如图 5-8 所示。

① 以端到端的视角从全局分析和定位关键问题，主要解决是什么的问题。

② 结合具体的上下文场景，找到问题的根本原因，主要解决为什么的问题。

③ 根据目标和原因，明确策略和解决方案，触发与客户新的交互，最终优化和提升客户体验，解决的是如何做的问题。

HOW
STEP3
触发新的交互，优化和提升客户体验

WHY
STEP2
结合上下文场景分析原因

WHAT
STEP1
从全局分析和定位关键问题

图5-8　客户旅程分析的基本步骤

目前的很多客户运营和增长分析，主要聚焦于回答第一个关于是什么的问题。部分方法和工具在量化分析的基础上，结合录像、热力图等定性分析，能在一定程度上回答为什么的问题，但往往比较零散，无法形成全局视角，对导致问题的系统性、根本性原因挖掘不够。这正是客户旅程分析首先可以强化和提升的部分，通过定性定量、宏观微观分析的结合，利用上下文信息可以进行更加全局和深入的分析，找到问题更深层次的原因。最后，结合问题和原因分析，能够更加有力地支持具体策略和措施的输出，对关键触点进行优化，或者触发新的触点来引导和转化用户，这是客户旅程分析在"如何做"阶段的突出优势，如图 5-9 所示。

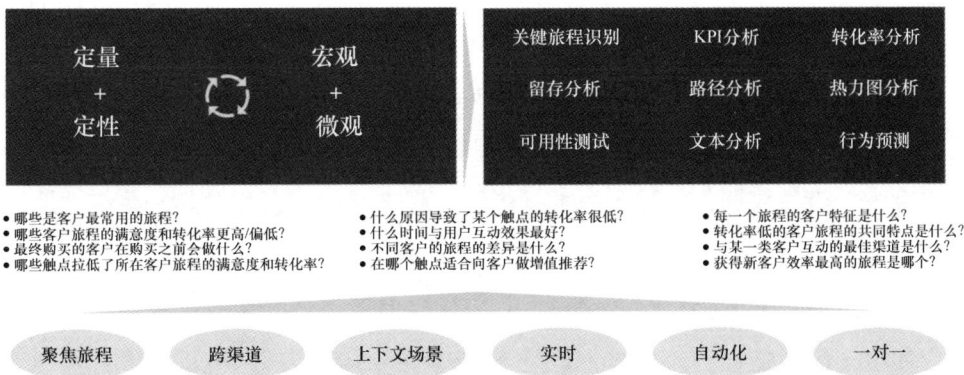

定量 + 定性	宏观 + 微观

关键旅程识别	KPI分析	转化率分析
留存分析	路径分析	热力图分析
可用性测试	文本分析	行为预测

- 哪些是客户最常用的旅程？
- 哪些客户旅程的满意度和转化率更高/偏低？
- 最终购买的客户在购买之前会做什么？
- 哪些触点拉低了所在客户旅程的满意度和转化率？

- 什么原因导致了某个触点的转化率很低？
- 什么时间与用户互动效果最好？
- 不同客户的旅程的差异是什么？
- 在哪个触点适合向客户做增值推荐？

- 每一个旅程的客户特征是什么？
- 转化率低的客户旅程的共同特点是什么？
- 与某一类客户互动的最佳渠道是什么？
- 获得新客户效率最高的旅程是哪个？

聚焦旅程	跨渠道	上下文场景	实时	自动化	一对一

图5-9　客户旅程分析的特点和优势

5.5 运用现有的基础快速启动客户旅程分析

客户旅程分析能带来很多好处，那么在什么情况下才能开始开展客户旅程分析？首先，不用担心没有正确的数据或技术平台，不敢开始客户旅程分析工作。相反，最需要关注的是能不能取得实际的效果，而不是一定要满足某些具体的前提条件。利用已有的分析方法和技术也可以启动和推进客户旅程分析工作，以下几种分析方法可以作为开始客户旅程分析工作的起点，例如客户的在线购买路径分析、归因测量、客户之声分析，以及目前已有的客户体验测量项目等。以下是企业可以根据现状开展客户旅程分析的策略建议。

1. 如果已经开展数字化路径分析，请与线下触点进行关联

将网站路径信息连接到线下触点（如呼叫中心或实体店）来增强数字化路径分析能力，可以帮助企业了解促使消费者致电客服或前往实体店的数字化触发因素。同时，整合线上数据，并链接到企业的 CRM（客户关系管理）系统，可以将在线数字化旅程与线下旅程、交易数据连接起来，让企业能够找出并弥补线上和线下的旅程之间存在的差距或断层，揭示关键指标（如购买渠道偏好）。在此基础上，可以使用以前的营销曝光、消费者线上线下购买数据，以及其他消费者行为数据，来定制线上内容和交互。

2. 如果已在使用 CRM 系统，请将 CRM 系统和客户体验策略结合起来

对于已经有非常成熟的 CRM 系统的企业，可以利用 CRM 系统来支持端到端客户旅程分析。基于 CRM 系统积累多年的客户旅程数据，可以把客户背景、客户行为、交易数据，以及服务数据等结合起来进行分析和洞察，系统性地发现和消除客户痛点。例如，Uber 使用了 Zendesk 分析工具来挖掘 CRM 系统中的客户历史消费、司机和路线信息，并将这些信息整合到其应用程序中来优化客户体验，包括整合和简化线上与线下运营中的跨职能部门流程，或者实现与客户更好的个性化对话。

3. 如果已收集客户之声数据，请确定关键主题来构建假设

如果已经通过客户之声计划收集了各种渠道的客户反馈数据，则可以从结构化的问卷调查和非结构化的客户情绪分析中，找出客户谈论的关键主题、痛点或亮点，对其中影响最大的相关客户旅程或者人物角色进行放大和深入分析，并加入运营或事件数据，如处理索赔的时间、呼叫等待时间、特定原因的呼叫数量、网站访问路径，进行归因分析以获得端到端客户旅程更全面的视图。客户旅程分析供应商 NICE 就帮助客户利用客户服务数据，对比了不满意和满意的客户所经历的旅程，非常直观地显示了体验障碍点，并分析了渠道切换和费力程度的影响。管理软件厂商 Sage 可以通过整合不同的客户之声的数据源，从不同角度归纳和定位客户关注的主题，对客户和品牌价值进行评分，并确定需要进一步分析数据的旅程。

4. 如果已经具备客户旅程设计能力，那就在艺术中加入更多的科学

对有些企业来说，客户旅程分析可以从重新审视已经设计或绘制好的客户旅程地图开始，对现有体验测量指标进行盘点，补齐不足以检验对体验优化的假设。同时，还可以使用客户旅程地图来改进企业现有的测量计划。例如，必能宝公司（Pitney Bowes）的客户体验团队对旅程地图和设计思维已经有一定的基础，通过对现有的客户旅程地图进行分析，发现发票问题导致了大量的投诉电话，客户的净推荐值（NPS）也低于行业平均水平，并由此驱动财务、市场营销、客户服务和法律部门解决其计费过程中存在的问题。

5.6 客户旅程分析可能会给企业和行业带来的变化

客户旅程分析可以从完整的客户视角入手，揭示很多企业内部存在的各种数据、流程和人员方面的问题。为了从客户旅程分析中获得价值，应该通过克服组织孤岛，组建跨职能的团队，进行跨渠道的协作来共同开发客户价值。同时，来自不同领域的供应商，如客户之声、客户旅程地图、营销技术和客户分析等，

可以帮助客户洞察和客户体验专业人员设计和分析客户旅程，帮助企业洞察和优化多触点客户旅程。随着企业对客户旅程分析的重视，客户旅程分析相关的活动越来越多。

1. 客户旅程相关的岗位和卓越中心的数量将会增加

重视并希望快速推广客户旅程分析的企业会设立卓越中心和与客户旅程相关的岗位，实现从职能孤岛向客户旅程驱动的转变，快速提升客户旅程分析能力。像欧洲能源企业 E.On 和管理软件厂商 Sage 这样的大型跨国公司已经设立了具体到客户旅程的岗位角色，比如，旅程所有者（Journey Owner）和旅程经理（Journey Manager）负责重新制订规划和预算，实施快速突破的想法，建立客户旅程分析与测量仪表板。苏格兰皇家银行则建立了客户体验认证项目，将客户旅程管理认证纳入现有岗位。在企业能够更好地、系统地思考客户的旅程之前，这些卓越中心和客户旅程岗位将是以客户为中心采取行动的关键催化剂和推动者。

2. 客户旅程分析将衍生出更多相关的标准和定义

"客户旅程"这个术语对不同的专业领域和岗位的人员，仍然意味着不同的东西——一个过程地图、一个生命周期图或者一个营销漏斗。可将客户旅程地图定义为贯穿客户与企业关系中的流程、需求和感知的可视化呈现。客户的旅程不仅包括客户与之交互的触点，还包括在体验中与不可见的人、流程和技术之间的关系。随着客户旅程分析的逐步展开和深入，与其他专业领域的交叉和结合，会出现更多新的活动、概念和标准，客户旅程分析中使用的术语和方法上的不同将会成为各方讨论的焦点，并会帮助企业逐步融合客户体验、客户洞察（CI）和用户体验（UX）能力。

3. 客户旅程分析相关的服务和平台将蓬勃发展

客户旅程分析需要采集各种渠道的数据，进行数据的整合和处理，并且需要尽量做到实时，这些都需要数字化工具和平台的支持。目前市面上声称拥有强大客户旅程设计、客户旅程可视化、数据分析能力的工具厂商，其在客户旅程分析所需要的综合能力方面是远远不够的，还有很多可以拓展的空间。同时，也需要更多能整合各种客户体验专业能力和技术的咨询服务机构，能够利用现有工具或针对具体目标，在提供定制化解决方案方面起到引领作用。例如，客户体验咨询公司 EastBay 开发了工具 SuiteCX，可以在帮助企业整合分析数据的基础上，对现有客户和旅程进行分析，优化和设计有效的旅程。体验咨询公司 TandemSeven（已被 Genpact 收购）通过培训客户使用它们开发的客户旅程地图软件创建数字地图，并通过民族志、体验和视觉设计服务来提升企业在研究和分析上的不足。

4. 民族志等定性方法将发挥更加关键的作用

毫无疑问，数据专家将在客户旅程分析中扮演关键的角色，因为客户旅程分析在数据采集、清洗、挖掘和建模方面，需要拥有深厚专业知识和技能的人才。但是，只有数据专家还不能提供对客户行为和动机的深刻理解。因此，企业需要培养和引入更多的民族志等定性研究学者，以帮助揭示"为什么"。基于客户旅程分析输入的数据和指标，民族志学者进一步洞察旅程中客户的动机、挫折、期望、环境和情感，这对客户旅程的优化和创新至关重要。

5. 客户旅程分析将激发跨品牌之间的生态合作

随着企业使用客户旅程分析来进行更高层面的洞察，实施更大规模的实验，对不同客户和不同触点、渠道的了解会越来越广泛和深入，在打造新的合作伙伴关系和进行体验创新方面的认识会越来越深刻，需求也越来越多。不同企业之间可以通过交换数据和洞察，让跨品牌的客户体验更加丰富、更具吸引力和一致性。应用程序接口（API）技术以及掌握如何使用 API 的技术人员，将在构建这些基于跨品牌旅程的关系中发挥至关重要的作用。例如，BBC 使用来自各种第三方 API（如 Wikipedia）的数据来丰富自有应用程序的内容并提供给客户。与此同时，它还为电视节目和广播节目等服务发布自己的 API，以便自己的其他应用程序和合作伙伴开发的应用程序能够接入，从而提供更广泛的客户体验。

5.7 案例：利用客户旅程分析提升 IVR 体验

NICE 是一家总部位于以色列的大数据客户体验分析与优化平台，它总结了一个该公司客户旅程分析平台在电信运营商交互式话音应答（IVR，即常见的自动语音服务系统）客户旅程分析优化的案例。

1. 背景与挑战

目前，自助服务是一种常见的服务方式，它操作起来更容易，可以节省时间、降低成本，并满足客户的期望。电信运营商很早就开始顺应这一趋势，希望通过自助服务减少人工触点的负载和成本，逐步实现数字化转型。

然而，这种转型在培养客户和确保自助服务成功方面存在许多困难。如果客户在自助服务中失败了，或者发现自助服务不可能实现，就必须打电话给人工客服。此外，一些客户仍然更喜欢与人交谈，而不是使用数字渠道，当他们这样做时，他们遇到的第一件事是 IVR。众所周知，很多客户非常不喜欢 IVR，他们觉得 IVR 很烦人，往往会感到沮丧，希望能和真实的话务员对话。提高 IVR 体验不仅是让客户满意的关键，也是减少呼叫量和降低呼叫中心成本的关键。一个简洁的 IVR 流程将帮助提升 IVR 自助服务的使用，最大限度地提高容量利用率，并创建一个令人满意的客户体验。

案例中的企业为美国一家大型电信运营商，该公司拥有多个通信服务品牌，在全球拥有 50 多个联系中心和 3 万名话务员。每年大约有 3000 万名客户通过不同的接触点产生 8 亿次交互。该公司面临着许多挑战，包括非常低的首次呼叫解决率（FCR）、非常高的转接率（Transfer Rate）、非常低的数字渠道和 IVR 容量负荷，并最终导致客户不满意和员工流失。这些关键绩效指标（KPI）的低水平表现，是对整个客户旅程缺乏可视性的直接结果，它的分析团队无法回答以下这些关键问题来理解全面的多渠道客户旅程。

- 每月有多少客户与企业联系？

- 客户最有可能在一天中的哪个时间段与企业联系？

- 与企业联系了 5 次或更多次的客户占比多少？

- 企业的客户正在使用的沟通渠道有多少？

- 有多少客户被转移给了另一个话务代表？

- 有多少客户仅通过零售渠道进行联系？

- 最活跃的客户打了多少电话？

- 一个月有多少个客户旅程？

对于分析团队来说，IVR 过程也缺乏可视性。IVR 是客户服务和营销过程中非常关键的一个渠道，在每年与客户的 8 亿次交互中，有一半是通过 IVR 进行的。但对于 IVR 的体验，他们无法回答类似如下的一些最基本的问题。

- 如何测量 IVR 容量负荷？

- 每一种类型的 IVR 客户旅程的平均步数是多少？

- 客户在哪里退出 IVR？

- 客户在 IVR 自助服务需要多长时间？

- 针对不同品牌和不同自助服务的 IVR 的容量是多少？

呼叫中心的呼叫量急剧增加给对企业造成了很大的困难，35% 的客户最后放弃了 IVR，使得 IVR 的容量负荷只有 65% 左右。他们最后选择 NICE 的 IVR 优化（IVRO）和客户旅程优化（CJO）解决方案来应对这些挑战，其中 NICE IVRO 能为每一个客户旅程塑造完整的 IVR 体验，而 NICE CJO 则是一个客户旅程分析解决方案，可以帮助企业跨触点改进客户互动过程。

该公司选择从部署 NICE IVRO 解决方案开始，这一解决方案可以先处理 50% 的客户交互，并解决许多运营中存在的问题，比如 IVR 容量负荷、错误路由到联络中心，以及 IVR 和呼叫中心的重复呼叫。然后引入 NICE CJO 解决方案，更加深入地分析所有人工与数字化触点，结合 CRM 系统数据、客户满意度和流失率数据，更好地理解完整的客户体验，提高客户满意度和留存率。这种循序渐进的方法——在进行多渠道旅程分析之前，先解决与 IVR 直接相关的运营问题——是一种更加稳健和有效的方式。

2. NICE IVRO：解决基本运营问题

在部署 NICE IVRO 之后，该运营商的业务部门可以完整地看到 IVR 的客户旅程，更加容易创建和分享 IVR 洞察报告，发现体验和运营中的瓶颈，并相应地调整了 IVR 菜单。基于新的分析和洞察，对 IVR 和其他 IVR 引流渠道进行了自助服务的完善。最终，除提高客户满意度、累计节省了数亿美元的运营成本以外，IVR 的容量负荷还提高了 10%。

（1）监测与优化 IVR 关键绩效指标

该运营商 IVR 面临的挑战之一就是要为高层管理人员提供 KPI 指标的可视化，跟踪 IVR 容量负荷状况和改进情况。之前的分析流程非常烦琐，要从几个不同的系统人工收集信息，将其汇总到一个 Excel 文件中，并提供月度报告。NICE IVRO 可以在整个客户体验中的任何触点以及组织的任何部分，创建 KPI 报告和运行分析工具。NICE IVRO 分析人员工作区包括提供 IVR 系统的 KPI 管理仪表板，例如容量负荷、身份验证率、在 IVR 中花费的时间、IVR 客户旅程中的平均步骤。这些 KPI 可以立即运行，并提供每日、每周和每月的趋势，从而帮助管理团队跟踪与全公司主要趋势和进展，以改进 IVR 容量负荷和客户满意度。

NICE 的专业服务团队根据不同的品牌及其主要活动，构建了与该电信运营商组织架构相匹配的总结报告，并将重点聚焦在 IVR 的关键绩效指标上，从而实现了运营经理对 IVR 中的每个品牌、每个自助服务趋势的跟踪，如图 5-10 所示。

（2）改进 IVR 自助服务容量负荷

NICE IVRO 的客户旅程模块提供了一个简单直观的方式查看、监测和探索客户的 IVR 客户旅程。运营经理和分析师可以轻松地选择一个时间段，探索和应用一组灵活的筛选项（如联络原因、客户属性）。通过使用可视化工具，可以方便地查看用户的使用模式、跟踪实际容量、查明瓶颈是什么，并可以与以前的时间段进行比较，等等。

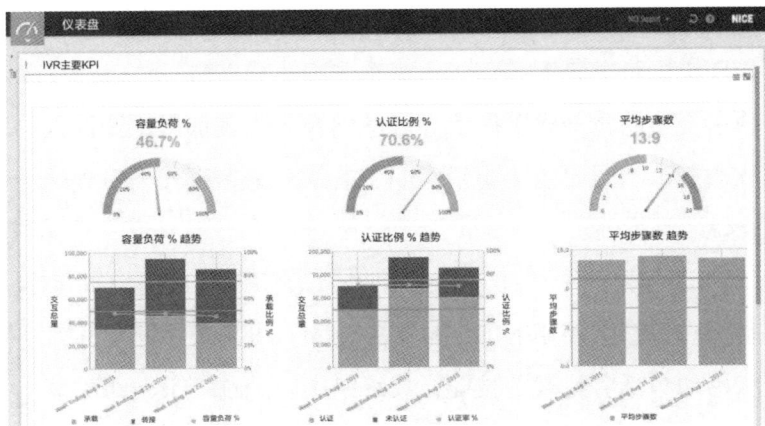

图5-10 关键绩效考核指标KPI仪表板

（资料来源：《案例研究：电信运营商通过NICE CEA掌握客户旅程分析》，NICE）

NICE IVRO 场景分析器（Scenario Analyzer）使分析人员能够调查具体业务流程的所有细节。通过使用该工具，分析师可以轻松地创建具体的用例，并进行可视化、分析和验证。直观的、结合了数据分析的可视化界面为分析人员提供了一个统一的基线参照点，分析人员由此可以确定整个流程的瓶颈在哪里，哪些地方需要改进，并能根据任何相关的客户属性筛选场景，以便进一步深入分析，如图 5-11 所示。

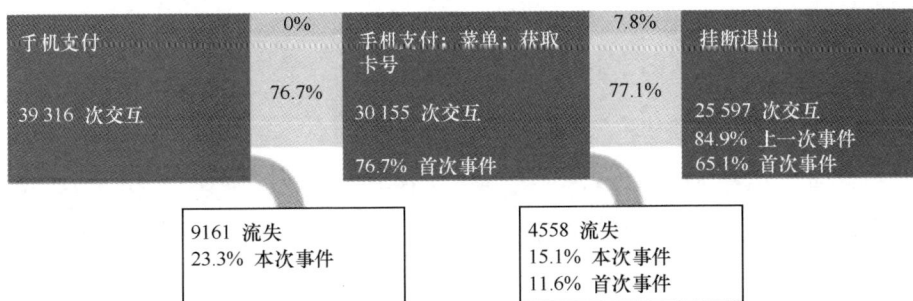

图5-11 场景分析器示例

（资料来源：《案例研究：电信运营商通过NICE CEA掌握客户旅程分析》，NICE）

通过使用 NICE IVRO，该电信运营商的分析师创建了几十个与不同品牌和不同自助服务活动相关的流程，能够深入 IVR 中客户失败并从自助服务流程中退出的地方，找到客户失败的确切位置，并采取措施来改进负荷。

（3）IVR 错误路由分析

IVR 的主要功能之一是正确引导客户到客服代表那里，让拨入的客户能够选择正确的服务，这对于防止重复呼叫，或从一个客服代表正确转接到另一个客服代表来说非常重要。

NICE IVRO 包含每个交互、重复呼叫，以及呼叫中心中不同客服代表之间转接的路径节点信息。使用 NICE 的分析人员工作区，分析人员可以将 IVR 中的自助服务活动与话务代表的技能，或联络中心的路径节点相关联，并通过负荷、重复呼叫率或转换率对它们进行测量分析，使分析人员能够识别 IVR 路径机制中可以优化的地方，并通过对话务员的培训进行改进。

（4）重复呼叫客户

IVR 的另外一个主要的挑战就是处理频繁的重复呼叫客户，因为某一个关键问题引发的短时间集中重复呼叫将导致 IVR 和呼叫中心超负荷。NICE IVRO 的一项基本分析功能就是可以将跨所有触点的所有客户交互关联起来，识别重复呼叫客户的身份、来源，并定位出最频繁的重复呼叫客户，进一步深入单一客户层面进行分析，采取正确的行动来接触这些客户，确保他们的问题得到解决，减少重复呼叫，并挽留客户。

3. NICE CJO：客户旅程分析与优化

在部署 NICE CJO 之后，该运营商对所有触点上的整个客户旅程具有完全的可视性，可以对所有触点上导致低 NPS 和低客户满意度的客户体验进行完整洞察，并回答一些更深入的问题：贬损者最常经历的旅程是什么？导致低客户满意度的根本原因是什么？是哪些话务员导致了低客户满意度？客户在流失之前最常经历的跨触点旅程是什么？同时，企业正在投资数字化转型，希望将客户转移到数字化渠道。通过 NICE CJO 搞清楚客户为什么会从网站、移动手机应用这些数字化渠道转向语音渠道，对推动数字化转型至关重要。

（1）客户满意度分析

提高客户满意度是企业面临的主要挑战之一，尤其是对电信行业而言，客户满意度是影响客户流失的重要因素。目前大多数的客户体验解决方案向上不能对客户体验进行整体洞察，向下又无法深入聚焦具体渠道和具体反馈。NICE CJO 通过对品牌的贬损者或不满意客户的跨渠道旅程进行分析和评估，了解客户的意图和导致他们不开心的原因，并深入单个客户的旅程，分析这些客户的所有方面，包括他们是谁、他们在客户旅程中每一步的意图是什么，以及他们不满意的根本原因是什么，如图 5-12 所示。

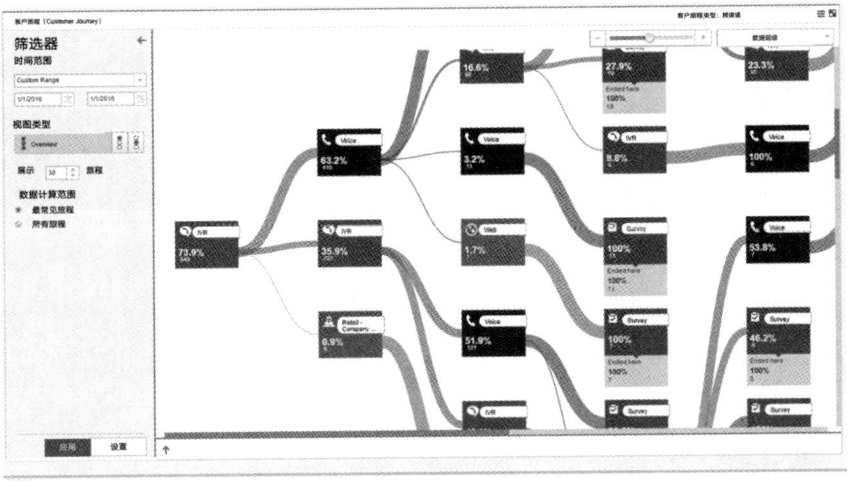

图5-12　客户旅程的满意度分析

（资料来源：《案例研究：电信运营商通过NICE CEA掌握客户旅程分析》，NICE）

（2）容量负荷的数字化

该电信运营商的一个主要目标是将客户从传统高成本的呼叫中心转移到网站和移动应用程序上。为了实现这一转型，必须确保简洁的数字化服务流程，让客户可以轻松、准确地在数字渠道上执行自助服务操作，而不需要等待话务员，这种改变可以直接改善整体客户体验，增加数字化和自助服务的容量负荷，同时提高客户忠诚度。

NICE CJO 可以支持管理人员对数字渠道的数量、关键绩效指标和趋势进行跟踪分析，也可以支持分析人员创建从网站等数字化渠道转向语音渠道的客户旅程场景，分析主要是哪些客户旅程导致了这种偏离；深入了解他们是哪些客户，从数字渠道退回到语音渠道的根本原因，以及他们在数字渠道上的目的是什么，如图 5-13 所示。

图5-13 从网站回流到语音渠道的客户分析

（资料来源：《案例研究：电信运营商通过NICE CEA掌握客户旅程分析》，NICE）

（3）客户流失分析

该运营商需要解决的另外一个关键问题是客户流失，主要有两个方面的挑战：第一，如何留住那些不满意的客户，他们为什么要终止与企业的业务？第二，在客户与话务员经历了负面或不太满意的交互之后，如何识别并解决客户心中最初不满的种子？

NICE CJO 的解决方案通过了解客户流失前经历的客户旅程，分析哪些客户更容易流失，以及他们的意图是什么，并深入单个客户的层面，从而帮助联络中心能够主动减少客户的流失。通过提供对单个客户旅程的完整可视化，如图 5-14 所示，可以看到在客户流失之前有哪些话务员在与客户互动，日报、周报和月报的分析报告可以帮助运营商更好地对话务员进行针对性培训，并将其纳入话务员的整体薪酬考核，从而激发他们提供更好的服务。

4. 应用效果分析

除了以上常规和主题性的旅程分析功能，NICE IVRO 和 NICE CJO 还引入了一些更加复杂的算法模型，帮助进一步提高 IVR 的使用体验和容量负荷。

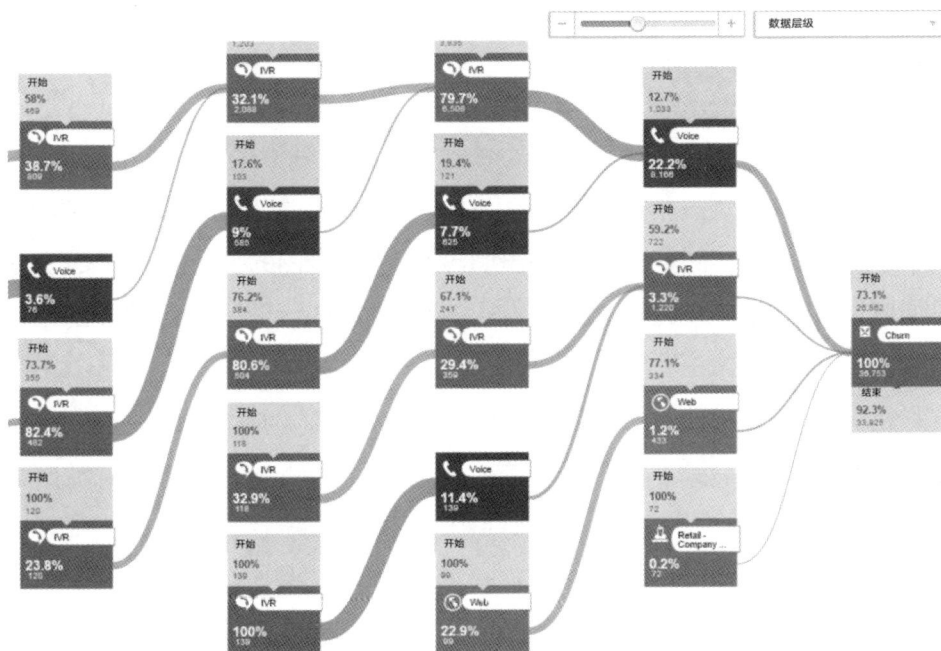

图5-14　基于客户旅程的流失分析

（资料来源：《案例研究：电信运营商通过NICE CEA掌握客户旅程分析》，NICE）

- NICE CJO 提供了一个智能分析算法，为 IVR 菜单项的重新排序提供建议，以节省客户的时间，改善 IVR 容量负荷。它能精确定位 IVR 瓶颈，并自动推荐所需的操作来缓解瓶颈。这个算法通过监测 IVR 菜单，计算客户在每个步骤中通常花费的时间。对于每个 IVR 菜单，它可以检查新项目排序，突出显示可以显著减少时间的菜单项，并推荐它们的最佳重新排序。

- 一项高级分析功能可以发现有问题的 IVR 菜单，并改进自助服务的容量负荷。客户可能会对过于复杂的菜单感到沮丧，甚至愤怒，从而导致在没有完成自助服务操作时就挂断电话或转到联系话务员。这一算法引入了一个新的菜单复杂性评分体系，为每个 IVR 菜单提供简单而清晰的指标，在 1 ～ 100 的范围内对其复杂性进行评分，数值越大，菜单越复杂，需要针对性进行优化。

- NICE CJO 提供了一个快速洞察功能，将努力操作并取得成功的客户与操作失败的客户进行对比分析。对客户、IVR 或系统中的任何其他对象相关的数十个属性进行扫描，找出最容易取得成功或导致失败的属性。使用 Quick Insight 模块的算法可以识别哪些客户能够在数字渠道中完成工作，哪些客户会转向语音，退回到语音渠道的客户特征是什么样的。

总体来看，通过部署和使用 NICE 的客户旅程分析平台，该电信运营商 IVR 渠道的关键绩效指标得到了改进，IVR 容量负荷提高了 10%，并节省了数亿美元的运营成本。随着跨所有渠道客户满意度和意图的统一视图的实现，这种改进效果还在进一步提升，这种对客户旅程的整体可见性使该电信运营商减少了客户流失，并提高了客户满意度。

第三部分

客户旅程在各领域的应用

本部分阐述了客户旅程在各个领域的应用，主要包括如何将客户旅程融入企业文化建设、客户洞察、品牌和营销、体验测量，以及企业整体转型等工作。

第 6 章

客户旅程应用：

利用客户旅程地图绘制强化
以客户为中心的文化

本章概要

　　本章首先分析客户旅程地图应用中通常存在的问题，并重点强调在企业文化变革中客户旅程地图能起到的关键作用。然后对如何利用客户旅程地图来催化以客户为中心的方法和措施进行介绍。

6.1 目前对客户旅程地图的应用不够全面和深入

虽然很多企业开始绘制客户旅程地图，但是还没有充分发挥客户旅程地图绘制技能和客户旅程地图的作用，绘制出来的客户旅程地图也没有得到持续、系统的应用，主要表现在以下几个方面，如图 6-1 所示。

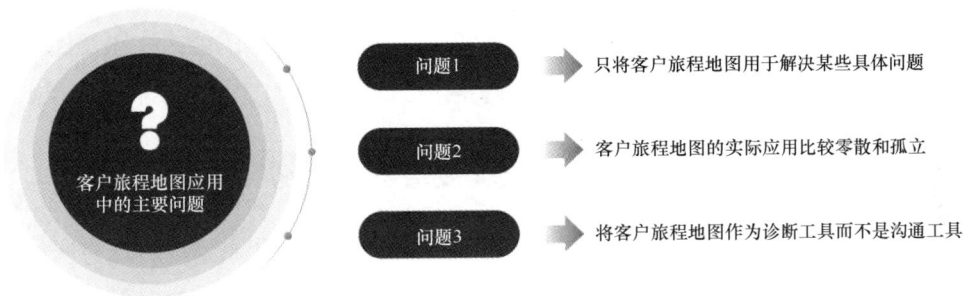

图6-1　客户旅程地图应用中的主要问题

1. 只将客户旅程地图用于解决某些具体问题

刚开始的时候，大多数企业只是将客户旅程地图作为一次性工具，来解决一些当下棘手的体验和经营问题，例如客户留存率下降，或者新竞争对手的加入而导致的业务收入下降等。这种做法通常是企业开展客户旅程地图应用一个很好的切入点，但是后期如果继续将客户旅程地图作为一次性的工具使用，就无法从客户旅程地图中获得更多、更大的好处。

2. 客户旅程地图的实际应用比较零散和孤立

也有一部分企业开始将客户旅程地图看作可重复应用的工具，但是没有通用的标准和工具，这些工作很快就变得支离破碎，很难再重复利用起来。这时就不得不借助于外部的咨询机构，或者工具和平台厂商，帮助企业在客户旅程的方法和成果应用上形成规范化的体系。如果没有这种外部力量的介入，客户体验、市场营销和产品管理等不同部门将难以共同开展和管理客户旅程相关的工作。

3. 将客户旅程地图作为诊断工具而不是沟通工具

除了用来发现体验中存在的客户痛点和机会这一具体的用途，客户旅程地图更大、更无形的作用是作为不同部门之间沟通的工具，保持统一的客户视角。因此，无论是数字化形式还是实体形式，客户旅程地图都必须清晰易读，尤其是对那些非客户体验专业领域的人员而言。但很多企业的客户旅程地图并不能讲出引人入胜的客户故事，不具备对客户所经历的事情产生同理心的能力，以及促进不同部门之间协作的能力，因此其对在内部形成以客户为中心的文化的作用甚微。

6.2 将客户旅程地图作为企业文化变革的催化剂

解决目前在客户旅程地图应用中存在的问题，让客户旅程地图成为一项更系统化的战略工具，能根本性地改变企业的工作模式，形成以客户为中心的文化，从而实现向以客户为中心的运营模式转型。在企业的这种文化变革中，客户旅程地图在每个阶段可以发挥的重要作用包括以下方面。

强化客户洞察：通过组建跨职能团队一起进行客户旅程地图绘制，有助于围绕客户体验而不是内部运营重新开展讨论。促进利益相关者开始建立一种由外而内的视角，并让他们认识到自己的个人行为是如何影响客户交互和体验的。一起开展客户旅程地图的绘制有助于在企业不同部门之间建立一种通用语言，这种共同工作可以让各种利益相关者参与进来，并引导他们参与设计过程，提高各个方面对解决方案完整性的感知。

建设企业同理心：客户旅程地图可以帮助企业建立与客户、利益相关者和合作伙伴的同理心。带着同理心开展日常的具体工作，对于建立相关的规章制度能起到很好的促进作用，同时能促进企业内所有员工时时刻刻在各种产品、渠道和触点上提供以客户为中心的体验。

在通过客户旅程地图来促进以客户为中心的文化建设时，重点可以从以下3个方面着手，如图 6-2 所示。

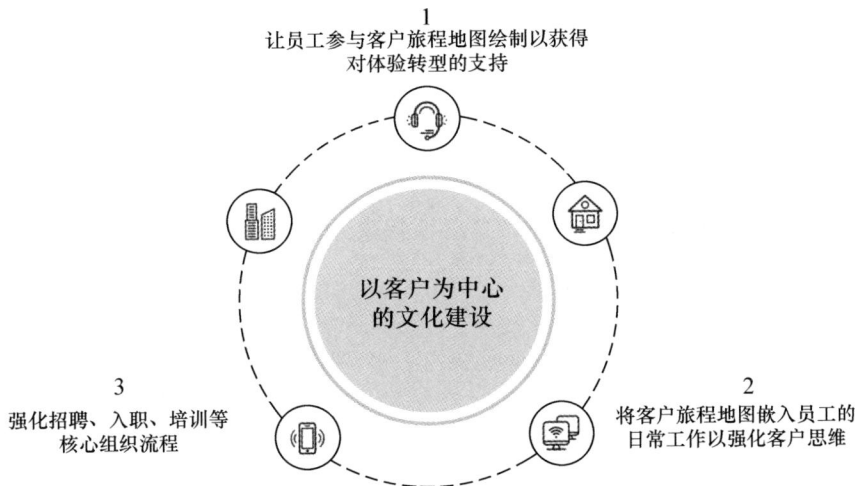

図6-2　基于客户旅程地图开展以客户为中心的文化建设

1. 让员工参与客户旅程地图绘制以获得对体验转型的支持

在文化变革的早期阶段，通过绘制客户旅程地图获得客户洞察非常重要。客户旅程地图能帮助企业确定转型初期的切入点或重点领域，同时还能帮助广大员工，尤其是企业的管理层与客户的视角保持一致。在具体工作中，可以采取以下几项措施。

（1）向所有员工证明以客户为中心的重要性

当德国的汽车制造商保时捷公司开始执行与客户建立终生客户关系的全新企业战略时，它将企业内所有相关的人员整合在一起——包括停车服务员、展厅销售人员、品牌专家和技术人员等，共同绘制端到端的客户旅程地图。跨职能团队深入研究保时捷在每次互动中是如何对待客户的，以及客户在每个触点的感受。这些流程帮助整个团队（包括前台销售和后台支持人员）了解他们的工作所处的位置，以及对客户关系的具体、真实的影响是什么。

（2）传播客户旅程地图并收集更多洞察和反馈

与客户一起验证旅程地图，并向员工分发和宣传客户旅程地图，是绘制客户旅程地图的重要步骤。对客户旅程地图进行传播，并在工作坊后收集更多洞察，一种常用的方式是向员工提供方便查看客户旅程地图的途径（如通过内部办公网络进行查询、下载 PDF 版的客户旅程地图等），或者将客户旅程地图做成海报进行公开宣传，员工可以在线进行评论，或者在实体地图上添加不同颜色的便签，标识出客户痛点、改进思路或其他内容。

（3）将企业管理层与客户的视角联系起来

没有企业高层管理人员的支持，就不可能改变企业的文化。但企业管理层很少有机会和精力来接触实际的客户，所以需要一些方法能让他们非常直观和便捷地感受到客户的视角，客户旅程地图就是一个很好的方式，很多企业的客户体验部门已经成功使用客户旅程地图来让高管认识到以客户为中心的重要性。

2. 将客户旅程地图嵌入员工的日常工作以强化客户思维

刚开始，大多数员工都会或多或少地怀疑：客户旅程地图能否作为解决日常工作问题的工具，要想拿出切实的证据来证明客户旅程地图的效果，可以采用以下方法来将客户旅程地图融入员工的日常工作。

（1）选择合适的客户旅程地图绘制方法快速切入

之前的内容介绍了 4 种主要的客户旅程地图绘制方式，有些很复杂，有些则相对简单。可以根据目的和实际情况，对这些绘制方法进行挑选和组合，让员工能比较容易地开始，而不是一开始就追求完美。美国思杰公司（Citrix）根据时间、预算、受众和业务挑战，采用不同的方法绘制客户旅程地图，这些方法包括从传统的一到两天的工作坊，到 60 分钟的"学习、尝试和应用客户旅程地图"的简要课程，这些课程能向广大的企业员工传授客户旅程地图的基础知识和方法，并让他们通过简单的卡片分类练习，创建一个客户旅程地图。还有很多企业为员工提供客户旅程地图的轻量级模板，让非客户体验专业的员工按照指引直接在模板上填入内容，快速生产一幅客户旅程地图，并付诸实际应用。

（2）采用合适的客户旅程地图绘制工具

随着客户旅程地图的迅速普及，出现了许多数字化的客户旅程地图软件和工具，可以帮助所有员工从客户旅程地图中获得更多的价值。这些工具通常具备地图编辑、可视化、共创、共享等功能，以及丰富的人物角色、客户旅程地图模板等资源。还有一些工具可以帮助员工确定客户、旅程和项目的优先级，并构建新的人物角色或未来状态的客户旅程地图。这些工具使企业里的各部门员工都能够以最快的速度绘制客户旅程地图，更快地对地图进行完善和迭代，以及开展跨部门和地区的工作协同。例如，必宝能软件公司（Pitney Bowes）使用客户旅程地图绘制软件来汇总、编辑、自定义地图，并将数据、流程、内部系统和具体的客户体验项目连接到客户旅程地图，这些动态的地图帮助必宝能对客户体验项目清单中的所有内容进行评估，哪些项目需要开始启动、哪些项目需要停止，以及哪些项目需要调整。

（3）创建基于客户旅程地图的仪表板

基于客户旅程地图的仪表板直接将具体的测量指标覆盖在客户旅程地图上，这有助于客户体验专业人员，以及所有的利益相关者更直观地从客户角度了解客户旅程及触点的表现。同时还能更加直观地探索不同触点之间的相关性，发现一个触点的变动如何影响其他触点。管理软件公司赛捷软件（Sage Software）开发了一个基于客户旅程地图的体验问题热力图，可以呈现客户旅程中各个触点中的哪些问题对客户体验影响最大，同时也能反映哪些触点受到的影响最大，哪些会影响客户旅程中的下游触点。市面上的有些客户旅程地图绘制工具提供了构建客户旅程地图仪表板的功能，使客户旅程专业人员能够根据公司目标和最佳实践来跟踪一些关键指标，例如服务有效性和营销投资回报等。

（4）将客户旅程地图用作优先级模型的输入

不论作为个体的员工，还是部门、团队，乃至整个企业，对工作方向、项目、具体工作事项进行优先级的排序都是一项最常见、必须要做的事情。而客户旅程地图可以作为一项有效的工具，帮助员工、团队和企业从客户角度对各个层面的优先级进行排序。例如，赛捷软件通过对收入、净推荐值（NPS）和品牌风格的影响，来确定客户旅程地图洞察的优先级；结合问题热力图分析，找出对客户体验生命周期影响最大的因素，并在无法就问题本身及解决方案优先级达成共识的情况下，开展基于客户旅程地图的问题诊断研讨会。每个季度，它都会发布两到三个新的客户旅程地图，以帮助企业中的各个部门和所有员工更深入地进行研究。

3. 强化招聘、入职、培训等核心组织流程

将客户旅程方法融入日常工作和企业文化的最后阶段，就是对企业内部一些最基本的流程进行变革，其中最关键的就是员工的招聘、入职和培训流程。人是企业文化的基础，而这些流程则是形成这一基础的源头。

客户旅程地图可以帮助以客户为中心的企业确定需要聘用什么样的人，使用什么方式来招聘，如何培训新员工和现有员工，以及企业应该认可并奖励在哪些方面创造最佳绩效的员工。通过以下措施可以加快客户旅程地图在企业内部应用的进一步深化，提升以客户为中心的文化氛围。

（1）开展利用客户旅程地图交付预期体验的培训

对公司的各个层级开展客户旅程地图绘制的培训，包括管理层、营销部门、服务部门，以及技术部门等，让他们更系统地了解客户与企业交互的所有渠道和触点，并展示好的体验、坏的体验将如何影响客户，以及企业的经营业绩。当然在对不同的对象进行培训时，可以根据情况对培训的深度和内容进行相应的调整。例如对一线的营销部门，可以更深入、细致；对于后端的 IT 部门，可以简略一些，并且要有更多前后端结合的内容。

（2）在岗位要求中添加客户旅程地图绘制技能和职责

将客户旅程地图绘制工作正式化，使之成为员工可以获取奖励甚至是岗位必备的技能，有助于加强开展客户旅程地图绘制工作的责任感和可持续性。例如，苏格兰皇家银行（RBS）与英国质量基金会（British Quality Foundation）共同制订了一项客户体验认证计划，该计划就是要为企业员工提供客户旅程地图绘制专业培训和认证，培训内容包括实际旅程项目的人物角色、驱动因素分析、体验测量指标、工具和情感测量等。这个培训计划基于精益六西格玛认证模型，并确保所有旅程项目都具有明确的所有权、目标和激励。

（3）设立新岗位使客户旅程地图绘制专业化

越来越多的企业，尤其是渠道和触点众多的大型服务企业已经开始设立与

客户旅程相关的新岗位，如旅程所有者、旅程经理等。这些岗位的员工负责制订与客户旅程相关的计划和预算，培训相关技能、组织实施客户旅程地图的绘制，以及建立客户旅程地图的仪表板等。例如，英国能源企业 E.On 将端到端旅程的所有权分配给高级经理，由他们向董事会提交与客户旅程相关的建议，确保资源和预算，为客户旅程阶段所有者（对客户旅程中的一个或多个阶段负责）提供支持。客户旅程阶段的所有者负责协调项目，推动跨职能流程流转，监测客户旅程的状态，并就如何将客户旅程项目嵌入日常业务提供方案。

（4）将客户旅程地图整合到招聘和入职中

进入客户时代，企业（尤其是大型企业）的人力资源管理也需要从原来以流程为中心的思维方式转变为以客户为中心的思维方式。例如，绘制员工从加入公司到离开公司的旅程，通过对这些员工旅程的研究发现存在的问题，例如员工流失率高、新员工感到无人支持等。然后针这些问题，选择一些具体的时间进行沟通，制订相应的改进计划。

6.3　正确绘制客户旅程地图以促进文化变革

在客户旅程地图的绘制工作中，如果工作思维和模式得当，就能让客户旅程地图绘制更有效，也可以增强其对文化变革的影响。为了最大化客户旅程地图绘制工作的价值，以下是一些可参考的主要措施。

1. 树立正确的客户旅程地图思维

在绘制客户旅程地图之前及之后，要始终思考一些关键问题：为什么应用它、在何处应用它，这样可以帮助企业制订客户旅程地图绘制的长期计划。要想获得成功，同时还需要具备一些关键思维：认识到客户旅程地图绘制既涉及改变企业文化，也涉及最终价值的创造。客户旅程地图需要成为更大的客户体验转型过程、团队合作和迭代过程中的一部分。客户旅程地图的绘制不会有终点，随着公司获得了新的客户数据、新的客户的需求出现，以及员工将地图应用于新的项目中，客户旅程地图也需要不断地刷新和扩展。

2. 对客户旅程地图的质量进行评估

许多企业都在努力从客户旅程地图的绘制和应用中获取价值，但通常会忽略一些重要的内容，例如缺乏明确的目的或方法选择不当。因此，对于输出的客户旅程地图，要对其质量进行评估的话，可以通过旅程地图验证方法来识别和避免来自内容、目的和设计3个方面的陷阱。客户旅程地图至少需要包括基本的内容（如目标客户及其期望的目标或结果），以及描述客户在整个过程中关于行为、想法和感受的详细信息等。

3. 将客户旅程地图与业务指标的影响关联起来

应该优先开展聚焦于客户痛点和客户承诺的旅程，并通过实际行动推动业务指标的改善。结合客户体验测量工作，基于客户旅程的各个阶段和触点来设计体验测量指标体系，并将这些指标与最终的业务指标（如"再次购买的可能性"和"购买更多业务的可能"）进行回归分析，将各种影响因素通过客户旅程与最终的商业效果关联起来，为下一步的策略提供支持。

4. 将地图与其他工具和技术组合使用

客户旅程地图绘制只是一个工具，它不能单独产生业务结果。为了获得最终的商业转化，必须将客户旅程地图绘制嵌入更广泛的工作，既要解决具体的业务问题，同时又要提出将客户洞察转化为改进体验或新产品的概念或者具体计划。客户旅程地图绘制的最高阶段，是能将客户旅程地图与精益六西格玛、敏捷、价值映射、设计思维、决策模型和路线图等方法结合起来，针对具体的业务场景来使用。

甲骨文（Oracle）客户体验战略和设计副总裁布赖恩·柯伦（Brian Curran）表示："客户旅程地图绘制只是箭筒中的一支箭，但是它启动了所有其他流程，这些流程使企业更加以客户为中心，并且在设计体验方面更加出色。"

第 7 章

客户旅程应用:

转向基于客户旅程的洞察

本章概要

　　本章分析了传统的客户研究和洞察存在的不足,分析了基于客户旅程视角进行客户研究能带来的好处,并重点对开展基于客户旅程的研究策略进行了详细介绍。从传统研究转向基于客户旅程的研究不会一蹴而就,最后对这一过程通常会经历的 3 个阶段及其特征进行分析。

7.1 客户研究和洞察存在的问题

客户洞察是所有客户体验工作的基础，如果企业不了解客户的真实感受，就无法设计出符合客户需求的体验，也无法根据客户期望的变化做出适当的改变。为了加深对客户的理解，许多企业正在实施客户之声（VoC）计划，通常采取以下措施来提升对客户的研究和洞察能力。

多渠道收集客户数据：虽然许多公司主要通过问卷调查开展客户研究，但除此之外，其他客户主动报告的数据也可以成为客户洞察的有力工具，例如通过聆听呼叫中心的客服电话、收集员工的反馈，以及社交媒体上的评论等来收集客户的反馈。

进行数据和洞察的分享：不是只等着客户研究团队完成数据采集、分析，听取他们的报告，而是在公司内部的各个部门和团队之间第一时间充分分享相关的数据和信息，以及发现有价值的洞察所需的各种具体场景信息。

基于洞察推动行动：那些能充分利用客户洞察的企业不是只停留在反馈收集和输出报告上，而是基于这些进一步采取行动，包括对一个个具体客户服务、产品体验问题的及时修复，以及定位和解决一个更大的根本性问题。

虽然这些措施可以让客户研究和洞察变得更多维、更及时、更有行动力，但是当前客户洞察仍然存在着一个较大的缺陷——往往侧重于单个交互，而不是客户的整个旅程，因此无法提供客户所经历体验的完整视角，这会给客户洞察带来以下不足。

1. 无法弄清楚客户行为和态度背后的真正原因

企业可以通过各种定性定量的研究方法获得客户的态度和行为数据，但要找出这些行为和态度背后的原因还必须了解客户当时所处的场景和上下文。例如，很多企业都会发现客户反馈中包含了大量的"一般""没问题""还好"等这样非常模糊的词语，其表面看起来没有太大的研究价值，只有结合上下文来看才能找到真正的原因：一名消费者刚买了一份肯德基套餐，在回家的途中收到了收集满意度的问卷，这个时候对客户来说非常不方便，因此往往就用"还好"这样的回答来应付了事。但这不代表他真的没有意见，而只是这个反馈问卷推送得不合时宜。

2. 无法识别出对客户体验影响最大的关键时刻

即使是最全面的客户研究和体验测量项目，如果无法识别出客户情感最丰富、对客户与品牌之间的关系影响最大的关键时刻，也无法帮助企业预测客户未来的行为。很多时候，记忆（即客户对过去体验的记忆）在预测未来客户行为时，比当下的体验更重要。成功的客户体验管理，必须从客户旅程的整体角度来分析和识别在这个交互过程中，哪些是最吸引、最能影响客户的关键时刻。

7.2 基于客户旅程开展客户研究的好处

基于客户旅程来开展研究和洞察，可以打开更广阔的客户视角，不但可以帮助企业发现现象背后的真实原因，甄别出影响客户体验的关键时刻，还能获得以下这些好处，如图 7-1 所示。

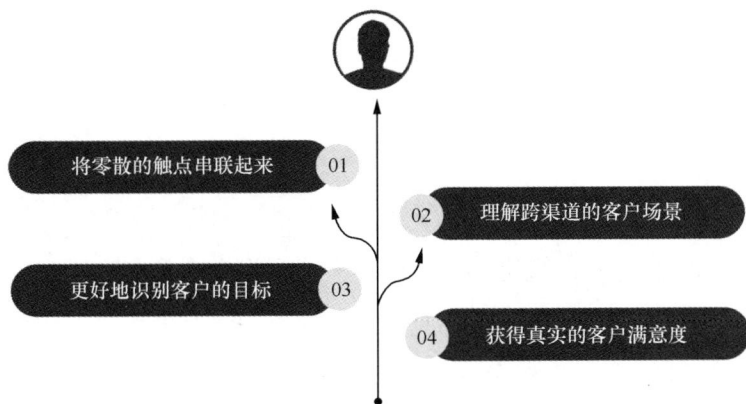

图7-1　基于客户旅程的洞察带来的好处

1. 把零散的触点串联起来

在许多企业，每个部门或团队只针对他们负责的渠道和体验征求客户反馈，营销、呼叫中心、销售和其他部门都各自单独开展调查。每个部门或团队都专注于什么是最适合自己的触点，或者哪些是自己最可控的触点，而不是从客户的角度全面看待整体体验。客户对因此造成的过度调查往往非常反感，甚至本来挺满意但是在收到了无数个重复的满意度回访之后反而变得不满意了。同时，这种做法往往还会导致企业对客户需求的理解支离破碎，甚至互相矛盾。

2. 理解跨渠道的客户场景

如果只停留在观察单点交互而不是客户的整体旅程，则往往会错失对客户体验更立体和广泛的看法。随着数字化程度越来越高，客户可以通过多种渠道（从电话到网站，再到微信公众号，以及实体店）与企业进行交互，但只关注单一触点会让企业搞不清楚为什么客户会为了完成单个任务而在渠道之间不停切换，甚至连发生了这种转换都没有发现。

3. 更好地识别客户的目标

许多企业都在关注"营销漏斗"中获得新客户的环节，目的是将他们从一个潜在客户转化成一个付费客户。但这一步只是客户旅程的一个方面，这只是从公司的角度来看，而不是从客户的角度来看。这种方法过于专注于实现公司所期望的商业结果和价值，而不是在真正理解客户想要完成的事情，以及期望获得的客户价值。

4. 获得真实的客户满意度

虽然对单个触点的调查可能会显示客户在几个方面都感到满意，但简单地将每个满意度分数相加并不能反映真实的总体客户满意度水平。麦肯锡的研究表明用每个触点的满意度的平均分数来评估客户旅程，可能会导致对客户体验的不准确解释。

7.3 基于客户旅程研究的主要策略

鉴于客户旅程对客户研究的积极作用，企业需要围绕整个客户旅程重新调整研究和洞察工作。基于客户旅程的研究可以将每一个单一的客户交互编织在一起，开发出一个连贯的客户故事，更恰当地代表客户对体验的看法。在向客户旅程洞察的转变过程中，可以采用以下 5 种策略。

策略 1：在企业内部建立统一的客户旅程思维。将企业的思维从单一交互转变为客户目标的达成。

策略 2：基于客户旅程进行数据整合。将相关、相近的数据源进行整合，并建立跨渠道连接。

策略 3：基于客户旅程进行体验测量。设计贯穿客户旅程的体验测量指标体系，来测量跨渠道的客户体验绩效表现。

策略 4：客户旅程的可视化与分发。建立相应的体系，强化以客户旅程为中心的方式传达客户数据和洞察。

策略 5：客户旅程的优先级排序。将资源优先聚焦战略业务优先的客户旅程、细分客户和渠道。

1. 在内部建立统一的客户旅程思维

要转向基于客户旅程的研究模式，需要企业改变当前的惯性和偏见，实现从传统基于交易的思维转向客户旅程思维。为在企业内部建立统一的客户旅程思维，可以采取以下措施。

（1）创建客户旅程团队

想要拥抱基于客户旅程的研究方式，需要在现有的部门或业务单元的架构之上构建一个跨职能的客户旅程视角。这就需要建立跨职能团队，围绕以客户旅程为中心的流程开展工作协同。这些跨职能的团队不能只是虚拟化的摆设，而要开展实际的客户旅程管理工作，并且需要得到企业高层管理者的关注和重视。例如，英国一家能源公司成立了一个负责减少客户流失的客户旅程变革小组，就直接设在董事会的下面，这样的组织结构安排无疑突出了这个客户旅程变革小组的重要性。

（2）从解决一个已知的痛点切入

从一个棘手的、持续的痛点入手，作为开展基于客户旅程研究和洞察的切入点，因为这些问题已经在企业内部的各个部门得到共识。例如，一家银行的交互式话音应答（IVR）系统长期以来一直是客户不满的主要来源之一，该公司想开展专项的 IVR 体验和绩效改进工作，并在项目实施过程中超越单纯的 IVR 优化，从客户旅程的角度对于 IVR 相关的渠道进行系统的分析和优化，提升整体的客户体验水平。

（3）与企业的战略目标挂钩

当一家公司发现一个新的方法能有效解决公司的战略优先问题时，驱动变革就会变得容易得多。例如，蒙特利尔银行制定了聚焦三大要素的企业战略：客户（客户体验）、成本和收入。为了跟踪监测客户体验的这一战略目标，他们启动了净推荐值（NPS）计划，因此他们需要明确哪些旅程造成了 NPS 的显著减损，这样就可以采取专项的改进系统进行提升。最后他们选择了申请抵押贷款和开设账户这两个客户旅程作为优先改进项目。

（4）构建跨渠道的业务案例

通常情况下，支持改进一个渠道的体验和业务绩效的数据往往存在于其他地方，这也是为什么要跨渠道开展研究分析工作。例如，一家医疗保险公司对电子渠道的网站进行改善所需的支持数据实际上来自呼叫中心。这家保险公司一开始并不知道网站上的搜索功能存在问题，但是来自联络中心的数据显示，这段时间对搜索功能的投诉占据了相当大的比例，对呼叫中心的工作造成了压力，所以呼叫中心将这一数据分享给了电子渠道部门，要求他们进行解决。

（5）"推销"客户旅程的重要性

将整个企业的思维方式转变为客户旅程思维需要时间，需要向管理层、各级员工不断地灌输什么是客户旅程、为什么客户旅程非常重要、客户旅程如何影响客户体验，以及它们如何与公司的整体业务目标相关等信息。为了实现这一点，客户洞察团队需要与内部的沟通和培训团队合作，制作客户旅程相关的素材，并在企业的不同部门和团队内进行分享。只有通过持续不断沟通，才能将企业转移到客户旅程的思维和方法上来。

2. 基于客户旅程进行数据整合

为了更好地理解完整的客户旅程，需要汇集各个来源的数据，这些数据通常被分布在企业内不同的渠道，并且只用于单一目的。为了成功地将这些数据源结合起来开展基于客户旅程的分析和洞察，需要采取以下措施。

（1）充分利用现有数据

通常情况下，为了某一个目的收集的数据，可以用新的方式来揭示在另外一个场景下体验的影响因素。例如，一家银行通过其客户满意度调查得知，客户认为排队时间太长了，但为了避免问卷调查时间过长，没有进一步询问其原因。后来在分析银行交易数据时发现是不同银行之间的电汇耗时太长，导致客户排队等待时间长。当时排队等候的顾客根本不可能知道不同银行之间的电汇会让他们的等待时间更长。如果不查看银行已有的内部交易数据，就无法确定调查中发现的问题的根源，也无法解决这些问题。

（2）发现相关相邻数据

呼叫中心最常做的分析工作就是进行主题分析，寻找客户拨打客服电话的原因，但这些原因通常并不能提供一个完整的客户视角，往往过于宽泛或零散，或者被客服代表不准确地进行了归类。相反，企业可以通过查看上下游的呼叫数据，更好地理解是什么驱动客户致电呼叫中心。例如，如果客户在网上支付账单时收到错误信息，然后在两小时后打电话给呼叫中心，银行可以将这两种交互联系在一起，通过完整的客户旅程视角来消除对根本原因的主观判断，直接识别和解决问题。

（3）拉通跨渠道的数据

在企业内，只有在不同层面、不同部门都具有完整、一致的客户信息和洞察时，才能做出更以客户为中心的决策，这就需要企业围绕客户旅程来拉通数据，在企业内部进行快速分发和充分共享。例如，美国太阳能提供商 Sungevity 的客户之声（VoC）团队综合了来自公司不同领域的定性洞察和定量测量数据，提供了更全面的客户视图。VoC 团队发现目前存在的一个问题就是，公司太多的住宅太阳能项目需要安排额外的实地勘察，给企业和客户都带来了不便和成本，但并非所有内部系统都记录了这一问题。由于 VoC 团队将来自不同领域的数据汇集在一起，所以才能够发现问题，使运营团队围绕这一问题进行协调，并迅速采取跨渠道的行动，例如在电话销售环节询问客户对实地勘察的必要性和接受度。

3. 基于客户旅程进行体验测量

仅仅利用交易型的指标（如销售额、浏览量等）不适合用于基于客户旅程的研究方法，它们不能评估客户的整体体验，为了从旅程的角度理解和评估客户体验，需要采取以下措施。

（1）引入客户旅程测量指标

只针对单个交互的体验进行测量太过狭隘，必须对客户旅程中各阶段的交互进行完整测量。同样，只使用一个总体指标 [如客户满意度（CSAT）、净推荐值（NPS）或客户费力程度（CES）] 对客户旅程的体验进行总体的测量也太过粗糙，需要与旅程中各阶段的测量指标相结合。另外，在基于客户旅程设计测量指标时，需要采用客户导向的指标，确保指标与客户如何定义成功相一致，而不仅仅是公司如何定义成功。

（2）针对关键时刻进行测量和行动

虽然在基于客户旅程的体验测量中，通常会对旅程中每一个阶段的体验进行监测，但是，为了最有效地提升整个客户旅程的体验，需要在旅程中的最关键时刻收集客户的反馈，进行体验的测量并提升这些关键时刻的体验。

（3）将旅程的指标与企业的 KPI 关联起来

基于客户旅程测量的直接目标是改善整体的客户体验，实现客户价值，但最终是要通过提供出色、完整的客户体验来实现客户转化，实现企业的商业价值。所以在基于客户旅程进行体验测量时，除了对每一次交互设置相应的指标进行测量，与总体的指标进行关联，最终还需要将这些指标与企业的商业 KPI 进行关联，形成客户价值与企业价值的良性互动。

4. 客户旅程的可视化与分发

为了确保企业的各个部门、各层级员工能够专注于客户旅程的更广泛的场景，需要以各种方式来分享和分发客户旅程，以及基于客户旅程的数据和洞察，具体的措施包括以下内容。

（1）利用客户旅程共创提升客户研究

之前的内容介绍了绘制客户旅程地图的 4 种方法，每种方法都有不同的目标和适用场景。为了通过客户旅程视角获得丰富的、可行的客户洞察，以与真实客户共创的方式绘制旅程地图是一种有效的方式，借助这种方式，可以在客户洞察方面获得以下好处。

① 深入了解客户行为。工作坊期间的小组活动和讲故事活动可帮助激发客户对其过去体验的深刻记忆，研究团队在客户旅程的关键步骤上收集有关客户行为、思想和感受的深刻洞察，以增进对客户的了解。

② 确定关键时刻和需要改进的地方。成功的客户体验优化建立于从客户角度对体验的清晰理解之上。这使公司能够确定需要修复的关键时刻并确定其优先级，然后对可能转化为特定的客户体验改进方案的设计解决方案进行讨论。

③ 增加利益相关者之间的同理心。客户旅程地图是一种基础工件，它构成了客户理解计划的主干，并有助于公司从客户的角度来看待体验。共创工作坊的主要好处是它们可以增加内部利益相关者之间的同理心并挑战他们的假设和偏见——与远距离观察用户的传统研究方法相反。例如，DHL 已经使用共创工作坊来加深员工了解其如何影响客户业务、客户感知和可持续性的能力。成功的关键因素是教会员工"从客户的角度看问题"，以深刻了解企业与客户之间的互动。

（2）使用丰富的形式来宣传客户旅程

图片形式的客户旅程地图是宣传客户旅程最直观、最便捷的方式，可以转换成纸质版的海报进行张贴，也可以是 PDF 版的电子文档供员工下载浏览。但客户旅程通常是非线性的，在实际场景中会经常发生跳跃、转折和反复。例如，如果客户在线支付账单时遇到挑战，那么他通常会尝试去不同的渠道完成任务，如通过电子银行、联络中心或亲自去跑一趟银行网点。这种渠道跳跃及其对客户体验的影响很难通过图片形式展现出来，这时需要采用动画、视频等多媒体形式来呈现和分享客户旅程，帮助整个企业的员工了解不同的细分客户如何体验每一次客户旅程（特别是其中的负面交互）。

（3）设计以客户旅程为中心的仪表板

典型的仪表板以图形和图表的方式展示客户体验指标、运营指标和 KPI 等，这些指标是企业用来衡量其业绩和做出关键业务决策的重要依据。虽然企业通常在仪表板上将所有指标一起呈现，但实际上这些指标是互相孤立的，并没有建立关联，没有相互作用。但要开展基于客户旅程的洞察，仪表板就需要显示不同的交互是如何相互关联的，而不是一个个独立的分数。企业需要了解贯穿客户旅程的交易如何影响客户对体验的最终感知，为了做到这一点，仪表板不能仅仅关注单个触点的有效性，而应展示不同的渠道如何一起协同工作，以帮助客户实现他们的目标。

5. 客户旅程的优先级排序

企业不可能对每一个可能的客户旅程进行分析，因此需要优先考虑哪些细分客户和客户旅程对客户最重要，对企业的商业目标最重要。需要根据一些原则和维度对客户旅程进行重要性排序，并将资源集中到这些重点的客户旅程上。

在对客户旅程进行优先级排序时，要重点关注跨多个渠道的客户旅程。客户体验问题很少只存在于某一个渠道，当涉及重新设计有缺陷的客户体验时，需要了解一个体验是如何跨越所有相关渠道运作的，而不仅仅是企业认为可能会存在漏洞的某一个渠道，尤其要注意在不同渠道切换过程中产生的体验问题。

7.4 基于客户旅程研究的不同阶段

从单一交互思维转向客户旅程思维并不是一个容易的转变，会遇到各种挑战。为了实现这一转变，企业需要建立新的技能集，而且不是一步到位就能完成的。一般情况下，一个企业要实现真正的客户旅程研究模式需要经历 3 个主要阶段，如图 7-2 所示。

图7-2 客户旅程研究模式的3个主要阶段

1. 客户旅程导向

在向客户旅程研究转型的最初阶段，企业已经意识并形成了客户旅程思维，开始打好一些基础，为过渡到以客户旅程为中心的模式做好准备，包括创建一个治理机构来指导这些转型，在企业内部更广泛地传播客户旅程洞察的价值，并开始识别和连接不同的数据源。在这个阶段，企业通常会使用客户旅程地图作为指南，可以非常方便地帮助确定客户体验的关键时刻，发现客户旅程中存在的潜在体验差距，这些客户旅程洞察侧重于在客户总体目标的更广泛的场景下发现机会和问题。

2. 客户旅程赋能

在这一中间阶段，企业通常会通过培养客户旅程领导者、创建客户旅程项目团队继续开展转型，并开始利用客户旅程数据和客户旅程分析报告。在这个阶段，往往由经验丰富的领导者来负责客户旅程团队，虽然这时候传统的组织结构保持不变，但客户洞察团队已经连接和整合了不同的数据源，可以围绕客户来分析相邻的数据，结合上下游数据确定导致体验问题的根本原因和影响。使用以客户旅程为中心的仪表板来分享洞察，并根据对客户旅程的体验测量来驱动变革，确定关键客户旅程和目标客户的重要性排序。

3. 客户旅程嵌入

在这个更先进的阶段，企业已经开始全面拥抱和嵌入基于客户旅程的洞察方法，并从以客户旅程为中心的视角获益。这个阶段的企业会对其团队进行重组，以更加聚焦于高优先级、跨渠道的客户旅程，而不是基于渠道或交互类型划分的业务。企业内部团队知道如何要求和使用客户旅程洞察来支持他们的决策，基于客户旅程的体验测量结果成为公司业绩评估的重要组成部分。并且企业在内部创建了强大、丰富的客户旅程可视化资源，用来在整个企业中分享研究发现，讨论更广泛的客户旅程。最后，发展到这个阶段的企业可以实时监控客户旅程，并根据客户行为触发行动和服务修复，也就是可以进行实时的客户旅程编排。

第 8 章

客户旅程的应用：

通过客户旅程实现品牌主张

本章概要

数字化时代，客户旅程是企业实现品牌差异化的重要手段。本章从分析客户旅程在品牌建设中的作用，以及目前客户旅程与品牌系统的不足开始，重点介绍如何从 5 个要素的应用构建品牌化的客户旅程。

8.1　客户旅程在品牌建设中的作用

体验在品牌建设中发挥着重要的作用，良好的体验让客户能够感受到品牌的价值和特色，并且对品牌产生信任和好感，而基于客户旅程的体验能让企业的品牌建设更加有效。

1. 通过客户旅程实现品牌的差异化

在数字化时代，真正客户导向的品牌能确保按照品牌设定的期望来设计和交付客户旅程，而且这些客户旅程是场景目标导向的。这些品牌能成功实现差异化，其原因是这些品牌坚持了自己的品牌承诺，并将其融入客户的旅程，通过培养品牌与客户体验之间的共鸣来实现品牌的差异化。

（1）让品牌承诺成为现实

着眼于客户旅程可以帮助企业找到与客户最相关的方式，根据客户的行为、想法和感受来展示品牌。例如，连锁便利店 7-11 给自己定义的品牌承诺为："行动是品牌承诺的最具体的体现。"。对于 7-11 而言，这一承诺的具体表现就是"在客户需要的时间和地点为客户提供想要的东西"。为此 7-11 专门为客户设计开发了一款 App，作为众多客户旅程中的一个重要触点，客户可以在想购买任何急需的用品时，在不到一分钟的时间里，就能借助 App 找到 7-11 的商店，并通过在线支付或者积分兑换食品、饮料等。

（2）通过一致的交互来建立信任

为了建立信任，企业需要一次又一次地在多个客户旅程和交互中不断地、一致地兑现其品牌承诺，其中有些是并行的，有些是按顺序串行的。客户对品牌的情感和信任就是在这些不断持续的交互中建立、强化的。例如，加拿大的蒙特利尔银行（BMO）通过跟踪监测像房屋购买之类的宏观客户旅程，以及支付账单或重设密码之类的微观旅程的绩效表现，让客户旅程中每一次交互带来的体验都能与其品牌承诺——"帮助人们实现目标"保持一致。

（3）在高峰时刻创造难忘的记忆

为了促进与客户的再次互动，品牌必须保持知名度和联想度，这要求企业提供的客户体验是令人难忘的，要在客户旅程中设计出与众不同的高峰时刻。宜家家居在购物旅程中的关键时刻提供满意的服务来创造高峰时刻，例如为某些客户需求特别广泛的商品提供了所谓的"喘息价"（Gasp Price）——每个消费者都买得起的价格，让消费者可以自由呼吸。并且在结账后，即整个购物旅程即将结束时，出售冰激凌和热狗，让顾客能够以最优惠的价格满足一下对美食的渴望，消除疲劳，最后愉快地结束整个购物旅程。宜家的这种做法充分利用了行为经济学研究中的"峰终定律"（Peak-End Rule）：人们对体验的判断是他们在两个时刻的感受的平均值：最强烈的时刻（高峰）和最后的时刻（结束）。

（4）从实用上升到理念来提升品牌

越来越多的客户不仅受到实用短期目标的驱动（如选择一款打折力度大的促销商品），而且会受到精神上的、长期的，但又没有直接经济利益的目标的激励（如能减少碳排放的绿色产品和服务），这些客户是基于价值的消费者，而且这类消费者越来越多。例如，欧洲能源公司 E.ON 意识到通过修复一些基础的客户体验问题（如将账单简化为一页）已经不足以持续提高其净推荐值。因此，企业的品牌和客户体验团队重新审视了整个客户旅程，以抓住更大的体验驱动因素，比如企业声誉。这项驱动因素与企业的社会责任紧密相关，E.ON 的品牌和客户体验团队因此发起了一项最大的能源实验：让一万名参与者通过一个App 连接上家里的电器设备，用于监控能源使用情况。该团队根据参与者家里的能源消费数据，提供相关的节能小技巧。到实验结束时，参与者的能源消耗降低了 12%，而 E.ON 的净推荐值再次得到提升。通过在客户旅程中加入这种情感上的理想主义要素，E.ON 为其品牌价值的关键驱动因素创造了新的可能。

2. 客户旅程和品牌的协同性存在不足

如上所述，客户旅程对品牌实现差异化非常重要，但目前只有很少的企业能使品牌与客户体验保持协同一致，也很少有企业能足够严格地审查客户旅程中的每个触点来有效地实现品牌承诺，这些不足主要体现在以下方面。

（1）无法将品牌承诺有效地编织到客户旅程中

不论是客户旅程还是品牌承诺，都需要更高层面的完整客户视角。但目前在部门众多、孤岛遍地的企业里，各个部门只是紧盯着自己所负责的领域，在设计和交付体验时，并不会考虑这样的方式是不是能支持企业整体的品牌承诺、端到端的客户旅程。例如，美国一家零售企业 Mango 的品牌承诺是"为现代都市女性提供日常所需的衣服"，其中一项具体的承诺是为在线购物者提供免费的退货，但是购物者只能将不喜欢的商品退还给愿意再次出售退还商品的实体店，然而客户根本不知道如何找到正确的实体店进行退货。很多客户因此错过了退换商品的时机，Mango 的品牌承诺最终成为一句空话。

（2）没有在整个客户旅程和生命周期中测量品牌认知度

许多企业的渠道都是由不同的部门拥有和负责的，所以往往只能对特定渠道或触点的指标（如线上电子渠道或呼叫中心运营的指标）进行具体交互或者整体品牌的监测和评估。甚至即使是在那些以客户为中心的视图中，营销和客户体验的测量通常也将重点放在客户生命周期的不同阶段：营销团队专注于购买前阶段（发现、探索和购买阶段），而客户体验团队则专注于购买后阶段（使用、投诉和互动）。市场营销和销售团队通常只专注于诸如客户转化之类的短期目标，而不是增加客户生命周期价值（CLV）。这种做法是非常危险的，因为在多个旅程中出现的多个小问题，累加起来最后可能导致严重的大问题，从而导致品牌受损、客户流失，而且企业还搞不清楚根源在哪里。

（3）没有将客户旅程与动态的体验和品牌驱动力保持一致

客户旅程地图绘制可以让企业了解客户的需求和行为的发展演变，但很多企业认为客户旅程是静态的，或者对客户旅程的动态性认识不够充分，所以在绘制一次之后就不再及时更新，导致对客户价值和客户体验驱动因素的判断仍然停留在以前的认识中，这种刻舟求剑的方式无法让企业始终一致地实现品牌承诺。例如，户外运动品牌里昂比恩（L.L.Bean）对外的品牌承诺是"为各种家庭设计更容易在户外一起度过时光的产品"。但他们的一项客户研究和客户旅程地图绘制工作表明，尽管里昂比恩在其核心客户中仍然具有强大的吸引力，但由于那些年轻的潜在客户并不认同这个有着百年历史的品牌，因此他们宁愿选择北面（NorthFace）这些品牌。因为客户在不停地变化，所以为了实现同一品牌承诺的驱动因素和客户旅程也会变化。

8.2 品牌化客户旅程的五大组成要素

要想在整个客户旅程中实现品牌化的体验，必须确保在 5 个不同的要素上保持两者的一致性。

要素 1：故事——客户旅程必须符合品牌的核心叙事，必须锚定特定的有形和无形价值来实现与其他品牌的差异化。

要素 2：情感——客户旅程的设计应符合峰终定律（Peak-End Rule），以打造理想的情感曲线，唤起品牌期望体现的最重要的目标情感。

要素 3：调性——客户旅程必须将品牌的个性融入语言、视觉，以及所有其他交互形式（无论是数字化的交互还是实体的交互）。

要素 4：记忆——客户旅程应该有效平衡客户在各个时刻的刺激和体验，以创造积极和持久的回忆。

要素 5：一致——客户旅程应将客户生活中的点点滴滴串联起来，并适应客户不断变化的需求和期望，以建立长期的客户关系。

1. 故事——设计旅程以符合品牌的核心叙事

品牌承诺和品牌叙事是讲述客户体验故事的基础性工具，为了确保客户旅程符合公司的品牌承诺和品牌叙事，可以采取以下措施。

（1）通过分析企业的价值观和品牌承诺向客户展现真实的故事。不要试图满足所有人的所有需求，那些知道自己代表什么，比不知道自己代表什么的其他品牌更有竞争优势。例如，并非每个品牌都应努力追求奢华体验，客户期待在丽思卡尔顿酒店享受豪华的住宿，但在汉庭酒店不会有这样的期待。在汉庭酒店，干净的房间、友善的员工和丰富的早餐就会让客户感到满意。可以先开发一个客户体验愿景，并将总体的愿景转化成具体的品牌承诺。同时，这些承诺和愿景都植根于企业的价值观，最强烈的、真实的价值观表达都来自品牌的起源故事。

品牌即体验，而体验随着时间累积不断塑造品牌。

例如，户外运动品牌巴塔哥尼亚的可持续发展精神与其创始人伊冯·乔伊纳德（Yvon Chouinard）——一位冒险经历丰富的登山者和环保主义者——的价值观密不可分。2022 年 9 月，伊冯·乔伊纳德和他的配偶以及两个成年子女宣布，将放弃他们在巴塔哥尼亚的所有权，将公司的所有利润用于保护荒野、生物多样性和应对气候危机的项目和组织。

（2）将品牌叙事技巧应用于客户旅程。在开展这种活动时，可以组建来自客户体验、品牌、客户服务、营销和人力资源的跨职能团队，为一个品牌或多个品牌进行集思广益。首先要明确作为故事主角的目标客户，并列出企业能为他们解决的首要问题，如图 8-1 所示。

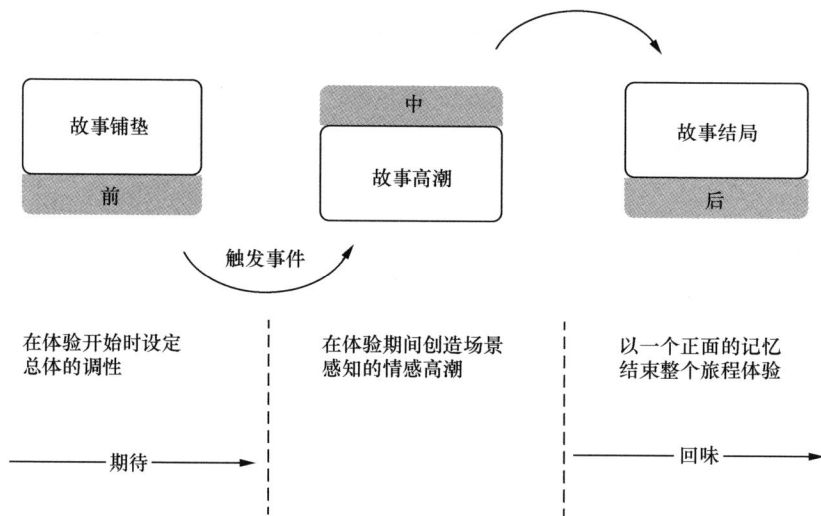

图8-1　将叙事技巧应用于客户旅程

总体的思路是从品牌承诺出发，形成具体、清晰的客户体验结果，用人物角色的口吻对这些预期形成的体验进行叙述，例如"我感觉……"，并进一步阐明这些客户体验结果如何影响企业各领域的具体工作（如产品、服务、数据或工具等各个方面），以及如何开展这些工作。在描述这些工作内容时，可以用简单、响应迅速、个性化、快速、灵活或真实等词语来陈述。接下来就是确定在客户旅程的各个阶段如何实现预期的客户体验和所选择的这些词语。最后形成的就是一个基于客户旅程的完整故事地图，为总体的体验愿景和品牌承诺提供支持，如图8-2所示。

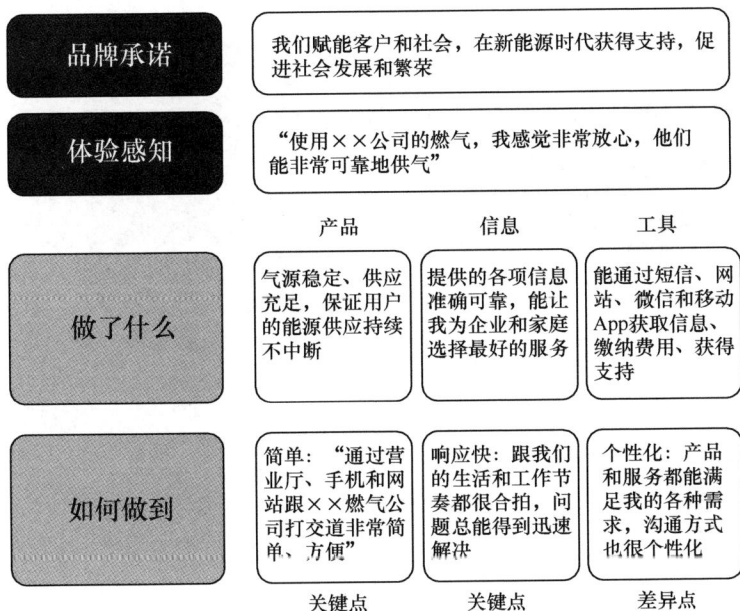

品牌承诺	我们赋能客户和社会，在新能源时代获得支持，促进社会发展和繁荣		
体验感知	"使用××公司的燃气，我感觉非常放心，他们能非常可靠地供气"		
	产品	**信息**	**工具**
做了什么	气源稳定、供应充足，保证用户的能源供应持续不中断	提供的各项信息准确可靠，能让我为企业和家庭选择最好的服务	能通过短信、网站、微信和移动App获取信息、缴纳费用、获得支持
如何做到	简单："通过营业厅、手机和网站跟××燃气公司打交道非常简单、方便"	响应快：跟我们的生活和工作节奏都很合拍，问题总能得到迅速解决	个性化：产品和服务都能满足我的各种需求，沟通方式也很个性化
	关键点	关键点	差异点

图8-2　从品牌承诺到体验结果

2. 情感——打造旅程曲线激发品牌所希望体现的情感

情感是品牌价值传递得以累积、客户体验得以实现的所在，与客户建立情感丰富的关系逐渐成为品牌成功的关键，因为它们影响着客户如何回忆他们所经历的体验，是品牌成长过程中的能量来源。为了在整个客户旅程中与客户建立丰富的情感，促进品牌的建设，可以采取以下措施。

（1）使用品牌能量框架来度量品牌认知度。品牌能量框架是一种基于情感的测量模型，可以评估品牌所拥有的能量，以及其影响消费者做出有利决策的能力，如图 8-3 所示。品牌能量就像电池一样，当企业每次发出或传递正确的信息，或者用完美的体验来满足客户的情感期望时，都会为品牌存储能量。使用品牌能量框架，可以就潜在客户和现有客户对品牌认知进行测量。品牌能量框架揭示的是情感主题，这些主题是品牌的关键支柱，以及品牌相对于行业和竞争对手实现差异化的关键因素。可以进一步围绕这些主题，使用客户体验指标在整个客户旅程中进行实时的测量，来确定企业是否履行了自己的品牌承诺。

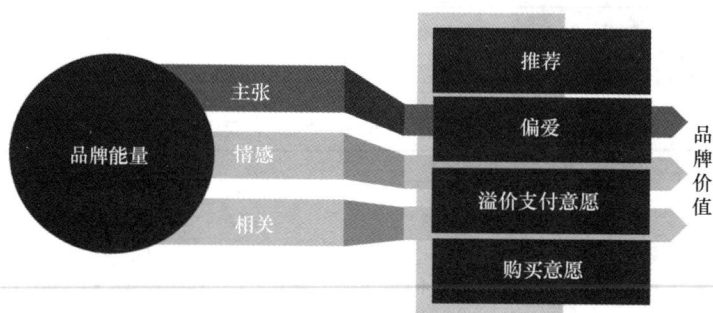

图8-3　品牌能量框架

（资料来源：Forrester《新的品牌框架：情感如何为品牌能量提供动力》）

（2）确保在客户旅程中的高峰和结束两个关键时刻的体验是积极而强烈的。例如，为了履行企业的品牌承诺，通过设计合理、价格适中的家具改善人们的生活，宜家优先考虑的是惊喜和感激之类的情绪。宜家的品牌情感曲线的高峰时刻是极其实惠的价格，以及令人心动的房间布置。而情感的低点则出现在结账时，因为这个时候需要排长队付款，以及面对后续烦琐的自助安装服务。但宜家并不担心低点，因为"优质的售后服务"不是宜家品牌故事中的核心。

想要根据峰终定律来设计品牌的理想情感曲线，可以参照以下 5 个步骤：① 优先考虑对客户最重要的情感；② 确定旅程中有价值的时刻；③ 将高价值的时刻转变成激发品牌最重要情感的高峰时刻；④ 将具有品牌破坏性的交互与中性的、优秀的客户体验（满足需求的时刻、超出期望的时刻）相互穿插；⑤ 找到在情感高峰处结束旅程的方法，如图 8-4 所示。

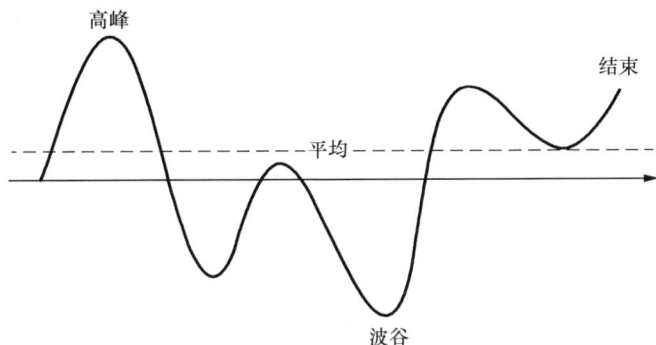

图8-4　客户的体验高峰与结束

（3）设定品牌可以实现的体验高峰，不要出现过度承诺和交付不足。客户对事件的情感反应取决于品牌在旅程中如何设定和管理期望。场景元素（如客户当时的心情如何，是否有过乏味的品牌体验经历，是否存在紧急问题，是否正在购买一项重要的商品）也会对客户的期望产生影响。

英国航空会给商务舱乘客出示一张写有3个选择的卡片：①"我想被叫醒用早餐"；②"我想在降落前50分钟选择自己想要的饮料"；③"我想睡到某个时间"。这一举措提高了乘客对旅行服务的期望，如果不能达到这些期望将会导致客户情感曲线的显著下降，甚至比最初没有提供这些选项时还要低。同样，迪士尼乐园为订票的游客提供了可提前30天在线访问"FastPass +"服务，为自己喜欢的游乐设施预订一个位置，这也是在设立一种期望，在客户真正坐上游乐设施前激发预期的兴奋感，如果不能满足，它就会转变成破坏品牌价值的情感。

3. 调性——将品牌个性融入旅程所有的交互

品牌的标识、包装、微信消息，以及所有其他交互，无论是数字化形式还是实体形式，都可以将品牌的个性传达给客户。如果其中任何一个不一致，则客户对品牌的信任就会打折扣。为了始终保持一致的品牌调性，需要在整个客户旅程中选择能正确表达品牌个性的文字、图形和声音等交互形式。图形、文字、声音是最原始、最常见和最自然的交互方式，因此也是最能形成和影响品牌个性的方式。

例如，一家全球体育用品零售商为了实现客服渠道的数字化转型，考虑使用机器人客服，但为了保证这些机器人与客户的交互能与其品牌个性保持一致，这家企业对聊天机器人测试不同的人物角色，在主要品牌属性（如富有同情心、称职、人性化、贴心和礼貌）上对不同的人物角色进行评分，选择与品牌最为符合的聊天机器人。同样，在为客户旅程中的渠道和设计选择交互形式时，也始终要保持这种一致性。

4. 记忆——平衡客户旅程中不同时刻的体验塑造积极回忆

要针对客户旅程中的不同时刻设计高低起伏的情感曲线，平衡资源的利用，帮助品牌与客户建立长期关系，并最大化客户生命周期价值（CLV）。要实现这一目标，首先要将客户旅程中的时刻进行分类，准确对不同的时刻进行定位，包括常规时刻，这些时刻的交互只需要符合基本期望，顺利度过并且不对整体满意度造成负面影响即可；关键时刻，这些时刻的体验会决定客户转化，以及客户忠诚度；影响力时刻，这些时刻会产生深层次的情感联系，对品牌的建设至关重要。要通过对客户旅程中各个时刻的梳理和分类，确保不会忽略任何一种时刻。

影响力时刻是在客户旅程中建立品牌累积的重要时刻，可以通过独特的设计元素、个性化交互、高品质交付等方式加深客户对品牌的印象和情感，促进品牌的建设。以下是一些可以在关键时刻建立影响力的措施，如表8-1所示。

表8-1　在关键时刻建立影响力的措施

措施	定义
独特的设计元素	经过精心的创新性设计，使现有体验元素变得与众不同、独一无二
个性化交互	与客户当下场景高度相关的体验要素或可以满足客户个性化需求的体验要素
高品质交付	将体验提升到超出行业惯例水平和客户平均期望之上的体验要素
体验纪念元素	客户可以从体验中带走的品牌元素，可以记住、庆祝、使用或与他人分享
自发性交互仪式	计划外或非刻意产生的、让客户感到开心的服务手势或姿态

5. 一致——利用客户旅程使品牌与客户不断变化的需求保持一致

以客户为中心的品牌会确保始终通过挖掘客户数据，寻找新的机会和未满足的客户需求，以适应客户不断拓展和变化的旅程，可以采取以下措施。

（1）将客户生活中的场景和行为串联起来寻找创新机会。扩大客户旅程的视野，综合考虑客户生活的各种场景、事件，以及环境影响的变化，帮助品牌保持与客户的联系（或重新建立联系），并进行创新以满足客户不断变化的需求。例如，婴幼儿食品品牌嘉宝（Gerber）与旅程分析提供商风筝轮（Kitewheel）合作，将 CRM 系统、线上、线下和社交媒体数据融合在一起，指导父母顺利走过早期婴幼儿教育的 7 个阶段，找出从怀孕到学步的 7 个阶段旅程中的 25 个动作触发因素、94 个行为规则和 1000 多种路径。对客户旅程的这种精细的观察帮助嘉宝更深入地思考了如何定位产品，并开发新工具（如用于宝宝菜单计划的工具）和服务。通过这些整体和动态的措施，嘉宝实现了自己的品牌承诺，即促进婴幼儿的健康成长和发育，并帮助他们尽早养成良好的饮食习惯，同时还使来自嘉宝的在线品牌社区 MyGerber 的活跃用户销售额增长了 27%。

（2）不断分析和评估客户旅程中影响体验创新的驱动因素。每个人所处的环境、技术和场景都在不断变化，导致影响客户体验的要素也会随之改变，因此必须不断地通过关联分析来判断现有要素的影响程度，发现新的关键影响因素。例如，自 2010 年以来欧洲能源巨头 E.ON 一直聚焦于 5 个关键客户旅程转型：获客、付款、续约、搬家和流失。但它最近启动了一系列新的研究项目，从整体品牌的角度来分析所有触点，目标是确保客户每次的旅程不仅注入了长期的品牌特性（如"简单"），而且可以注入更新的属性（如"真实"和"可持续"），防止品牌老化，保持品牌的新鲜感。为此，E.ON 还开发了一个触点分析计分卡以及一个品牌视角模板，作为其客户旅程工具包的一部分，如图 8-5 所示，用来评估和及时增加新的场景和品牌特性。

在将以上这 5 项要素融入品牌化客户旅程之前，企业首先要确定哪些客户旅程对品牌最为关键，可以考虑从以下几点开始。

（1）与竞争对手的旅程进行对标分析以发现差异化的机会。为了优先考虑正确的 10 个客户旅程，实现成为最佳客户银行的愿景，劳埃德银行集团（Lloyds Banking Group）从 30 个客户旅程开始，通过评估每个旅程对客户的重要性，并与竞争对手的客户旅程进行对比分析，评估后决定优先考虑抵押贷款之类的旅程，因为在这些客户旅程中，快速周转和体验控制对客户至关重要。

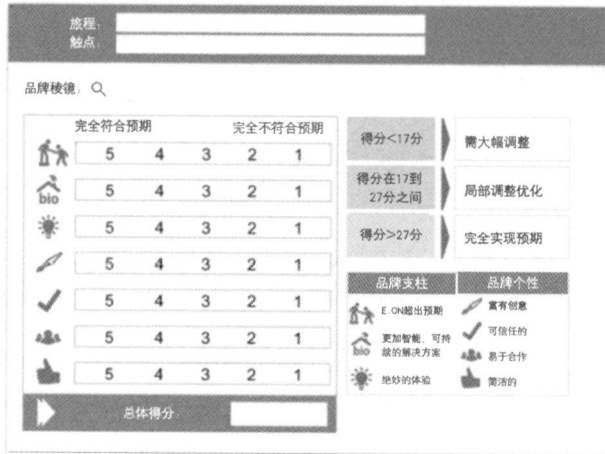

图8-5 评估支撑品牌支柱的旅程

（2）从对品牌承诺影响最大的客户旅程开始。例如，大多数保险客户只希望在需要时与保险公司打交道。认识到这一点后，一家保险公司将精力集中在理赔旅程上，确保品牌的定位和承诺在这个旅程中能得到保证。最后，客户从中得到的是能体现品牌的、崭新的、与众不同的体验。

（3）专注于最有可能从改进中受益的客户旅程。例如，通过研究和分析，家居零售商百安居（B&Q）重点关注3种人物角色，这3种人物角色被认为是最可能接触各个触点的客户。重点关注3种人物角色的关键旅程，帮助公司确定了客户旅程管理的工作重点。

（4）专注于提高忠诚度和留存率的客户旅程。全球品牌和营销咨询公司Prophet通过定量研究，评估端到端客户旅程中40多个触点的健康程度和重要性。结合触点评级和对最终业务的影响（如"推荐可能性"和"开展更多业务"），进行一系列回归分析，Prophet确定了能够最大程度地提升份额、忠诚度或保留率的触点。

第 9 章

客户旅程的应用：

从营销活动转向客户旅程

本章概要

　　从传统的、割裂的营销活动走向更加客户导向和系统化的客户旅程，是场景化体验营销的关键转变之一。本章阐述数字化时代营销面临的挑战，以及存在的问题，分析从营销活动转向客户旅程的重要性，并对客户旅程的基本阶段进行界定，介绍客户旅程地图的基本研究和绘制方法，详细阐述如何利用触发器在客户旅程中开展营销，最后分析特斯拉基于客户旅程的场景化营销案例。

9.1 数字化时代的营销挑战

1. 仅仅靠营销活动已经不够了

自营销诞生以来，不停地开展各种"营销活动"是所有营销人员最主要的工作。"营销活动"是在一段有限的时间内，企业集中和组合各项资源，有策略地组织的各项营销工作，旨在达成公司的特定目标。例如推出一项新产品、一次大规模的降价促销。它们通常旨在以各种方式吸引消费者，利用各种渠道触达他们，并涉及多种媒体组合进行广告投放，包括但不限于电子邮件、印刷广告、电视或广播广告、按点击付费和社交媒体。

营销活动并不是营销的全部，但是毫无疑问，每一个企业每年都为举办各种营销活动投入了大量的人员、预算和资源，营销人员的大部分时间和精力都被各种营销活动所占用：要么在构思营销活动，要么在执行营销活动，要么在反思营销活动，如此循环。每一次大型营销活动就是一场"战役"，在营销的黄金年代，企业就是在一场又一场的这样的"战役"中，通过媒体实现消费者的覆盖、说服和购买。但随着数字化带来的无限媒体时代，营销活动在赢得和留住客户方面，效果已经远不如以前，往往只能带来烟花一样的瞬间高光时刻，具体表现为以下三点。

其一，营销活动是以企业为中心的，而不是以客户为中心的。每次营销活动的出台，都是围绕着企业视角的一个目标：推出一项新的产品、打击竞争对手等，而不是关注客户当下所处的场景，他们的需求是什么。营销活动就是在短时间内集中资源打一场大规模的产品销售"歼灭战"，因此重点往往不是为客户提供基于场景的个性化交互和体验。

其二，营销活动大量使用的核心"武器"——广告已经失效。营销活动要在短期内快速吸引消费者的注意力，并进行说服和转化，采取的主要方式就是大量使用广告，通过不同形式和不同渠道进行集中、频繁的轰炸。在媒体数量和形式不多的有限媒体时代，这种方式是可行的。但是在数字化的无限媒体时代，消费者已经停止聆听，而且占据着主导，企业可以利用和控制的媒体对消费者的影响已经不是最重要的了，广告这个营销活动最有分量的"重炮"失去了威力。

其三，营销活动是零散的，缺乏连贯性。每次营销活动都是短期的，最长也不过几天，短的话也就几小时，然后需要等待几个月之后才会有下一次活动。而且每次营销活动的主题都不一致，往往也没有什么关联。但是在数字化时代，客户需要的是一致、连贯的场景化体验。

总之，有限的几次大规模营销活动已经无法覆盖消费者日益丰富的场景。在数字化时代，绝大部分消费者在绝大部分的时间里，是在营销活动之外的场景与品牌互动。因此，仅仅依赖几次以品牌为中心的大规模营销活动，是无法提供场景化、一致、无缝的客户体验的。为了获得可持续的竞争优势，营销必须提供与消费者实时、双向、洞察力驱动的自循环交互。

2. 目前的营销基本忽视了客户体验

虽然品牌和营销部门也经常强调要以客户为中心，要注重客户价值等，但实际上它们仍然采用着传统的大众营销模式——不断地策划营销活动、投放各种形式的广告，对消费者进行地毯式轰炸，吸引线上线下流量，导向产品和服务进行购买转化。这种不分场景、无孔不入的广告方法违背了现代营销人员一直以来的呼吁——在沉浸式体验中解决客户的需求。企业的品牌和营销部门并没有帮助客户在品牌化的客户旅程中顺利前行，而是继续在以下几个方面纠结与徘徊。

（1）只关注获客而不是建立长期的客户关系。目前的营销主要专注于获取新客户，而较少关注客户的留存。专注于获取新客户破坏了与客户建立持久和可盈利关系的努力，沉迷于拉新的营销人员基本上从一开始就宣告了建立长期客户关系的失败，他们眼中的唯一目标就是追逐流量。通过各种方式推送广告，不管客户对品牌的认知过程，并且与竞争对手不择手段地相互争夺，通常也不考虑潜在客户的质量，如图9-1所示。最终导致客户流失率很高，需要不断补充新的客户，形成一种恶性循环。更糟糕的是，已经厌烦的消费者开始想方设法阻止广告，从而完全堵上了这种营销模式未来的发展道路。

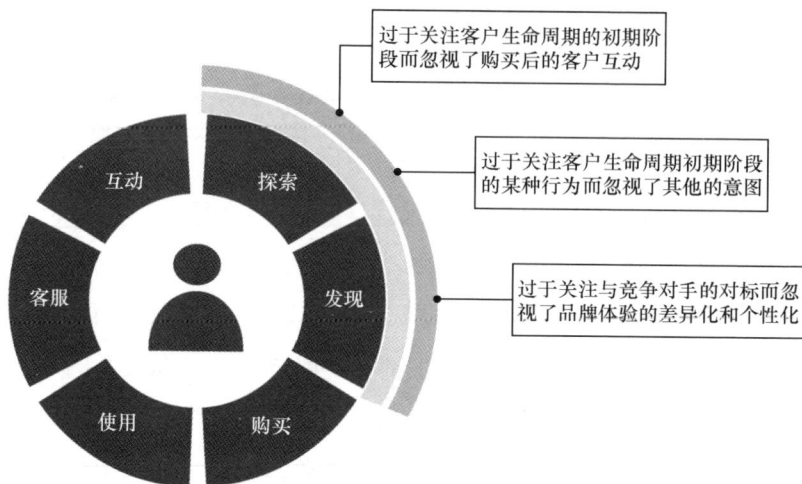

图9-1　目前的营销过于关注初期和短期

（2）注重某一个点上的转化而不是整体的客户体验。基于海量数据，现在先进的营销测量模型（如数字归因）可通过评估哪种营销策略最能促成有价值的行为（如下单、App 下载），来帮助营销人员实现非常明确的 KPI 目标。然而，这种对某一种客户行为的高度关注忽略了转化之外的体验，从而对长期客户价值产生不利影响。例如，一个知名品牌将营销预算中的很大一部分从品牌传播转到搜索和其他促进转化的媒体投放之后，业务收入反而出现了明显的下降。

（3）花大量的精力分析竞争对手而不是聚焦客户。大多数企业的营销人员都想获得竞争对手在营销活动和渠道绩效方面的数据，但行业信息和数据往往是不完整、不准确的，尤其是涉及具体操作层面的数据，因此仅仅将行业基准和绩效标杆作为目标是无法识别品牌的独特之处的。

9.2　利用客户旅程实现营销转型

1. 数字化营销必须基于客户旅程

品牌和营销部门的首要任务是确保在整个客户旅程中始终体现品牌价值。但是，如果企业不知道客户所经历的旅程是怎样的，那么也不可能实现它的品牌愿景。通过引入客户旅程管理和分析，企业可以使用有关客户旅程的实际数据来推动以客户为中心的洞察，它能为企业的品牌和营销工作带来的好处包括以下三个方面。

（1）提升品牌感知。通过客户旅程分析可以呈现不同类型的客户旅程的品牌体验，使营销人员可以评估累积的品牌感知；确保一致的、有价值的信息，并管理与客户交互的频率，以防止客户出现品牌倦怠。

（2）降低营销成本。通过客户旅程分析，可以帮助营销人员降低客户交互成本。例如，客户旅程分析提供商 SAS 帮助一家金融企业使用客户旅程分析来减少债务回收的周期及其服务成本，通过分析与调整消费信贷业务相关的不同客户旅程，确定了一条路径，可帮助客户以更低的成本及更少、更有意义的触点来管理债务。

（3）减少客户流失。对客户旅程的分析，可以帮助企业分析客户转化的确切时间，或者客户可能流失的时间或节点，有效防止客户流失。例如，一家能源企业发现某些客户旅程（如搬家）虽然始于网站，但仍然触发了很高的客服中心的呼叫量。为了提高客户满意度，该公司将网站内容与电话客服代表的脚本保持一致，并对客服人员进行培训，以使他们有能力回答有关填写搬家表格的问题。

2. 从营销活动转向客户旅程

现在营销必须面对的是品牌由消费者与它的交互来定义，这与传统营销的理解是不一样的。虽然营销活动短时间内制造了很多互动，但作为个体的消费者更多的是在这些营销活动之外与你的品牌互动。他们可能会在购买前了解你的产品或服务，然后再购买和使用产品，并进一步通过口碑传播积极或消极地反馈。所有这些互动的场景决定了人们是否会再次与品牌互动，更重要的是他们是否会再次与品牌进行交易。现在的营销工作是识别和使用场景来创建一个可重复的交互周期，推动更深入的互动，并在此过程中了解更多关于客户的信息，形成对客户和场景更多的洞察，进一步提供场景化的交互和体验。

这样以客户为中心，基于实时场景提供持续个性化体验的模式，显然不是传统以企业为中心，零散、突击式的营销活动所能满足的。营销活动依然很重要，但必须做出改变。第一，营销活动需要转变视角和出发点，从客户视角而不是企业视角。必须关注客户和场景，关注他们当下的状态、目标和需求。第二，更重要的是必须有完整的客户视角，而不是零散且割裂地开展行动。数字化时代触点大爆炸，单个触点无法适应更加随机的客户行为，实现不了转化，必须要有端到端的客户视角。第三，必须降低单次营销活动的规模，提升频率，传统营销活动规模大、次数少，并且投入成本巨大，很难实现个性化，也无法提供持续的互动。以上三个转变就是营销从传统的营销活动转向客户旅程的关键。

自从移动互联网导致的数字化渠道和触点加速爆发后，企业对客户旅程的关注越来越多。咨询公司阿伯丁（Aberdeen）的长期跟踪研究发现，开展过客户旅程管理工作的企业，其提升交叉销售、缩短营销周期、提升客户推荐等方面的营销绩效表现，明显超过没有开展过相关工作的企业，如图9-2所示。

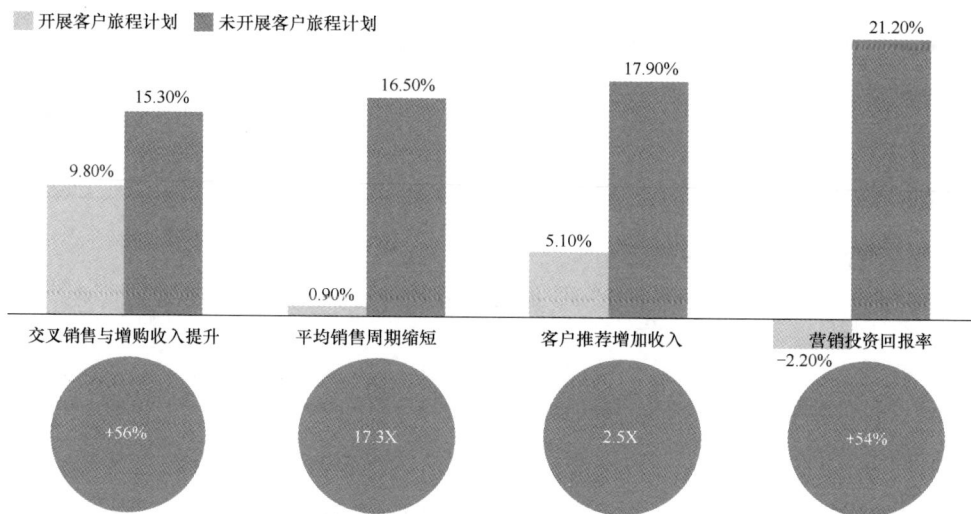

图9-2　采用客户旅程对营销工作的促进效果

[资料来源：《用客户旅程绘制领先之路》，阿伯丁（Aberdeen）]

超越营销活动的市场营销听起来不错，需要进一步考虑的是在哪里、用什么样的方法和工具来开展场景化营销。通过调整传统的营销来实现丰富场景的客户连接已经不太可能，像亚马逊这样的高度客户导向的品牌都是通过持续的价值交换来维持他们的客户关系的——品牌提供客户认为有用的交互和体验，并在这个过程中获得用户的信任和许可，接收产品使用和客户数据，并基于这些数据进一步洞察客户，创新和交付下一步体验。这种交换是可持续的和自我延续的，不仅仅是将信息推送给某些细分客户，还创造了一个持续的洞察驱动的场景交互循环。

利用个性化交互数据创造场景。产品和服务产生越来越多的数据，基于这些数据产生的场景提供了颠覆竞争对手的机会。例如在美国的健康保险市场，过去的 10 年里每一家主要的健康保险公司都投入了大量的预算在营销活动和服务上，如帮助他们的会员减肥以减少会员因肥胖问题导致的索赔，可是都失败了。但 Lose It——来自一个小规模团队打造的看起来非常简单的 App，则成功地实现了众多大型公司没有实现的目标。Lose It 的秘诀就是通过有效利用数据，不断地增加和丰富场景，从而获得更多的数据，创造更多的场景，由此建立一个连续的交互循环，并与用户创造价值交换，如图 9-3 所示。

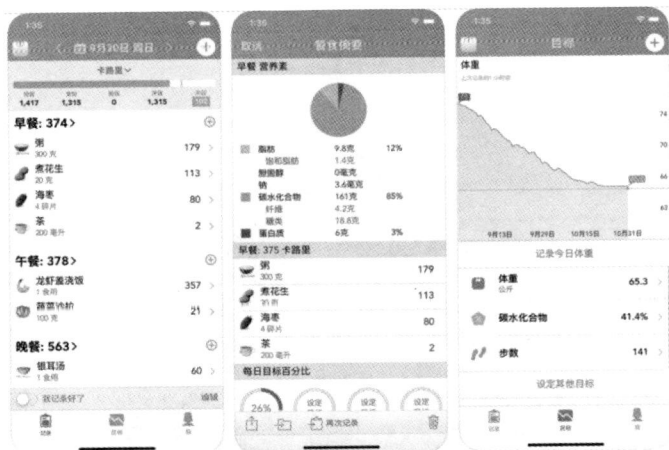

注：1卡（卡路里）=0.00419千焦

图9-3　Lose It 通过数据建立场景循环

利用专有算法提升场景下的洞察力。在大数据管理和预测分析方面的新方法和投资对成功至关重要，因为它们将使机器学习应用于客户交互，利用当前的场景来主动地引导客户进行下一个最佳交互。像 TikTok 这样的产品已经可以非常熟练地使用这些方法为用户提供持续的价值，营销和客户经营人员已经开始使用一些早期形式的机器学习技术，如多元测试、个性化和推荐引擎，但随着技术变得更加复杂，他们的应用将扩展到更多、更复杂的场景下。

利用传感器技术进一步扩展场景。电信运营商已经建立了广泛的物联网基础网络，各种应用和服务提供商可以在此基础上叠加各种传感技术，通过在产品中添加传感器和反馈，深化对客户场景的理解，并进行应用和拓展。例如，以创新的保险方法而闻名的美国前进保险公司 Progressive，除了根据客户的个人需求定制保险，还为采取提高驾驶技能或车辆安全措施的客户提供保费折扣，例如安装防盗装置、参加防御性驾驶课程，他们甚至可以为客户提供一个带有传感器的摄像头，监测客户的驾驶习惯，通过它来采集各种数据以制定个性化的保险定价，鼓励客户更安全地驾驶。利用这些技术和设备，可以获得一个独有的关于消费者驾驶行为的数据库，它可以用来推动与客户的交互循环，形成持续的客户旅程，如图 9-4 所示。

图9-4　场景与交互循环组成的客户旅程

3. 在场景中触发和引导客户旅程

传统的营销活动就像潮水一样，用品牌的信息和号召性用语吸引尽可能多的人。刚开始时，有很多消费者被吸引过来，进入销售漏斗的顶部，经过层层的渗漏，他们会转化为销售，并最终成为漏斗最底层的客户。但作为场景营销者，我们需要通过比这种简单的数据采集和分析模式更加智能的方式与客户进行互动和交易，例如像向导一样，引导每个客户开展个性化的旅程。在这种模式下，营销的目标是帮助每个人沿着这条道路迈出第一步，接着是下一步，依此类推。在很多方面，在数字化时代我们看到的新的客户旅程就像一条自由自在的河流，它是一个持续不断的、有组织的品牌体验系统，不断地流动和变化着，并且有许多个支流在不断地汇聚和发散。

场景是我们如何引导消费者前进的方式，无论客户身处在旅程中的何处，它都可以提供继续前进的动力。为了使每个客户与旅程建立连接或重新连接，需要不断地利用触发器，这些触发器发生在整个客户旅程中，而不只是在开始的时候，因为并非所有购买者都是从头开始的（同样地，就像漏斗分析中我们也并没有填满所有的漏斗一样）。在场景营销中，主要依靠两种触发因素——自然触发和目标触发。自然触发因素是个人在一天中自然碰到的那些事件，例如狗狗生病了，朋友发来一封电子邮件，甚至是镜子里看到自己新的白头发。目标触发是品牌主动部署的触发，例如发送有关新产品的电子邮件，在社交媒体上与消费者互动，或者在品牌网站上设置聊天机器人。营销人员通过使用两种触发方式来根据场景激发消费者，推动他们在属于自己的客户旅程上不断前进。

在数字化时代，整个客户旅程中触发因素的数量，以及需要维持的品牌体验的范围，都可能面临急剧扩大，具体取决于品牌的市场规模和销售的复杂程度。这就是为什么要真正实施场景化营销的唯一方法是利用自动化程序，这类程序是扩展个性化场景的关键，通过利用广泛的大数据并结合新的数字技术来实现大规模定制化体验。目前，自动化程序（如线索销售培养、注册和聊天机器人）是品牌保持始终在线的一种通用做法，它可以将一个个单一的体验连接在一起，并推动潜在客户更进一步地探索、购买和互动。

9.3　为营销绘制一张客户旅程地图

数字化时代的客户旅程非常复杂，为了更好地在企业各个部门和团队中应用客户旅程，将其可视化成一张客户旅程地图是一种非常有效的方式，对于营销来说，一张客户旅程地图也是必需的。

1. 从数据驱动的客户旅程地图开始

将客户旅程纳入营销工作，可以从绘制数据驱动的客户旅程地图开始，通过客户旅程分析，首先可以聚焦于容易与业务成果关联起来的营销目标上。虽然从整体来看，客户的大部分旅程可能是未知和不确定的，但能够着手分析的旅程也还是相当多的，这些客户旅程可以给营销部门提供很多有价值的信息：对于客户来说哪些是有效的，哪些是无效的。例如，电子渠道部门可能想了解在线预订的客户旅程，这样可以减少预订过程中的障碍和流失率。营销人员应该使用特定的旅程分析工具，或者利用现有的分析工具（如归因工具）将客户数据融合在一起，从而有助于客户旅程的可视化和分析。在确定了客户旅程分析目标后，可以采取以下措施开展客户旅程在营销中的应用。

（1）使用第一方客户数据来对数字化旅程进行排序。从已有的第一方客户数据（如客户忠诚度数据、客户交易信息等）开始，可以为营销人员提供分析已知客户的基础。使用网站分析工具，通过验证过的、可识别的信息（如客户的会员卡或电子邮件地址）将点击流数据与第一方客户关系管理（CRM）数据结合起来。例如，将来自点击流、营业网店和联络中心的数据与其现有客户联系起来，这些大量的数据使企业能够发现典型的客户旅程，并挖掘出客户满意或者不满意的因素，从而在所有线上和线下渠道中带来更加以客户为中心的体验。

（2）分析旅程中的客户数量和推进速度。对客户旅程中流动的客户数量和推进速度进行分析，可帮助营销人员确定客户流量大的旅程有哪些、客户在某一个具体的客户旅程中的移动速度，以及客户容易在哪些地方流失。例如，智能客户行为分析平台乔纳亚（Jornaya）可以帮助企业跟踪客户的数字化旅程，并绘制出客户在网上的浏览行为，企业可以据此开发客户行为画像，这是为客户建立下一步最佳行动模型的基础。

（3）将类似的客户旅程进行分组。目前要实现对每一个消费者的旅程进行实时分析还有些距离，利用数据和技术为单个客户提供个性化营销体验也比较困难，而且成本高昂。企业可以汇总相似的旅程来创建细分客户旅程，就像创建细分目标客户群一样。例如，客户旅程分析与编排平台雷电云（Thunderhead）通过为那些查看特定菜单（如查看智能音箱菜单）的客户进行在线客户旅程细分，帮助美国一家全国性连锁店吸引了更多的消费者：根据从客户旅程细分中得到的洞察，策划了一次定制化电子邮件推广活动，向这些特定的客户发送了折扣优惠，改善了其客户体验，并引导客户进行重复购买。

（4）将数据驱动的客户旅程洞察整合到预测模型中。利用过去的客户行为和购买数据，营销团队确定客户可能采取的下一步行动，从而建立下一步最佳行动模型。例如，保险公司安联（Allianz）希望寻求更好的方式与潜在客户（包括直接进入官网和通过第三方网站引流进入的潜在客户）进行互动，通过使用客户旅程管理平台风筝轮（Kitewheel）的客户互动中心把不同的业务系统连接起来，包括网站、电子邮件和内部客户关系管理系统，安联能够预测并识别跨越这些不同触点的最佳操作，可以对 250 万个实时客户事件做出最佳响应，从而将转化率提高了 300%。

2. 数字化客户旅程常见阶段

数字化时代，客户所处的场景以及行为都是动态和高度不确定的，不同的客户、不同的场景都会有不同的客户旅程。虽然具体的每一个旅程的阶段、流程和交互都不尽相同，但是从宏观层面来看，大多数客户旅程的总体阶段通常可以简要地划分为 6 个阶段：意识阶段、构想阶段、考虑阶段、购买阶段、客户阶段、忠诚阶段，如图 9-5 所示，其中"触发"代表可以在任何阶段发挥作用的触发器；"触发"下方列出了客户旅程的 6 个阶段，从意识阶段开始到忠诚阶段结束。

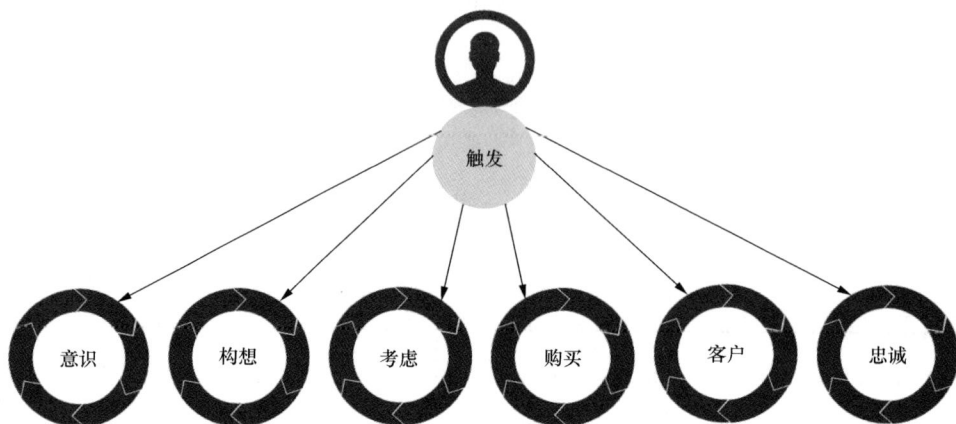
图9-5　新客户旅程与触发器

（1）意识阶段

由于可以访问如此多的信息，因此数字化时代的消费者在探索解决方案时，并不是像传统的市场研究机构所说的那样首先从搜索一群可选的品牌开始，而是从客户旅程中基于场景的触发器开始，被激发后产生了一个意识。用一句话总结，就是消费者心中有了当下的目标，并开始着手寻找解决方案。触发器可大可小，例如国家出台了新的驾驶法规，或者你的家人要求重新装饰一下房间，这些都会引发一系列的问题和答案，促使消费者首先明确他们的想法——"不违反新驾驶条例的方式"或"如何购买窗帘"。这些被触发产生的目标是通过客户旅程中不同阶段、不同批次的行为逐步被推进和实现的，这样的客户旅程也提醒所有的品牌需要注意的是：即使企业通常将所有网站访问者都视为已经对其产品感兴趣的人，但事实恰好相反，商业研究机构基博（Kibo）2021年的调查数据显示，95.6％访问网站的人都还没有准备好购买产品，他们只是在进行研究。

旧的营销模式认为广告可以激发消费者的意识并推动产品购买，而今天的营销面对的情况则大不相同：必须千方百计搞清楚消费者每天提出的大量问题，并在此时此刻帮助他们实现自己的目标，无法做到这一点的品牌将无法生存。

消费者如此众多的问题被一批一批地处理，自然而然地构成了消费者的旅程，这些批次或者步骤的数量决定了客户转化的风险因素。

除通过各种搜索引擎进行查询外，许多人还使用微信、小红书、脸书（Facebook）等 App 或者社交软件，这些都是触发消费者的"构想应用程序"，可以帮助他们形成和管理自己的愿景和计划。消费者在使用这些应用程序的过程中可能还处于早期阶段，但是这些人有较高的购买倾向。最近的一项研究表明，有 93% 的拼趣（Pinterest）使用者之所以使用该应用程序，是因为他们打算购买或正处于购买过程中。

当客户提炼他们的想法时，他们是在探索自己所需的东西，并会逐步形成自己的购买标准。这时他们通过品牌发布的内容、大量来自社交网络和电商平台的购买评论来了解企业以及这些企业的客户，这些都会对消费者进一步的决策产生影响。在意识阶段，客户可能会去体验几个不同的品牌，最有能力帮助消费者实现其目标的品牌将具有引导他们迈向客户旅程下一站的能力，消费者的购买动机就由此产生了。

这就是对意识阶段进行识别和确认，对场景营销来说如此重要的原因。著名研究和咨询机构麦肯锡也意识到了它的重要性，尽管没有在最新发布的消费者决策模型中非常明确地阐明这一阶段，但是他们研究得出的结论是：在客户旅程的初始阶段遇到的品牌，消费者对其产生购买的机会是没有进入这些阶段的品牌的 3 倍。建立信任的时间越早，对客户旅程下游阶段的影响就越大。所有这些都意味着品牌应该花费大量的时间和精力进行准备，摆好姿势，持续支持消费者的想法。他们需要出现在买家搜寻过程中的任何地方，他们需要提供满足或超出消费者期望的各种答案，并有策略重点地引导他们在客户旅程中不断前进。

例如，秋天到了，一个 30 多岁的文艺男李斯决定更新他的衣柜，这是他的触发因素。李斯很可能会上网搜索今年刷新自己个性形象的最佳方式，而他所发现的流行要素将为他的旅程设定一些基本的准则。李斯首先在百度上搜索"最佳秋季时装"，并根据搜索结果在瑞丽网上找到一篇有关女性流行新时尚的文章。李斯随即跳回百度并在搜索框中输入"男性最佳秋季时装"重新搜索。然后，他浏览结果页面，点击了一些他想阅读的文章。他先是阅读了两篇文章，注意到大多数建议都是换一整套的服装。然后，他阅读了第三篇文章，该文章提到换一双新鞋是获得"秋季形象"的简便方法，因此他将第一标准变成了一双新鞋。他明确想法后，便开始了寻找一双鞋的过程，进入了意识阶段。

但是请注意，就像李斯被很容易地吸引去购买新鞋一样，他的旅程可能使他以不同的方式获得了新的形象——例如通过购买亚麻衬衫、理一个新的发型，或购买其他风格的长裤。尽早出现在客户的旅程至关重要，越早帮助客户实现目标，就能越早建立信任并推动其对品牌的更大需求。

（2）构想阶段

一旦李斯明确了将鞋子作为刷新衣橱的一种方式，他就有了一个新的目标：找出哪种鞋最适合自己。为了实现这一目标，他必须去发掘各种选择，因此在进入了构想阶段后，他需要进一步在搜索结果中完善鞋子的样式和材料。

甚至可能在同一浏览器页面中，李斯会进行另一次搜索"男士最好的秋季鞋"。但是他再次面临许多种选择，他决定滚动浏览搜索结果，在不同的网站之间来回切换，每当他注意到一双鞋子，就会点击图片，访问网站查看。最终，他确定了自己想要的鞋子样式，于是返回百度搜索鞋子，并直接进入图片搜索。在图片搜索结果中，他看到了自己觉得完美的一双鞋，但是他的旅程还没有结束。

（3）考虑阶段

现在，李斯确定了他想要的鞋，并且心目中已经有了具体的款式。但是李斯的脚很窄，因此在网上购买鞋子之前，他还有其他几个问题。例如，这些鞋子是宽的还是窄的，以及它们的制作水平如何。李斯通过查看网站上的购买评论来判断鞋子的质量，迅速将这些查询结果组合在一起进行对比考虑。最后，他对某个电商平台评论中的某个品牌感到满意，因此他继续前往该品牌的官方网站，在上面找到品牌提供的专门应用程序，来检查鞋子是否合适。

此外，李斯在这个阶段可能还会搜索不同的颜色和选项，如果这些问题很容易在官方网站上找到，那么他将一直停留在该网站上；否则，他将返回百度搜索收集另一批答案。最后，李斯明确了自己的需求，并准备采取下一步行动——购买这双鞋子，实现自己的目标。

（4）购买阶段

在购买阶段，消费者开始关注交易的最终细节，例如价格、交货方式、维保条款等。为确保获得最优惠的价格，李斯使用他所寻求的鞋子的具体细节进行了搜索："蓝色麂皮鞋，40 码，售价低于 1000 元。"他再次在不到一秒钟的时间内获得了高度相关的结果列表，他看到所有价格都相差无几。但是，李斯是一个执着的打折购物者，他在购物前还会做一件事情——搜索制鞋公司的优惠券，并在电商平台上找到了 10% 的折扣。最后，李斯把鞋加入他的购物车并以 899 元购买了鞋子。收到鞋子后，他穿上确实感觉精神面貌焕然一新。

李斯的整个旅程由多个批处理的答案组成，并且用时很短——可能只有几分钟，而不是几小时。他对产品的考虑程度取决于他提出问题的能力，而他购买鞋子的动机是他在旅程中的体验的直接结果。

（5）客户阶段

在正式下单购买之前，对于该品牌来说，李斯还只是一个潜在客户，购买之后李斯就进入客户阶段。这一阶段李斯关注的主要有两个方面：一方面是产品的使用，产品本身的设计、材料、做工是影响这一阶段体验的主要因素；另一方面是售后服务，当产品出现问题需要解决或者李斯有进一步的疑问时，他会与品牌进行进一步的沟通和交互。

（6）忠诚阶段

在忠诚阶段，品牌与李斯在产品使用之外持续互动，比如节日活动、对意见和反馈的收集等。如果李斯对产品很满意，他会向其他的朋友和同事推荐，或者未来会再次购买。

客户旅程的概念并不新鲜，新的是我们如何认识、管理和利用它的方式。品牌必须拥抱消费者的主导权和自由，并认识到只有在属于客户自己自主的旅程中受到启发和引导时，他们才会感到最有动力。随着时间的推移，这一旅程的完整表达就会发生，整个旅程中形成的品牌体验最终会让品牌以某种方式取得突破，让消费者的需求在当下个性化的场景中得到满足。

3. 客户旅程地图绘制研究

之前已经非常详细地阐述了可以根据目的的不同，选择和组合各种客户旅程地图绘制的方式。这里再介绍一个较为简便的方式，根据营销中会碰到的 6 个常见的客户旅程阶段，快速地绘制一个用于营销的客户旅程地图。

与任何好的营销策略一样，场景化的体验营销需要从深入的客户研究开始，这是无法跳过和省略的步骤。要了解客户在整个旅程中所处的场景，需要对当前客户和潜在客户进行访谈。基于客户访谈或焦点小组，场景化体验营销需要更深层次的询问，根据访谈结果可以创建"人物角色"，或以类似方式行事的具体人群的代表。

在开展访谈时需要记住的是——这是访谈，不是审问。换句话说，想要获得真实、完整、深入的客户旅程，让受访者感到舒适的技能比提出的问题更为重要，让他们主持对话。即使他们离题了，只要对话的内容仍然与需要了解的东西相关，就让他们继续，因为最佳洞察往往来自最纯粹的倾听，由此获得问题的答案。另外，在提出访谈问题时，切勿提及所属企业的产品、服务或者品牌名称。相反，更适合谈论产品或服务类别，这样被访者就可以畅所欲言，而不必担心他们在批评你的品牌，还可以了解他们使用的产品或服务中最有价值的东西。

有效的客户旅程不会只揭示人群的关键特征，例如年龄、地理位置和人口统计信息，这些是可以通过简单观察获得的针对性数据。相反，为了开展场景化营销访谈需要揭示 3 个关键问题：在客户旅程的每一个阶段，你的受众在做什么、想什么、感受如何，如图 9-6 所示。具体来说，有关消费者正在做什么的访谈问题可以揭示人们在每个阶段所采取的行动，例如搜索、使用社交媒体、询问朋友或访问实体店；对他们在想什么的问题可以挖掘出客户在每个阶段想要实现的目标；对消费者的感受的询问可以帮助发现他们与每个阶段有关的情绪，例如焦虑、兴奋或者失望。

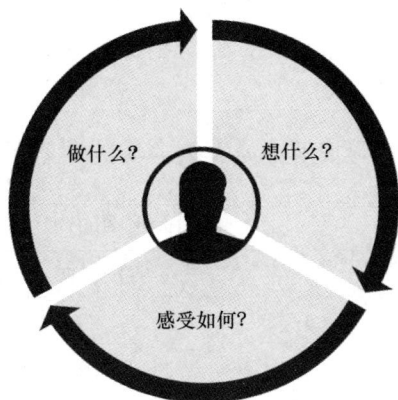

图9-6　客户旅程访谈中的3个关键问题

针对客户旅程常见的 6 个阶段，以下是消费者访谈的问题示例，每个阶段都有一组问题，基于这些问题开展访谈需要大量的工作、时间和资源，在开始之前要做好准备（如场地、合适的被访者、记录人员、礼品回馈等），并获得组织中各个级别所需的支持。另外，建议每组问题都以相同的总括式问题结束——接下来你要做什么？对这个问题的答案将帮助品牌了解消费者对旅程进程的看法。

（1）意识阶段的访谈

针对这一阶段的问题旨在发现客户旅程开始时客户所处的环境。

- 正在做什么：你读什么报纸、杂志或新闻网站？你使用什么社交媒体？在各种平台上关注了谁？这可以帮助企业深入了解客户意愿，以指导有目的性的品牌体验。

- 正在想什么：最初让你对这种产品或服务感兴趣的是什么？

- 有什么感受：你之前有没有购买过此类商品？你对搜索有何准备？在这个阶段，哪种情感最能描述你的感受？

- 接下来你要做什么？

（2）构想阶段的访谈

在这个阶段，需要了解客户如何从最初的想法过渡到解决方案，以及为什么会选择这个选项。风险越高，人们会问的问题就越多，因此重要的是要知道他们在该阶段会提出哪些问题，按照什么顺序，以及花费的时间。

- 正在做什么：在这个过程中，你碰到哪些问题？你在哪里寻找答案？你能找到想要的东西吗？
- 正在想什么：开始寻找解决方案时，你的期望是什么？你从这些问题和答案中了解到了什么？哪些问题从未得到充分回答？
- 有什么感受：你如何描述在此过程中的体验？
- 接下来你要做什么？

（3）考虑阶段的访谈

在这个阶段，提出的问题应揭示客户的决策过程和考虑因素，以确定哪些品牌进入了客户考虑的名单，哪些公司最终被淘汰，以及被放弃的原因。同样，必须知道问题的数量、顺序以及找到满意答案所需的时间。

- 正在做什么：当你选择最佳选项时，你的搜索词发生了哪些变化？你搜索过哪些品牌？舍弃了哪些？为什么？
- 正在想什么：你对决策过程有什么担忧？你考虑过怎样解决你的问题？
- 有什么感受：这个过程让你感觉如何？找到你想要的信息容易吗？你对作出决定所需的大量信息感到满意吗？在此阶段，你记得的最佳体验是什么？
- 接下来你要做什么？

（4）购买阶段的访谈

客户在购买阶段会采取很多行动，营销团队越早对其进行优化越好，要确保倾听每个客户所面临的特殊情况，判断哪些因素会影响他们的购买，明确哪种体验最能解决他们的问题。

- 正在做什么：你是如何购买的？有销售人员参与吗？如果是这样，他是对你的体验有所帮助还是有所损害？
- 正在想什么：是什么促使你作出购买决定？有哪些你想发生在购买过程中却没有发生的事情？购买过程容易吗？
- 有什么感受：对购买有信心吗？哪些问题尚未被解答（如果有）？购买

过程让你感觉如何？

- 接下来你要做什么？

（5）客户阶段的访谈

客户阶段是指客户如何使用产品、服务及各项体验，每个客户使用品牌的原因或目标都会有所不同，如果能更好地引导客户完成实现目标的步骤，那么他们的体验会更好，体验留在客户记忆中的时间也会更长。以下是客户访谈的问题建议，如果条件许可的话，也可以从实际使用数据中寻找答案。

- 正在做什么：你多久使用一次这类工具、产品或服务？你使用或互动最多的是哪些功能或方面？
- 正在想什么：你希望通过该产品或服务完成什么？
- 有什么感受：你对使用工具、服务、产品的能力充满信心吗？使用它会使你的感觉如何？你是否对体验感到沮丧？你觉得它满足需求吗？
- 接下来你要做什么？

（6）忠诚阶段的访谈

如果品牌已经有支持者，则可以询问他们为什么喜欢你的产品。如果没有支持者，也可以寻找其他品牌的支持者，并询问是什么使他们喜欢该公司的服务或产品，以至于会拥护他们。

- 止在做什么：当你真正喜欢一个品牌时，你会如何分享你的意见？你是否曾经在社交媒体上发布过有关品牌的信息？你是否曾经参加过正式的品牌活动？
- 正在想什么：是什么促使你成为支持者？
- 有什么感受：你最喜欢的品牌给你的感觉是什么样的？哪些品牌体验赢得了你的支持？
- 作为 ×× 品牌的支持者，你接下来会做什么？

通过在客户旅程每个阶段中聚焦"做什么""想什么"和"感受如何"这 3 个关键问题，能够发现品牌针对每个"人物角色"必须解决的主要问题。

4．人物角色和客户旅程

以上访谈中提出的问题，可以揭示品牌客户中具体的类别，这些问题的答案将成为勾画客户旅程中人物角色的基础。可能会发现比过去更多的角色，或者发现每个角色所经历的旅程不止一个。尽管存在很多可能性，但建议先只关注一两个，选择那些能代表最大数量客户的人物角色。

首先，可以为每个人物角色赋予一个的具体人名和面孔，可以使用实际客户的姓名和形象，也可以经过一些处理和转化。除了名字和形象，还应该包括人口统计信息（如年龄、位置、性别）和心理方面的统计资料（感觉、目标、行为），使每个角色更丰富，在访谈时了解到的在客户旅程各个阶段关于 3 个主要问题的回答都可以利用上。例如，从访谈中发现总体以及在客户旅程的具体阶段，每个人的最高目标是什么，就可以知道客户日常碰到的最大问题或障碍是什么，何时出现这些障碍，以及哪些特殊的触发因素促使每个角色采取行动，等等。但是，在绘制人物角色时，应尽量专注于高层面的主题，使每个角色在理想情况下都能在一个页面上完整呈现。

其次，基于在客户访谈中所收集的关于不同目标的定性数据，可以为每个角色绘制一个或多个客户旅程地图。不必想得过于复杂，只是把它当作一个指南。最重要的是，要确定整个旅程中每个角色的主要触发因素，然后明确每个阶段的"做什么、想什么和感受如何"的信息。在制定人物角色的过程中，可以使用自己的语言，因为这是企业的内部文件，最好使用所在企业已经熟悉的名词，这些没有对与错之分。客户旅程的最重要的方面是：你有一个可以一直使用的人物角色和客户旅程地图，能把旅程分解成定义好的各个阶段，这个旅程在整个企业获得了广泛认同。

如果是大型企业和组织，让所有层级和各个部门共享客户旅程地图非常重要，这样，所有成员可以保持一致的视角和语言。为了进一步保持一致，可以在客户旅程地图中加入针对每种情况企业采取的行动和反应。同样，开展这些工作的方法没有绝对的正确或错误之分。通过绘制客户旅程地图，可以系统性地发现体验中的关键点、现存的短板和可利用的机会。基于这些关键点，企业就可以开始设置触发器，它们是将每个人连接或重新连接到客户旅程的关键时刻，通过这些触发因素激发客户行动，及早与客户开展互动，让他们动起来。一旦他们成为客户，企业就可以为他们提供进一步的支持，并利用品牌支持者的推荐让场景周期循环起来。

9.4 客户旅程的营销触发器

1. 客户旅程中的触发器

众所周知，数字化时代的消费者决策流程已经发生了变化，导致更长的营销和销售周期，以及更多的内容需求（这只是许多因素中的两个）。品牌都在努力满足客户新的需求，以提供愉快、简洁的客户旅程。不仅仅是营销人员，市场研究和咨询公司也在认真地研究，并不断发布新的消费者购买决策模型，以帮助品牌理解这一转变：例如麦肯锡发布的新客户决策旅程（Customer Decision Journey）模型中，他们用"旅程"这个概念替换了原来的"漏斗"。在 2B 领域，天狼星决策（SiriusDecision）最新的"需求瀑布"（Demand Waterfall）框架模型将客户的决策流程分为：询问（入站/出站）、营销、销售、闭环和推荐等步骤，而不只是其他模型经常使用的"意识""考虑""购买"和"推荐"之类的名词。

但是在当今的环境下，这些模型仍然犯了一个普遍的错误：客户旅程是从品牌意识开始的，在麦肯锡的消费者决策流程研究报告中是这样描述的：消费者会基于品牌意识和与最近触点的交互，从考虑一个初始的品牌集开始。然而，对于当今的消费者而言，决策过程早在他们意识到任何具体品牌之前就已经开始了，然后他们会经历一个与有限媒体时代完全不同的客户旅程。在无限媒体时代中，营销人员需要铭记的是：

客户的决策过程（其实应该是完整的客户旅程）实际上始于一个触发器——某个个体产生了改变某些事情的想法的那一刻。

触发器可能是你的老板告诉你去找一个新的设计工具，或者是一条展示了一辆特斯拉新款概念车的微信朋友圈信息。触发器也可能是情感方面的，如在工作会议上与同事争吵；也可能是身体方面的，如感觉饥饿。不管具体如何，关键是所有消费者旅程都始于这样的触发因素。对于营销人员来说，这是观念上的重大改变——不像过去那种强迫式的行为，想吸引人们的注意然后让他们购买到想销售的产品，场景化的营销可以驾驭并引导客户期望和需求，这种欲望源于触发器。

可以将触发器视为一个伞状的起点，消费者可以从该起点跳转到客户旅程中的任何一个阶段，具体取决于这个消费者已经掌握的相关决策的信息。换句话说，触发器触发了客户旅程的开始，或者可以重新开始一个旅程，或沿着现有的路径继续某个旅程。想在客户旅程中的适当时机让品牌与受众相遇，取决于是否了解触发器的工作机制。使用触发器来推动消费者在客户旅程中前进——既可以利用在他们的工作和生活中发生的自然触发器，也可以利用营销人员创造的有针对性的触发器，从而以场景化的方式激励和推动消费者。

假设你的汽车被追尾，一开始你可能会打电话找保险公司，然后联系修理厂进行维修，让你在这场车祸中的损失得到补偿，这是引发赔偿服务客户旅程的触发器。但是，如果你的汽车损伤很小，只是非常小的凹陷，不会有什么危险，这时公司突然打来电话，有一个紧急的事情急需你回去处理，那该怎么办？这时你可能不会再像开始那样找警察和保险公司拿到赔偿，而是想尽快离开这里回去处理工作，这是另一个触发因素。于是你和肇事者商量，让他现在就给你小额的现金赔偿，现场了结此事。第二天等你处理完工作上的事情，你再找一家修理厂去修车，又重新参与修车的旅程，但是从与起点不同的地方开始。

因此，触发器可能会在客户旅途中的任何地方发生，并且每个人的触发器都不同。还需要注意的是，某些触发器比其他触发器要强大得多，并且通常可以将触发器分为两类：第一种是自然触发器，这是日常生活中通常会自然发生在人身上的事件（如年纪大了会产生白发等）；第二种是有针对性的目标触发器，其是由品牌直接推送的触发器，例如来自销售的电子邮件或在消费者访问网络时部署的聊天机器人，或者直接通过社交媒体进行互动。现代营销人员的主要角色之一是在整个客户旅程中发现自然触发因素，并努力确保其品牌成为由触发因素触发的客户旅程的一部分。

2. 尽早在旅程中与客户开展互动

消费者生活中最常见的自然触发因素之一，也是在构想阶段开始的最佳方式，就是能与消费者个人网络中的可信信息源取得联系。在无限媒体时代，社交媒体让营销人员更容易成为此类时刻中的一部分。最棘手的部分是能在非常私密的场景中取得突破，以便让消费者能感受到品牌的体验是真实可信的。为了获得突破并触发客户旅程中的后续步骤，就需要有效利用场景循环。

例如，"关键意见领袖（KOL）"是品牌较为方便地融入消费者生活的一种简便方法，这些人是有能力向社会受众宣传或推荐品牌或产品的人，他们通常可以充当触发器的角色，开启或让消费者重新参与旅程。虽然都能意识到 KOL 的营销价值，但绝大部分品牌仍然在以传统的营销方式开展影响力营销——花费高额代言费用请名人代言新产品。这样一次性的操作更像一场大型营销活动，是有限媒体时代非常传统的做法。

要实现场景化，KOL 营销最好的方式是连续不断地渗透到许多较小的受众群体中，甚至是纳米级的受众。社交媒体的关注者只有几千人的小型纳米影响者也非常有效，恰恰是名气并不是特别大，这反而是使他们更容易接近的关键特征之一，当他们在社交媒体上推荐洗发水、乳液或家具品牌时，他们的话就像身边朋友的建议一样真实可信。

一个典型的案例是来自瑞典的制表商丹尼尔·惠灵顿（DW），利用 KOL 将其从一个初创公司转变为一家价值 1 亿美元的企业。它的目标角色之一是"千禧一代"的买家，这些消费者受照片墙（Instagram）的影响非常大。从用户访谈中，DW 的营销人员确定了 3 个要聚焦的关键主题：时尚、旅行和生活方式。他们制定的营销策略是，在 KOL 发布的有关这些主题的场景中与他们的目标受众见面，实现 DW 手表与这些主题的关联，从而触发受众想要一款时尚、新潮的手表。同时，这类款式的手表在 Instagram 上一直都不是被关注的焦点，因此

KOL 们可以继续保持自身的时尚或旅行特征，而不会从一开始就被认为是在为商家代言做广告。

在这些小型 KOL 们将自己的照片在他们的账号发布之后，DW 将一些图片转发到 DW 的 Instagram 官方账号上。每次这样连环发布后，场景组合形成的循环就会产生更大的影响。这种有针对性的触发方式只是一个例子，揭示了如何从访谈中找出关键时刻，并努力使品牌成为此类场景中的一部分，从而可以在很长时间内推动品牌增长。按照这种方式，从推出后的第 6 年（2017 年）开始，DW 的粉丝人数每年同比增长 31%，目前拥有 470 万活跃用户和粉丝：它在 Instagram 的粉丝人数几乎是知名手表品牌泰格豪雅（Tag Heuer）和化石（Fossil）的粉丝数总和。

除了在消费品领域，在涉及高考虑程度、高风险的购买时（如商业软件），触发器也可以很好地触发客户场景并进入客户旅程。例如，全球领先的营销 SaaS 提供商霍伯斯特（HubSpot）就掌握了在客户旅程的早期阶段如何使用自然触发器和有针对性的触发器。为了确保潜在客户找到自己，HubSpot 将内容发布到公司的博客，使其出现在搜索结果中，并立即回答客户当时的提问，在文章中很少谈论公司本身和公司的产品，而是聚焦在与受众问题相关的一个更广泛的主题上，并引导他们进入下一个问题，从而触发客户旅程继续推进。

这些触发器的作用不仅仅是将人们带到公司博客，同时也在推动需求。HubSpot 发现博客读者与购买之间有很高的相关性，因此他们非常重视博客和专业内容。他们使用内容来确保 HubSpot 在客户旅程中的那一刻出现，同时也通过使用有针对性的触发器促使这种体验进一步发展。在部署一个有针对性的措施之前，HubSpot 会要求读者订阅博客来获得许可，然后使用订阅触发客户与品牌的更深层次的联系。HubSpot 前增长营销官阿努姆·侯赛因（Anum Hussain）指出："我们的目标不是将内容推入客户的收件箱，而是为他们提供一些值得去阅读的东西。"如果企业能让你渴望得到它的内容，或至少认为这些内容很棒，那么你阅读他们博客的概率就会增加，然后你成为他们客户的概率也会增加。HubSpot 这种措施带来的效果就是，该公司 1/5 的销售来自博客的引流。

为了展示这种价值，HubSpot 使用一种非常特殊的技术来转化新订阅客户，称之为"集客营销（Inbound）"模式，如图 9-7 所示。HubSpot 使用一系列简单的电子邮件作为目标触发器，不仅可以让客户重新参与 HubSpot 的旅程，还可以激发客户对产品的渴望和阅读后续帖子的动力。通常，当品牌获得新的订阅客户后，往往将消费者与当前已订阅的客户一样对待，他们被添加到订阅者列表，下一个发布的博客文章将直接发送到其收件箱。但是，下一个博客文章对这些新订阅者来说是最好的文章吗？很有可能不是，甚至与新订阅用户的兴趣根本不沾边。与其在建立关系的一开始就发送不是特别合适的内容，还不如不发送这些内容，而是发送最相关、最好的内容。因此，每个新订阅用户都会通过电子邮件开启个性化的引导旅程，首先向他介绍最受欢迎的 3 篇博客，然后才按常规节奏接收最新的博客内容。这些引导性的电子邮件所产生的参与度是 HubSpot 发送的其他电子邮件的两倍，这样的触发器会引导客户再回到网站，同时增加了他们对品牌内容的渴望和信任。

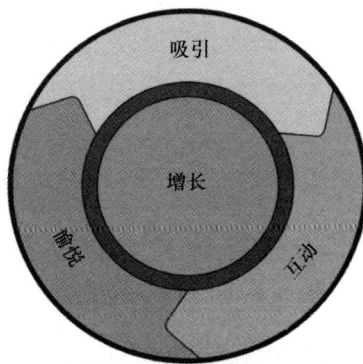

图9-7　Hubspot的集客营销模式

HubSpot 使用此模型实现了快速且持续地增长，现在 Hubspot 每周能创建 50 多个优质的内容，通过各种渠道发布，从而确保在客户旅程最初构想阶段的关键时刻，客户可以找到 HubSpot。通过在客户旅程中尽早建立牢固的信任，他们帮助订阅客户形成自己的想法，开启自己的旅程。HubSpot 不仅专注于创造内容，而且在为客户创造个性化的价值。这种方法在推动进一步的购买方面非常有效，以至于 HubSpot 已经放弃了以前在各种展会上的推广活动，重新分配更多资源来支持这种模式。

3. 如何推动客户在旅程中不断地前进

在意识阶段遇到潜在客户后，就可以利用触发器推动他们在旅程的随后几个阶段中继续前进。

（1）在构思阶段激励客户

构思开创了一个更加活跃的阶段，这一阶段的特点是这些潜在客户通过遇到的问题可以更好地提炼需求，并确定实现目标的解决方案或方法。因此，需要考虑客户思考和解决问题的次序，这些问题在进行上面提及过的访谈中已经进行过整理和说明，对这些问题的回答就是品牌该如何触发下一步的方式。在这个阶段，品牌碰到的困难往往是无法搞清楚客户旅程的数量和批次。用高质量的内容和人与人之间的连接来回答的问题越多，品牌将建立的信任就越大，能继续跟踪客户可能的旅程的数量就越多，成为首选解决方案的机会就越大。

在构想阶段的访谈揭示的问题比较广泛，远远超出了产品或类别关键字的范围。例如，当营销云平台帕尔多特（Pardot，现为 Salesforce 公司的一部分）最初销售营销自动化时，它还是一门新的技术，许多需要它的企业甚至都不知道它的一些专业用语。实际上，那时已经开始搜索"营销自动化"的高阶客户可能已经处在构想阶段，并有了一些解决方案。当时，电子邮件是最接近营销自动化的工具，它们的市场研究人员从访谈中得知其核心受众正在寻找电子邮件营销的最佳实践，并不是因为他们想购买新工具，而是他们想更加有效地利用邮件营销。为了与他们在当下的场景中相遇，Pardot 开始聚焦回答这些潜在客户有关新电子邮件营销最佳做法方面的问题，最佳实践之一是如何使电子邮件进行营销自动化并带来更高的营销产出。即使到现在，人们会发现情况仍然是这样的：在搜索"电子邮件最佳实践"的最佳答案中，有 50％来自市场营销自动化供应商，这是针对营销云平台潜在客户很自然的触发。

在构想阶段，另外一个非常重要的渠道就是通过社交问答平台来发现的其他触发因素，例如知乎、Reddit 和 Quora。品牌可以通过参与社交聆听来了解来自社交媒体的机会，这是一种在客户谈论你的品牌或相关主题时结识他们的有效方式。客户管理平台厂商 Salesforce 发布的《2016 年营销状况报告》表明，绩效更高的营销组织使用社交聆听计划的可能性是绩效不佳的组织的 8.8 倍。他们知道去哪里听、要听什么以及如何做出响应。社交聆听有多种方式，其中许多是自动化的。一些社交渠道设有"围墙花园"，例如微信、钉钉，以及各种社群类的渠道，这意味着需要获得这些社交平台的许可后，通过开放接口的方式获取数据。还有一些开放式社交网络（如微博、Facebook、Twitter 和 Instagram）、论坛允许进行大规模搜索，因此可以在整个网络中收听任何关键字，并应用各种过滤器（如地理位置或话题标签）来选择更多有针对性的受众。

需要注意的是，在任何渠道回答客户的问题时，都不要直接引用企业自己的品牌或产品名称。如果对问题的响应来自个人，例如一位员工或者一位品牌支持者，那效果会更好。在客户看来，品牌账号的回复似乎天生就有偏见，因此往往不会被信任。可以部署一些自动化程序来识别这些时刻，并面向员工设置自动化的响应提醒，将需要答复的客户问题定向推送给能准确回答并推动客户前进的员工。同样，通过持续不断地聆听自然触发因素，并在场景中做出响应来实现一致性。

需要重点强调的是，当员工或品牌的支持者在回答构想阶段的问题时，应该只关注紧迫的问题和客户旅程的下一步，而不是销售。这时促使动机形成的方式，不是尝试销售，而是利用现有行动来引导客户前进。这才是为客户创造价值，获得客户旅程突破并建立信任的方式。客户对他们所需的产品或解决方案的了解越少，他们在此阶段的焦虑就越多，他们对此时所得到的答案的信任就越多。创建标题为"关于某某（产品或品牌）要知道的 5 件事"的文章，澄清一些产品或服务方面的关键问题，可以大大缓解处于此阶段的消费者的焦虑。在这里，可能会提及品牌或其他关联品牌，但不用直接推广。总之，如果企业在这个阶段能通过使用丰富的渠道、充分且经常性地回答客户关心的问题，就可以利用场景化的方式来树立客户的品牌意识。

（2）考虑阶段的触发器

在考虑阶段，受众群体中的个人将成为潜在客户，他们正在逐步形成供应商短名单。他们开始考虑购买，现在的问题是找到最适合他们需求的产品或服务。根据消费者访谈的内容，品牌此时有全新的问题需要回答。同样，必须在潜在客户寻找答案的地方与他们相会，并且仅在潜在客户要求对话时才让销售部门加入。

潜在客户在此阶段提出的问题集中于产品和服务非常具体的问题，品牌提供的答案必须足够详细，以便让有识别能力的潜在客户满意。无论客户对自身品牌是高考虑还是低考虑程度，建议尽快采用两个触发因素：一是来自其他客户的评论，二是产品或服务试用。此时客户通常最想听取其他客户关于产品或服务的信息，或者能亲自尝试一下。

要获得评论，就需要请求客户给出评论，此时遇到的主要问题是每个企业都在寻求来自客户的评论，但评论需要客户做出相当大的承诺：他们必须浏览评论渠道（如京东、淘宝等电商平台以及苹果、安卓等应用市场），这通常需要他们提供个人资料，然后才能撰写评论。因此必须提供使他们更方便的方法，或提供一些激励措施，这也是比较有效的手段，例如评论后获取促销代码可享受 20% 的折扣，有些企业还会不定期地向客户发送邮件或推送消息，提供一个引导链接，让客户转到发布评论网站的具体页面。

为了获取重要的客户评论，在客户撰写评论之前，开展一场面对面的对话也是值得的，这时可以将相关的问题和回答提前告知客户。例如，如果获邀评论的客户担心产品在清洗后会收缩，那么客服人员可以引导评论者实际解决这个问题，还可以鼓励客户使用尽可能多的细节简单地讲述自己的故事。当企业触发客户撰写评论时，还可以提供一些具体实用的信息为他们提供帮助和指引，包括在电子邮件中提供优秀评论的示例。客户留下评论后，企业应该通过某种方式表达感谢，但应该以非常个人的方式进行，不应该直接对其评论在线进行回应。例如，美国康奈尔大学（Cornell University）2016 年的一项研究发现，当品牌在评论网站上对正面评价进行致谢回复时（即使只做出简单的回应，如"很高兴您度过了愉快的时光"），对总收入实际上也产生了负面影响。

提供产品试用是可以在考虑阶段使用的另一个重要触发器，如果服务是在线的并且适合试用，那么这种试用就是必需的，例如目前常见的在线 SaaS 软件。但即使是消费品，也可以借助技术来尝试，例如，借助 VR 技术，欧莱雅开发了专门的美妆 App——美妆大师（Beauty Genius），可以让买家实时看到化妆品在自己脸上的模拟使用效果，还可以尝试不同颜色和类型的产品，帮助他们做出购买决定。这些工具都具有数据采集和分析能力，因此也可以作为一个进一步的触发平台。例如，欧莱雅的 App 可以跟踪所有客户试用的产品，并根据客户试用的效果立即在 App 内生成这些产品的报价。或者传递数据与其他渠道相结合，因此当消费者再次使用 App 时，会向他们提示自己花费最多时间（假设这些客户尚未购买）的产品及激励措施。通过美妆大师 App 提供的模拟试用，欧莱雅有效地触发了客户迈向旅程的下一步，并最终获得自己喜欢的产品。

（3）购买阶段的触发器

在购买阶段，每个人物角色在经过不同程度的考虑后都会进行不同的购买。了解每类客户的购买方式及其原因非常重要，在此阶段客户仍然会存在一些焦虑，只要能让他们完整了解到想知道的信息，就可以由销售人员来缓解这些焦虑，无论是通过真人接触还是其他非接触形式的交互均可。因此，在营销和销售团队分享在用户研究中发现的客户问题是非常必要的，目的就是让每一个营销和销售人员能够立即回答各种常见问题，并能非常方便地访问和获取他们不了解的任何信息。经验丰富的销售人员是帮助潜在客户做出最终购买决定的最有用的因素之一。现在很多品牌都为实体零售渠道的销售人员提供了装有专用帮助软件的 iPad，这个随身携带的知识库可以让他们回答客户提出的各种问题，例如有关材料、可选项、可用性，甚至交货日期、售后服务条款等问题。

在自然触发因素可以确保客户找到品牌的情况下，再加上有针对性的触发因素就可以让潜在客户进一步采取行动。例如，乐高在 Facebook 上创建了有针对性的触发器，目的是重新吸引那些访问过网站但尚未购买产品的客户，这些触发因素是高度自动化的，仅针对那些访问过乐高网站的，但 30 天内没有再次访问并且过去 10 年来都没有购买任何东西的访客。触发器是通过 Facebook 上的广告进行部署的，引导这些客户与乐高的礼物机器人拉尔夫（Giftbot Ralph）互动，如图 9-8 所示。

图9-8　乐高的礼物机器人拉尔夫

（资料来源：乐高官网）

正如前面所提到的，无限媒体时代的广告虽然今不如昔，但在合适的场合仍然拥有自己的位置和价值，乐高的机器人广告就是一个很好的例子。乐高没有通过广告将产品强推到消费者面前，相反是帮助客户实现自己的目标——找到完美的礼物。该机器人是一个会话界面，通过对话，机器人可以了解客户的需求，有针对性地推荐产品，甚至为他们订购这些产品，所有这些与客户的交互都是在 Facebook Messenger 中进行的。这一触发因素促使乐高的在线销售额提高了 25％。

购买阶段的另一个重要部分是帮助客户选型，并确定最终的各项细节，如快递、交货、安装等。例如，宜家家居开发了客户专用 App——TaskRabbit，这个应用程序可以为消费者在购买家具后提供指引，非常方便地定制上门安装服务，包括安装的项目、时间、费用等。对于很多怕麻烦或者对安装家具一窍不通的客户来说，TaskRabbit 这个触发器是做出最后购买决策的推动力。

对于需要让销售部门参与的复杂购买，可以通过标准的鉴定流程来确定具体的障碍。例如，一个好的销售人员会简单地问："是什么使你无法进行下一步？"一旦销售人员知道了这些问题的原因，就可设计针对性的解决方案。同时，最好能在购买阶段之前就发现这些客户问题，以便在旅程的早期就做好准备。尽早解决购买障碍，可以更早地推送相关内容来帮助客户进行更好的选择。或者，更好的解决方案是将他们带到不存在障碍的另一条道路上。甚至在他们到达旅程终点时，能将这些障碍转变为一个正面的特色。例如，某个品牌提供的产品与竞争对手相比，缺乏一些高级的功能，但这些功能通常需要客户完成复杂配置才能使用，这时可以在客户寻找解决方案的旅程早期阶段，将产品的"易用性"作为关键特征与客户进行沟通。

（4）客户阶段的触发器

在客户购买产品后，品牌可以继续利用触发器通过多种方式为客户创造更好的体验，推动客户的持续转化，从而增加购买量，提升客户的全生命周期价值。当潜在客户转变为实际客户后，品牌的目标是帮助他们获得产品、服务的全部价值，实现客户的最终目标，这些都是在客户访谈中可以获得的信息。例如，客户可能正在寻求能够自我实现、更好的工作业绩，或者希望以更好的方式完成某个任务。在客户购买产品后，品牌可以制作针对性的触发器来帮助客户实现所有选定的目标。

再回到之前提到的 HubSpot 案例，他们使用强大的引导触发技术，通过发送直接针对单个客户的电子邮件将读者转变为订阅客户，现在需要推动下一步旅程，让客户尽快熟悉并开始试用产品，实现客户的业务目标。HubSpot 在这一阶段的引导触发是在读者成为客户后的第一个星期内陆续发送一系列电子邮件，引导的目的是促使客户根据最佳客户阅读操作指引或寻求帮助，得到帮助后开始试用产品。本质上，这些触发都是希望推动客户的实际试用行为，消除客户及其寻求的价值之间的障碍。

Salesforce《2016 年的营销状态报告》中的数据表明，绩效较高的营销组织使用引导计划的可能性是绩效不佳的营销组织的 10 倍。帮助客户知道做什么、什么时候做以及如何做，可以大大增加品牌体验的范围，并为用户创造个性化的体验。实际的案例已经证明，这些触发因素在以新方式增加转化率、增加收入方面都非常有效。客户阶段的引导策略可以帮助人们更快地找到产品和服务的价值，这对品牌的成长有重要影响。除引导之外，企业在客户旅程上还有很多其他地方可以下功夫，例如客户陷入困境的时候，客户需要支持并提出更多问题的时候等，都是可以进一步采用针对性的触发引导下一步旅程的时机。

总之，将用户体验 / 产品体验纳入客户旅程的工作范围，并在帮助客户实现当下目标的过程中触发下一步的出色体验，不仅增加了客户的全生命周期价值，而且也使客户更趋向于推荐品牌。

（5）快速切入并持续扩展

虽然在客户旅程各个阶段中的正确时间和地点与消费者见面很重要，但这在实际操作中还是很复杂的，因此小型企业可能会避开此类策略（如使用触发器），继续采用传统的策略，如投放广告、发传单等。但实际上，任何规模的企业都可以通过多种方式参与到基于客户旅程的营销转型中，而无须一开始就进行大规模的变革。

首先确定客户旅程中一些简单的时刻，即使没有时间或资源来进行全面的客户访谈并规划客户旅程，但或多或少的信息也可以帮助企业了解基本触点。例如，对于提供本地服务的企业而言，地理搜索是显而易见的触发因素。搜寻"我附近的饭店"或"我附近的汽车维修"，是任何企业都可以利用的重要自然触发因素。不需要大规模的行动，就能让自己的品牌出现在那里，触发客户并指引他们进入下一步。同样，通过优化现有的网站、社交网络账号、关键字和内容，也可以比较容易地在某些旅程中触发客户。对于许多品牌而言，这可能只需要开通社交账号或者进驻第三方平台（如美团、高德），就能够管理有关业务的基本触发信息，包括商家介绍、营业时间、产品和服务、客户评论等。企业在第三方平台可以管理自己的基本信息、上传优惠券、发布新闻，以及产品或服务的宣传推广。通过将这些活动结合起来，就可以创造一些自然触发事项，让客户发现品牌并轻松地进入下一阶段。

对于小型企业或者团队来说，已有的客户和人际关系也是比较好的切入点，通过在与每一个人的旅程中增加个性化的接触，并与他分享你的心得和快乐——可能是生活中的，也可能是工作中的，根据关系的属性进行针对性的分发。通过各种形式呈现有关产品和服务的信息，这些内容和素材可以预先准备好，并且可以简单地添加到任何与他们交互的各个环节中，充当触发器的作用。当有人购买后，也可以利用各种机会，询问他们是否已经开始使用产品和服务，是否需要退货。询问这些简单问题最直接的目的，不是卖出更多产品，而是向他们展示关心，并专注于他们的需求。这样的零散的触发和体验看起来很琐碎，操作起来费时费力，但也可以非常低成本地实现自动化，目前市面上已经有很多数字化营销工具可以帮助你发送触发和定时沟通，最重要的是不断尝试和优化选择。最后由支持者来确保旅程体验的延续。对于小型企业来说，客户评论是推动其他潜在客户的强大动力，应该选择合适的场景，请求有丰富经验的客户发表评论。虽然不一定每次都能得到回应和支持，但是必须提出这样的请求。此外，加入社区或通过社交媒体也可以比较容易地找到推荐者。例如，一家自行车店的老板会为每位客户和其购买的新自行车拍照，然后发布到自己的朋友圈，客户也通常乐意将其发布到自己的朋友圈炫耀一下：购买自行车是因为你想成为一名骑行者，在自行车商店的展示也是对自己这一愿望的验证和传播，这是一个非常有效的触发行动，这种方式通过场景建立了更深的品牌关系，同时也会吸引和触发其他潜在客户的下一步行动。

总的来说，基于客户旅程的场景化营销可能看起来复杂而庞大，对于具有大型复杂场景的企业来说可能确实如此，但不论哪种规模的品牌都可以通过简单的 3 件事情开始这种模式的转变。首先，重点聚焦在识别客户旅程中的关键触点，选择合适的切入点。其次，成为客户社群的活跃成员，或找到与客户共创产品和服务的方法。最后，聚焦于在旅程的每个步骤创造出色的客户体验，并将客户转变为支持者和推荐者，从而推动场景周期循环。纳入的这些要素越多，企业的营销就会变得更加可靠、更加可持续。

4. 发挥品牌支持者的力量

客户阶段并不是客户旅程的结束，前面各个阶段通过出色体验建立的良好关系，会让客户进一步转化成支持者和推荐者，他们的口碑让客户旅程得以拓展延续，这也是最受信任、最有效的触发器。同时需要强调的是，推荐也不一定仅仅来自最终购买和使用了产品和服务的客户。在客户阶段前形成的良好体验，即使因为各种原因没有最终促成目标受众转化成客户，他们也可能成为品牌的关注者和粉丝，并会向其他人推荐品牌。这两者都是有价值的，并且都是必需的。创造这两种品牌支持者的关键，在于发现旅程中他们在哪些地方对品牌行动产生了热情，这种热情可能来自品牌传播的方式、创意或者产品的特定功能，以及客服人员真诚的态度，这些让人记忆深刻的体验都会让受众成为支持者。因此，推荐可能发生在购买之后，也可能发生在购买之前。虽然往往把忠诚阶段放在最后，但推荐绝不限于购买后，受众中的任何成员都可能在推荐阶段加入基于旅程的场景营销河流。

之前提到的手表品牌丹尼尔·惠灵顿（DW）再次提供了一个在忠诚阶段进行有效触发的优秀案例。为了使不断增长的受众和粉丝成为品牌的支持者和推荐者，DW 每天挑选和颁发"今日最佳"为主题的表彰，奖励一名发帖最精彩的粉丝。有了这些热情、积极的受众，DW 让粉丝成为推荐者并不困难，只需要向粉丝提出发布图片的邀请即可，参加每日比赛也很容易：任何佩戴 DW 手表的人都可以拍摄自己与 DW 的艺术照进行发布，受众在发布时使用"#DanielWellington"的主题进行标记。DW 利用推荐进行品牌传播的能力非常成功：在 6 年时间里，DW 的粉丝和影响者合计发布了超过 190 万个有主题标签的帖子。假设该品牌自己每天平均发布的帖子为两个（品牌媒体账号的常见发帖频率），则意味着 DW 品牌主题标签的帖子中的 99.9％ 来自其粉丝和支持者的发布，这就是推荐如何促进客户旅程持续不断拓展和循环的原因。

品牌可以使用多种有针对性的触发因素来创建品牌推荐者，然后通过互动保持场景循环。首先可以使用触发器实时请求最佳客户进行推荐，可以通过最简单的方式采取行动，例如发表评论或邀请他们加入品牌社群。触发器可能采取的形式包括聊天机器人、消息通知或其他形式的弹窗，这些适合于数字化渠道和体验。如果品牌提供的是线下形式，则可以通过电子邮件、个性化场外服务或短信触发用户。如果品牌拥有可以跟踪个人行为的功能或工具，可以利用这些功能产生的数据来帮助确定触发的时间和形式。例如，后台监测到一些客户利用产品输出了令人惊叹的成果，那么可以邀请他们撰写有关如何实现这些结果的博客文章，或者直接将结果通过社交媒体进行分享。同样地，当工具的重度使用者再次登录时，品牌可以对他们的使用表示感谢，并邀请他们加入社区或发表评论。

在客户旅程的每个阶段，都需要考虑客户所处的场景和需求，并设计合适的触发推动客户沿着旅程不断推进。营销工作不再只是用销售线索填充渠道，其本质是形成对受众的深刻理解，并使用触发器在他们的旅程中与他们相遇，在场景中获得突破，将客户从一个时刻引导到另外一个时刻。这就是如何激励数字化时代的消费者并建立现代化品牌的过程：逐步引导他们按照符合他们目标和节奏的步伐前进，不论品牌的规模或所处的行业如何。

9.5 客户旅程在营销中的进一步深化

1. 开展客户旅程分析应用的进一步提升

一旦营销人员通过绘制客户旅程地图，开始通过设置场景化的触发开展营销，推动客户在旅程中的步伐，就可以开始进行基础的客户旅程分析。如果明确了数据驱动的旅程及其基本要素，就可以进一步通过史复杂的旅程分析获得更多价值，这些更深入的营销举措包括以下方面。

（1）创建更好的内容和更好的内容分发。通过对客户旅程的研究和分析，可以发现营销内容开发所需的大量消费者行为和需求信息，随着旅程数据变得越来越丰富，可以对不同版本的客户旅程体验进行 A/B 测试，例如，在品牌产品的介绍视频中加入一些触发因素（如最新的产品广告）是否会带来更高的转换率，或导致观众厌烦。有了这种洞察，还可以在其他旅程中进行尝试。例如，葡萄酒企业克拉韦恩（Coravin）使用旅程分析来探索营销内容、产品信息和在店内演示如何触发在线购买，这种分析帮助 Coravin 根据不同的渠道来打造与产品信息相关的内容。

（2）更快地通过数字化旅程吸引更多的客户。很少有客户第一次来到品牌官网就直接进行购买，相反他们往往会通过多种渠道、非常曲折地到达企业的官方网站，然后还要再拓展到其他更多的渠道进一步研究和对比。通常用于媒体评估和优化的数字归因建模同样可以用于对这些客户旅程进行分析，对跨渠道触点的客户交互进行时间标记，识别出不同的客户旅程。比较不同的客户旅程路径，可以帮助企业运用有效的数字媒体策略，以更少的步骤推动更多的客户前进。例如，客户旅程分析厂商赛仕软件（SAS）使用归因分析来识别不同的数字旅程，如图9-9所示，对比这些分析结果发现：尽管付费搜索路径的转化率更高，但自然搜索路径的点击量更高，这说明最佳的做法可能并不是投放更多的付费搜索，而是对自然搜索策略进行优化，提升其转化率，这样达到的总体效果可能会更好。

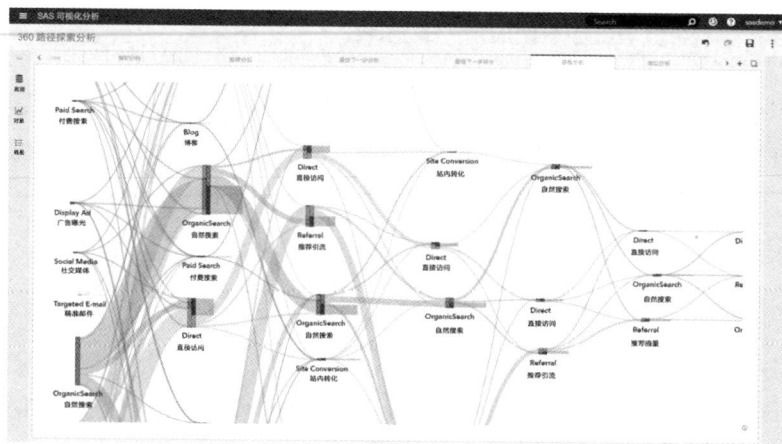

图9-9　SAS360路径分析

（资料来源：SAS官网）

（3）协调不同的客户旅程来降低营销成本并提高品牌的一致性。客户所处的场景通常是多样化的，通过客户旅程分析，会发现同一客户正在同时经历多个客户旅程。例如，一家银行在旅程分析时可能会经常发现一位客户在申请房屋抵押贷款的同时，也在申请消费贷等多个旅程。了解到客户正在经历不同的旅程后，企业对客户与多个产品、服务和渠道之间的交互进行排序，从而减少冗余的触点，降低营销成本，并创建一致的品牌体验（如减少同时在不同渠道开展的多个分散的营销推广活动），并且保证最重要的那个客户旅程被更加顺利地推进。

2. 让客户旅程从一种营销工具成为一种思维方式

基于客户旅程的营销需要企业重新考虑组织结构、技术和流程，来解决客户更加动态的需求。客户旅程管理相关的方法将成为现代营销人员工具箱中的最关键的工具之一，但它需要企业和员工改变思维方式，将注意力从专注于最大化营销投入转移到对品牌化客户体验的洞察和持续改善上。为了促成这种思维转变，以下措施是必要的。

（1）从实际的客户旅程开始。已经有很多营销人员开始尝试应用客户旅程，但他们也逐步认识到自己所采用的客户画像和客户旅程地图都是使用内部假设而非实际的、最新的客户数据来创建的。只有从基于事实的客户旅程入手，才能揭示客户旅程中隐藏的真相，过于依赖假设法（尤其是刚开始的时候）将因为思维惯性而无法突破，最终让企业从一开始就失去对客户旅程方法的信心。

（2）开展有效的数据治理。在绝大部分企业，营销部门掌握的内外部渠道和触点是最多的，但是这些数据往往是零散和割裂的。只有拥有完整的数据基础，才能为客户旅程分析建立成功的业务案例。这就需要企业建立有效的数据治理体系并严格实施，包括要求合作伙伴管理和提供更好的数据内外部的严格治理等，这样才能获得高质量数据。这种治理需要各种数据源的专家，熟悉各种数据采集和质量评估，例如如何在百度分析或其他第三方数据源中跟踪触点数据，并通过监测在每一种数据源中发掘缺失的数据点或异常情况。

（3）积极利用机器和人工智能技术。营销的最终目标是要为每一个客户在整个客户旅程中提供实时、个性化的体验，而每一个客户的每一次旅程都是不一样的，要实时地对每一个人在每一个触点的每一次交互进行跟踪、分析、优化和预测，并采取下一步的最佳行动，需要的数据采集和分析的工作量非常巨大，必须借助机器和人工智能技术，才能提供更快的洞察和更加丰富的数据分析。

9.6 案例：特斯拉贯穿客户旅程的场景营销

自工业革命以来，"生产—营销—销售"一直是汽车行业的标准运营模式，这种商业模式将营销的角色局限于产品的引入和推广，仅仅是生产和销售之间的中介。实际上，现在很多营销人员仍然在遵循这种模式，这让那些传统的汽车品牌停滞不前，而改变模式的品牌正在迅速崛起，奔驰和特斯拉就是两种不同模式的代表。奔驰是一家拥有90年历史的公司，被称为世界顶级奢侈品牌之一，它仍然采用生产—营销—销售的运营模式，并热衷于宏大的广告活动。相比之下，只有不到20年历史的特斯拉（Tesla）采用了完全相反的模式：营销—销售—生产—营销，他们的广告预算为零（来自品牌监测与分析机构 BrandToal 的数据），但在2020年却成为市值最高的汽车厂商，相当于8个奔驰公司。

特斯拉的"营销—销售—生产—营销"的商业模式，是一种彻底颠覆传统营销模式的场景化营销。在奔驰还在继续使用大众广告作为其业务增长模式时，特斯拉在整个客户旅程中全力投入场景，实现业务持续增长。

特斯拉的营销始于客户旅程的意识阶段，从首席执行官（CEO）马斯克到整个公司都着眼于一个共同的目标：让世界摆脱石油能源。特斯拉品牌战略的核心相比传统汽车品牌也更加宏大——通过彻底的创新来聚焦可持续生活，而不是只关注电动汽车。关于特斯拉的很多文章都展示了其完全不同于传统汽车厂商的商业策略和非常规操作，例如将汽车发射到外太空。而奔驰仍然只局限在传统的汽车这类产品。这种差异让客户产生品牌意识的范围从一开始就出现了天壤之别，这也是为什么特斯拉一年内在美国电视新闻网络上被提及超过23 000次，而奔驰在同一渠道却只被提及了大概5000次。尽管特斯拉在各种媒体中被提及时大部分是电动汽车以外的话题，但其强有力的品牌愿景或多或少地都会延伸到最终的产品上。

在构想和考虑阶段，它基本主导着与电动汽车相关的每个主要搜索词的搜索结果。《美国新闻与世界报道》发表了一篇对"最佳电动汽车"的搜索结果的文章，8 种最佳电动汽车中有两辆是特斯拉的。在购买阶段，特斯拉将传统汽车销售过程中客户与销售人员烦琐耗时的谈判和沟通过程，替换为另外一种全新的体验：客户只需要简单地通过在线方式来安排自己的试驾时间，几秒钟内就可以收到确认预约的回复。不久，客户就会收到一封电子邮件，其中包含指向特斯拉官网的链接，该网站是一个非常个性化的网站，客户可以在上面自行选择汽车的各种配置，并深入了解自己关心的所有细节。客户通常还会被分配一个购买顾问（特斯拉没有称之为销售人员），这些顾问会回答客户在考虑阶段提出的各种问题，帮助客户权衡了各种选择，明确哪些选择适合或者不适合他们，进一步加深客户对汽车的了解，这些互动最终都会直接影响客户的购买决策。

特斯拉在客户阶段提供的场景化体验也是令人印象深刻的：可以根据客户所在的位置，由客户来选择多种交付方式。拿到车后，客户借助特斯拉超大的中央触屏，可以通过在驾驶员座位上观看视频教程来学习各种功能，也可以在交付汽车时向特斯拉顾问询问更多的信息，特斯拉为客户提供 24 小时全天候技术支持。驾驶一段时间后，特斯拉会通过推荐计划，将车主转变为品牌支持者，成功向朋友推荐特斯拉的车主可以获得 1000 美元的现金奖励。据《个人电脑杂志》（PC Magazine）报道，一位特斯拉的顶级支持者介绍了多达 188 人购买特斯拉，单凭这一个人的推荐，特斯拉的销售额就新增了 1600 万美元，而给这位客户的奖金也高达 13.5 万美元。客户推荐是特斯拉实现收入增长的重要驱动力，而所有这些阶段加在一起就构成了特斯拉从头到尾相互关联的场景化品牌体验。

最终，奔驰的传统销售模式与特斯拉全旅程场景化体验营销相比，其产生的效果也完全不同。当特斯拉于 2016 年 5 月开始接受 Model 3 车型的预订时，超过 20 万名客户在 24 小时内就支付了订金（实体产品甚至都还没有真正亮相）。特斯拉在 2018 年获得了超过 100 亿美元的全球预售额。更重要的是，特斯拉取得的巨大成功，是在没有进行任何大规模广告活动的情况下取得的。毫无疑问，对于营销界来说，这是一项令人印象深刻和值得深思的举措。对于客户来说，更令人印象深刻的是，根据两家公司的年报提供的财务数据，每辆特斯拉的平均市场营销费用（不是广告费用）为 6 美元，而奔驰的则是 926 美元。不论从商业价值还是客户价值，这两者都存在明显的差异。

特斯拉只是数字化时代企业采用新的运营模型来创建围绕客户旅程场景化体验的一个例子，它用实际的结果证明了这样做的效果。它不需要进行广告宣传，因为场景化的营销已经被特斯拉融入整个客户旅程的每一部分。通过更高的共同愿景与客户建立情感关联，并只在客户有兴趣，愿意花时间、精力和金钱的场景下，才与他们交互并推动转化和忠诚。

特斯拉的这种营销模式是如此不同，以至于很多人认为特斯拉根本就没有做营销，或者不需要做营销。其实，特斯拉不是没有做营销，而是在做不同的营销。如果还将营销理解为投放广告、搞营销活动，特斯拉肯定不是在做营销。如果将营销定义为提供持续的场景化体验，那么特斯拉就是典型。

第 10 章

客户旅程的应用：

基于客户旅程的体验测量

本章概要

很多企业现有的客户体验测量计划在完整性和有效性方面存在问题，本章首先分析导致这些普遍性问题的原因，并提出为了有效测量端到端的客户体验，必须从考虑客户旅程开始，接着重点介绍基于客户旅程构建和开展客户体验测量计划的 4 个主要步骤，包括确定关键旅程、识别现有指标的差距、新增针对性测量指标，以及持续的优化和共享，最后对构建基于客户旅程的体验测量体系提出总体性的建议。

10.1　由内而外的测量指标浪费了提升客户体验的机会

构建和实施客户体验测量，通常是企业迈向客户体验成熟之路必不可少的第一步。目前，很多企业开始实施客户体验测量计划，有些大型企业的测量体系已经非常复杂。但是，即使是一些比较完善的测量计划通常也存在以下问题。

1. 急于进行体验评估

企业通常按触点来度量体验，但是客户是根据已经经历的交互是否已经帮助自己实现预期目标来评估自己的旅程体验的。例如，当致电一家银行的客服热线，结束时客服人员都会在最后让客户对本次服务打分，同时客户的手机还会立即收到短信，邀请客户对本次服务的满意度进行评价。但此时客户投诉的问题银行连根本的原因都没有搞清楚，更谈不上解决，这种情况下让客户对本次服务的满意度进行评价往往会让客户感觉莫名其妙，要么随意打个分，要么直接跳过。这种急于进行体验测量的做法通常得到的数据并不准确，而且会引起客户的反感。

2. 遗漏了重要的关键时刻

如果不对客户为达成目标所经历的全部步骤进行跟踪，企业就可能会错失对重要交互环节的测量。例如，客户可能会收到邮寄的纸质账单，然后在线支付，但支付后发现付款确认信息令人困惑，然后致电客服中心确认是否已收到付款。如果只是在付款完成后请客户对账单的清晰度进行评估，或仅对客服代表的服务进行打分，就会错过后面可能出现失败或需要引起注意的步骤。

3. 客户评价和反馈并不能说明全部情况

很多企业通常会对客户的评价按各个细分维度（如价格、服务、产品等）或单个接触点（如实体渠道、电子渠道、客服热线等）等割裂的形式进行分析和测量。这些方法无法捕获每个客户所处的具体场景，导致无法衡量整体体验，将客户行为与客户体验指标和最终的业务成果联系起来，也会影响如何甄别需要优先考虑的高影响力的改进机会。例如，一家银行的网站要求客户在线支付账单后对他们的体验进行五分制的评分。网站的负责人看到客户的评级下降，于是认为网站上的账单支付功能需要优化。可实际情况是，大多数客户试图先在移动应用程序上支付账单，但无法完成交易，访问该网站进行支付是客户最后的选择。虽然网站的在线支付账单功能既快速又简单，但客户到达那里时已经感到沮丧和不满，所以在评分时给了低分。由此可见，在单个渠道中分析客户评分和反馈并不能准确测量客户的体验以及找到问题的根本原因。

4. 无法将交互指标与客户感知、业务结果关联起来

很多企业无法将运营指标（如交付准时程度或者呼叫中心等待时长）与客户体验水平进行关联。例如，将呼叫等待时间作为 KPI 的企业可能会认为，更短的等待时间是获得良好整体体验的最重要的因素。但是，首次呼叫解决率对客户而言可能更为重要，他们会乐意花更长的等待时间，以换取可以在不转接电话的情况下就能解决自己的问题。

同时，交互指标与感知指标、结果指标之间的关联也非常模糊。例如，企业设定了一个目标——提高客户满意度或减少客户在某些渠道的费力程度。于是煞费苦心地优化交互以实现目标，研发团队通过多次的设计和开发迭代完成了优化，客户反馈也得到了改善。但是当进一步追问——这次行动带来的客户满意度提升了 5% 如何影响了企业的钱包份额？对每个用户的平均收入影响有多大？往往又没有非常直接的证据来证明这些行动的最终结果。根据软件公司吉尼塞斯（Genesys）2021 年的调查，41% 的公司表示获得了净推荐值或满意度等指标的改进，但无法将其转化为收入。一个负面的调查回复并不表示客户会流失，多个积极的客户响应也并不意味着客户会留下来。需要一种更好的方法将客户评估、反馈、行为与最重要的业务指标联系起来。这时，需要有足够的上下文来完整、真正地识别或解决客户体验问题，这是基于客户旅程进行体验测量时的一种必然选择。

10.2 基于客户旅程地图来定义由外而内的体验指标

针对目前客户体验测量中存在的问题，客户旅程地图可帮助企业从客户的角度看待端到端的体验，客户旅程地图记录了客户为实现目标所经历的每个步骤、在每个步骤中使用的触点、客户在每个步骤中花费的时间、步骤之间间隔的时间，以及客户对每个步骤以及整个旅程的期望。这些正是确定应该测量什么、何时测量，以及用什么指标测量时所需的关键输入。想要利用客户旅程地图来制定更好的客户体验测量指标，需要遵循以下 4 个基本的步骤。

1. 选择并绘制具有测量指标的客户旅程

首先需要遵循客户旅程地图绘制的最佳实践方法来创建高质量的旅程地图，并进一步丰富地图的要素，作为改善客户体验测量的工具，具体包括以下几方面内容。

（1）选择缺少良好体验测量指标的重要客户旅程

首先，企业选择对客户重要但还没有进行有效测量的旅程。理想情况下，这可能是一个存在问题的客户旅程，但是目前的洞察还不能向客户体验团队和内部利益相关方揭示存在问题的根本原因。

（2）建立包括数据专家的跨职能绘制团队

像任何客户旅程地图绘制工作一样，企业中的利益相关者应该参与到地图绘制和指标的制定中，他们了解每个触点所发生情况的具体细节。团队还应包括在企业或渠道负责客户调查或编制客户体验指标的人员，例如，市场研究、客户洞察、满意度管理等专业人员或分析师。这种跨职能的方式可以提升客户体验测量的利益相关者对新设立的测量指标的认可和支持。

（3）通过回答关键问题明确测量指标的输入

在绘制客户旅程地图的过程中，企业需要回答一些关键问题，用于定义正确的客户体验指标，为定义正确的客户体验度量提供重要的输入，如图 10-1 和

表 10-1 所示。

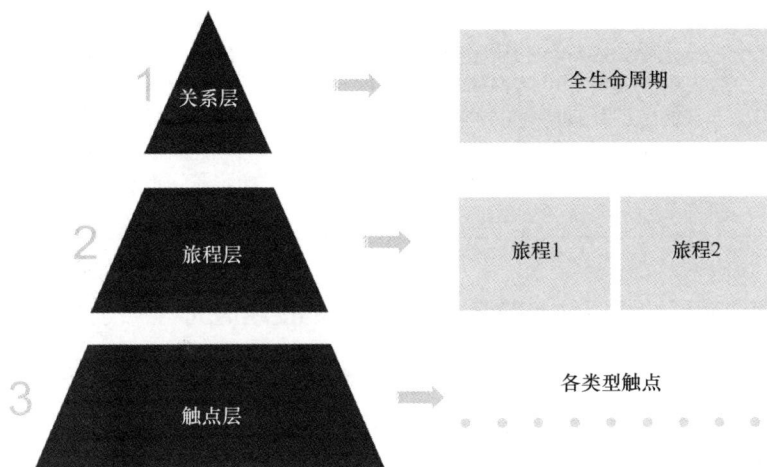

图10-1 在关系层、旅程层和触点层测量体验

表10-1 通过客户旅程地图绘制定义体验测量指标的关键问题

关键问题	问题的目标
目标： • 这个旅程的企业目标是什么（例如：提供服务、销售产品）？ • 这个旅程的客户目标是什么（例如：解决问题、获取产品）？	• 从企业角度定义结果指标来测量是否成功 • 从客户角度定义结果指标来测量是否成功
步骤和触点： • 客户旅程中的哪些步骤对客户来说是不成则败的（真实时刻）？ • 哪些步骤是现有的痛点？ • 客户旅程中各步骤间的依赖性是什么（例如：在某一步中得到的信息必须与后面某一步中得到的信息联系起来）？ • 哪些步骤不是与该企业直接交互的（例如：与第三方交互）？	• 判断所需客户体验指标的优先级来跟踪什么是最重要的 • 发现并理解客户旅程中不同步骤是如何相互影响并影响整个客户旅程的 • 估计有多少关键步骤是在企业控制范围内的
时间： • 这个旅程通常花费多长时间？ • 客户在单一步骤上花费多长时间？ • 步骤之间耗费了多少时间（例如：等待时间/延迟）？	计划发起调查的最佳时机，以在体验完成后尽快获取客户反馈（但不要太早发起调查，导致反馈信息不准确）

关键问题	问题的目标
客户期望： • 客户对整个客户旅程的客户体验质量有什么期望？ • 客户对客户旅程中真实时刻的客户体验质量有什么期望（例如：知识丰富的电话代理、透明的政策）？ • 客户对相互依赖的步骤的一致性和连续性有什么样的客户体验质量期望（例如：对于同样的问题，在每一个触点，期望得到同样的回答）？	• 定义用于测量整体客户旅程质量的感知指标和交互指标 • 定义用于测量真实时刻是否成功的感知指标和交互指标 • 定义有助于测量客户旅程中步骤一致性和连续性的指标

2. 根据客户旅程地图评估当前客户体验指标的使用情况

在绘制和掌握了完整的客户旅程地图后，企业需要评估目前的客户体验测量指标对企业改善客户体验的指导程度如何，需要开展的工作包括以下内容。

（1）梳理现有体验测量指标

按照场景对应的客户旅程地图，检查整个企业内的仪表板和测量报告，创建目前用于评估客户体验的测量指标清单。需要在客户旅程的每个步骤，以及整体的客户旅程中都执行这种操作，创建指标时可以考虑基于客户反馈的指标，以及从其他来源收集的各类指标，如表 10-2 所示。对于每个测量指标，企业需要明确是感知类指标、交互类指标还是结果类测量指标，并记录数据采集的频率、数据来源和数据所有者。

表10-2 现有客户体验测量指标清单

类型/来源	体验测量指标示例	指标类型
结构化调查问题（关系、交易）	体验的整体满意度	感知
	体验在某个纬度（如产品、服务、价格等）的满意度	感知
	用户使用某个触点的比例	交互
	推荐/回购/再次光顾的可能性	结果
	客户实际推荐品牌的比例	结果
	客户购买竞争企业产品的比例	结果
客户情绪	关于特定问题评论的频率	感知
	客户拥有正面/负面情绪的比例	感知

类型/来源	体验测量指标示例	指标类型
运营/事件数据	内部原因确认与回复时间	交互
	客服电话转接的比例	交互
	呼叫等待时间	交互
	呼叫放弃的比例	交互
	客户问题第一时间解决的比例	交互
	某个问题导致的呼叫数量	交互
	网站访问和路径	交互
	填写表格中途退出的比例	交互
财务/交易数据	客户的花费	结果
	留存率	结果
	流失率	结果

（2）评估当前指标的有效性

接下来需要评估当前的结果、感知和交互指标在测量整个旅程中的体验的有效性，如表10-3所示。重点关注存在最大差距的地方，这些差距将是下一步增加或重新定义客户体验指标的输入。找出对测量重要目标或客户期望没有作用的指标，剔除这些指标将帮助企业减少测量的工作量，并专注于更为重要的指标。

表10-3　评估现有客户体验测量指标的有效性

指标类型	需要关注的差距
结果指标	哪些企业目标未被跟踪？ 哪些客户目标未被跟踪？ 哪些结果指标只是跟踪意图，而不是实际行为？ 哪些结果指标跟踪得太早以至于不精确，或者跟踪得太晚以至于并没有帮助？ 哪些结果指标与业务或客户目标不一致？
感知指标	客户旅程中的哪些客户期望没有被测量？ 真实时刻中的哪些客户期望没有被测量？ 哪些步骤间的相互依赖性没有被跟踪？ 哪些感知指标是在错误的时机进行跟踪的（例如：在用户第一次使用产品前考察产品的质量）？ 哪些感知指标与真实的客户期望不一致？

指标类型	需要关注的差距
交互指标	哪些感知指标缺乏相应的交互指标？ 哪些交互指标缺乏相应的感知指标？ 哪些交互指标没有很好地与其相应的感知指标保持一致性？

3. 使用客户旅程地图设计未来状态的客户体验指标

在这个步骤中，企业需要确定新的客户体验测量指标组合，并明确如何收集所需的数据来计算这些指标，具体的工作包括以下内容。

（1）删除不相关和弱相关性指标

在为客户旅程地图绘制开展的研究中，企业会发现客户在旅程中最重要的目标和期望，这时需要马上删除与这些目标不一致的当前体验测量指标，因为这些指标测量的是对客户无关紧要的事情。同样，相应的感知指标、相关性很弱的交互指标也应该被删除，应停止花时间监测、分析和报告这些没有价值的指标。

（2）弥补那些存在差距的测量指标

接下来，企业需要有针对性地为没有进行跟踪或者没有得到很好跟踪的重要结果、感知和交互增加相应的测量指标。首先，应该针对核心业务和关键客户目标定义能有效监测绩效表现的结果指标；其次，为整个客户旅程中最重要的客户期望和最重要的关键时刻定义感知指标；最后，对于每个感知指标，需要挑选一个交互指标或多个交互指标的组合，测量在每一个步骤中会影响客户感知的事件。

（3）规划和制定数据采集方案

为了获得测量指标所需要的数据，可以在客户旅程地图上标识时间线，如图 10-2 所示，帮助确定何时对客户进行调查，以及何时收集其他形式的数据，例如事件数据和交易数据，至少需要在整个客户旅程结束后发送一份客户调查问卷收集测量所需的数据。但是，许多客户旅程非常长，以至于客户在旅程结束收到调查时，已经记不清楚在关键时刻所经历的事情。在这种情况下，企业需要采取其他形式的调查，在关键时刻出现后尽快测量客户的感知，在客户能够作出准确判断时获取数据。

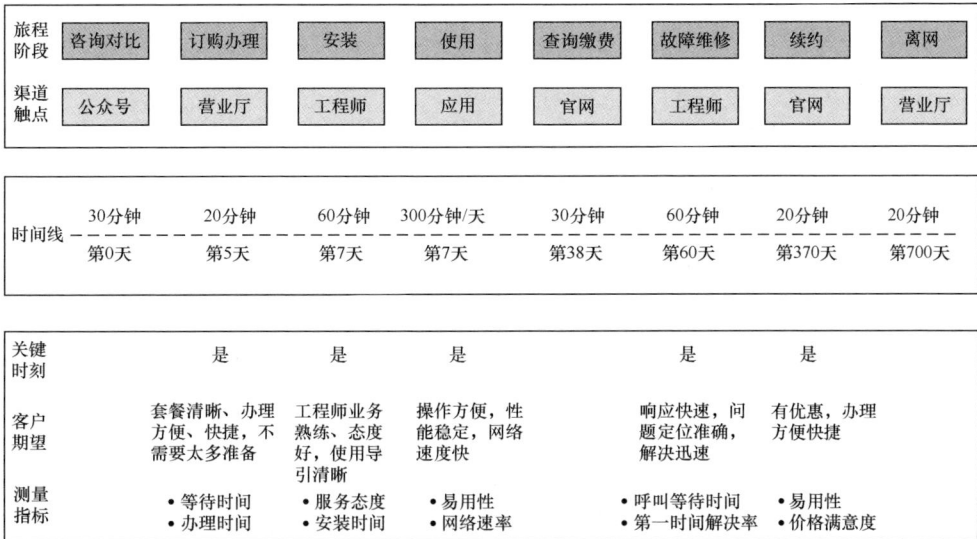

旅程 阶段	咨询对比	订购办理	安装	使用	查询缴费	故障维修	续约	离网
渠道 触点	公众号	营业厅	工程师	应用	官网	工程师	官网	营业厅

时间线	30分钟 第0天	20分钟 第5天	60分钟 第7天	300分钟/天 第7天	30分钟 第38天	60分钟 第60天	20分钟 第370天	20分钟 第700天

关键 时刻	是		是	是		是	是	
客户 期望	套餐清晰、办理 方便、快捷，不 需要太多准备		工程师业务 熟练、态度 好，使用导 引清晰	操作方便，性 能稳定，网络 速度快		响应快速，问 题定位准确， 解决迅速	有优惠，办理 方便快捷	
测量 指标	• 等待时间 • 办理时间		• 服务态度 • 安装时间	• 易用性 • 网络速率		• 呼叫等待时间 • 第一时间解决率	• 易用性 • 价格满意度	

图10-2　基于客户旅程地图定义客户体验测量指标（示例）

4. 在客户旅程地图的基础上更有效地分享体验指标

客户体验测量的成功要求每个人都必须了解客户体验的状态，以及体验在企业内部各个级别上的改善程度。要实现这一点，企业需要在客户旅程地图的基础上开展以下工作。

（1）结合生态系统和客户旅程地图明确每个指标的负责人

首先，企业需要明确客户旅程中每个阶段的体验由谁来负责交付，可以在已经绘制的客户旅程地图的基础上，绘制客户体验生态系统图（CX Ecosystem Map），并将其添加到客户旅程地图的下面。在绘制客户生态系统图时，企业需要与内部利益相关方合作，确定谁对哪一个具体的指标产生的影响最大，就由谁来负责这一指标。在某些情况下，可能出现生态系统中的外部合作伙伴也会影响客户体验指标的情况，这时企业需要找到从这些合作伙伴身上获益最大的内部利益相关者。

通过客户旅程地图上的仪表板将测量指标直接呈现在客户旅程地图上，可以让客户体验专业人员和利益相关者更直观地从客户角度理解旅程中每个触点的表现，以及每个触点的改变如何影响其他触点。图 10-3 是一个概要性的客户旅程地图，将每个阶段、场景和触点的指标进行了直观地呈现。如果需要，也可以进一步开发一个体验问题热点地图，可视化呈现对客户旅程中各触点客户体验产生负面影响最大的问题，标出哪些触点受到了主要的影响，以及受影响的下游触点有哪些。有些数字化工具可以将客户旅程地图数字化，为客户旅程中的关键客户体验测量指标提取数据，并进行可视化呈现，例如印达科技（Quadient）的 Inspire 等工具。

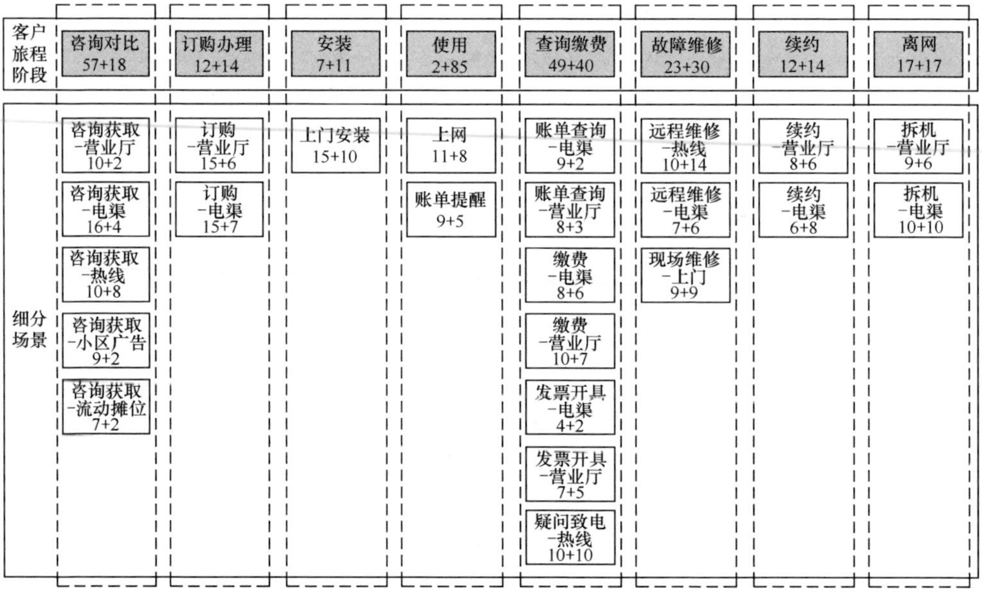

客户旅程阶段	咨询对比 57+18	订购办理 12+14	安装 7+11	使用 2+85	查询缴费 49+40	故障维修 23+30	续约 12+14	离网 17+17
细分场景	咨询获取-营业厅 10+2	订购-营业厅 15+6	上门安装 15+10	上网 11+8	账单查询-电渠 9+2	远程维修-热线 10+14	续约-营业厅 8+6	拆机-营业厅 9+6
	咨询获取-电渠 16+4	订购-电渠 15+7		账单提醒 9+5	账单查询-营业厅 8+3	远程维修-电渠 7+6	续约-电渠 6+8	拆机-电渠 10+10
	咨询获取-热线 10+8				缴费-电渠 8+6	现场维修-上门 9+9		
	咨询获取-小区广告 9+2				缴费-营业厅 10+7			
	咨询获取-流动摊位 7+2				发票开具-电渠 4+2			
					发票开具-营业厅 7+5			
					疑问致电-热线 10+10			

图10-3　基于客户旅程地图的体验测量指标体系（示例）

10.3　基于客户旅程的体验测量计划的建议

为了使客户体验测量指标与企业目标和客户的期望持续、系统性地保持一致，在构建基于客户旅程的体验测量体系时，有以下两个主要的建议。

1. 持续验证客户旅程、关键输入和指标

尽管使用客户旅程地图来定义客户体验测量指标是从一组经过大量改进的客户体验测量指标的基础上开始的，但是随着时间的推移，企业仍然需要定期测试是否测量了正确的指标。此外，企业还需要定期检查定义客户体验测量指标所使用的关键输入，如果这些输入发生了变化，则客户体验指标也需要更新。另外，企业还需要通过收集有关客户真正经历的步骤、顺序、使用过的触点，以及每一步所经历的时间和步骤间隔时间等相关数据来定期或不定期地验证客户旅程的有效性。

2. 将度量思维融入每一个客户旅程

在优化和重新设计客户旅程时，尽早规划和设计正确的客户体验指标，可以防止后期出现指标缺失，并为客户旅程的绩效表现设定可比较的基准。例如，快递公司 UPS 与客户体验咨询公司桑树咨询（Mulberry Consulting）合作，绘制了一张未来状态的客户旅程地图，用来展示在理想客户旅程的每个阶段中客户和企业的活动，并将客户旅程地图与业务流程和触点图关联起来，标识出客户旅程的每个步骤中 UPS 每个部门的行动和职责。这些地图还详细列出了每个触点的必要信息，如客户的目标、UPS 内部相对应的所有者，以及用来管理该触点的指标。

第 11 章

客户旅程应用：

基于客户旅程的大规模转型

本章概要

　　本章首先阐述企业为什么要基于客户旅程开展大规模转型，以及大规模客户旅程转型能给企业带来的好处，重点分析大规模客户旅程转型的关键要素。然后以劳埃德银行为例，详细介绍基于客户旅程实施转型的工作内容、措施及最终的效果。

11.1　为什么大规模客户旅程转型很重要

在数字化时代，企业要获得持续增长需要不断重新定义所提供的客户体验，并灵活调整以适应不断变化的客户需求。尽管大多数企业都知道客户体验的重要性，但在已经很长的变革计划清单中添加一个新的事项并不是解决问题的最佳方法，零散的、孤立的改进措施并不能获得明显的改善。为了实现以客户为中心的转型，企业应该围绕客户旅程重新组织和开展变革措施，这是一种满足每个不同客户场景化需求的端到端方法。目前，一些领先的企业已经开始使用以客户旅程为主导的转型模式，其不仅实现了客户体验的提升，而且实现了企业数字化转型的目标。这种基于大规模客户旅程转型的方法，借鉴了以人为本的设计思维、敏捷的工作方式，以及最新的数字化能力，同时结合了变革管理的最佳实践。

大规模的客户旅程转型将重置企业开发、交付、优化产品和服务的方式——通过围绕客户旅程来组织和推进所有与客户相关的变革计划，从而有效地转变其总体的运营模式，不用另外再去运作众多跨业务和职能部门的所谓的协同计划，而是围绕一组组端到端的客户目标重新组织这些变革计划。在这种模式下，企业里的每一个人——不仅仅是产品、营销、服务团队，还有后台开发、IT 团队——都在同一个组织架构里，按照同一个视角进行运作，可以避免因组织孤岛而产生的各种冲突和不平衡，并可以制定更好、风险更低的解决方案。这种新的工作方式鼓励更快地决策和更高的员工敬业度，这两者都会给企业带来长期的收益。

如果实施得当，大规模客户旅程转型可以帮助企业优化在数字化领域的投资，尤其是减少重复的或者不必要的投资。因此，大规模的客户旅程转型不仅能提供最佳的客户体验，还能提供企业持续改进的内在动力。通过这种转型将变革转变成一种企业内生能力，使其成为企业以客户为中心的运营模式中不可或缺的一部分。这种能力可以产生持续的、巨大的影响力，特别是对于大企业而言，如果实施得当，这种转型可以实现"大象跳舞"的效果。

11.2　大规模实施客户旅程转型的关键要素

总体来看，成功的大规模客户旅程转型涉及 4 个关键要素：定义转型、设计旅程、赋能与支持，以及实施与治理，如图 11-1 所示。

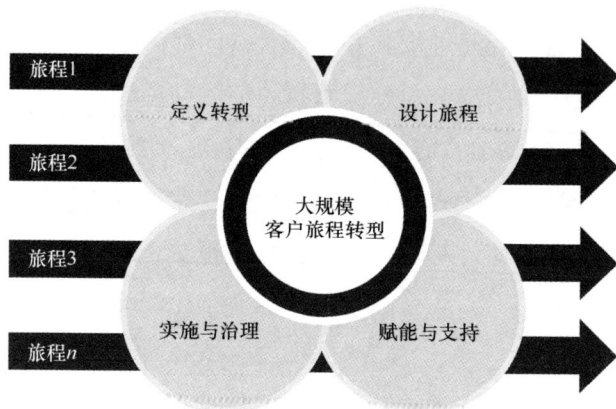

图11-1　大规模客户旅程转型的关键要素

1.　定义转型

为了定义转型，企业的领导层必须全面考虑以客户为中心的运营模式对企业在组织架构、人力资源、技术、流程、资源分配上的要求，以及会带来的影响。

（1）从客户的**角度构思旅程**

要真正了解如何最好地为客户服务，企业必须将注意力进行根本性的转变，真正从客户的角度看待和思考问题。客户并不关心企业内部的组织方式，他们认为自己应该与公司内部的复杂性隔离开来，希望自己无论选择通过哪些渠道与企业进行交互，他们的需求都可以被满足。

从客户的角度来看，企业的大部分活动看起来就像一组组小的端到端的旅程，而不是无数个内部孤立的业务流程，完整的客户体验就是由这些一个个小的客户旅程有机组成的集合。因此，与其根据离散的操作步骤（如银行的贷款申请、资质评估、发放贷款等）设计房屋抵押贷款，还不如将其视为一个客户旅程——即"帮助客户买房"。

每一个客户旅程都包含一组子旅程，这些子旅程又包含许多其他流程。例如，解决客户报障的旅程可能包括帮助客户进行信息查询、处理客户不认可的订单，以及帮助客户关闭子账号等多个子旅程，每个子旅程都涉及一系列客户不可见的内部业务流程集。可以首先实现部分旅程的内外部转型，建立体系化的方法和能力，再扩展到更多的客户旅程，如此螺旋递进地实现大规模的客户旅程转型。

（2）考虑所有必要的职能和运营

许多企业都错误地认为，简单地改善某一个具体触点的交互就可以创建和优化一个客户旅程。实际上，引入一个移动应用程序、美化一下网站或简化一下销售渠道，并不一定能更快或更轻松地获得更好的客户体验。在正常情况下，任何客户旅程都必须连接和协调许多活动。例如，当一个银行客户在网上点击"申请抵押贷款"时，这个单一的客户操作应该启动一系列内部相互关联的活动，引导客户无缝地完成从开始申请到收到资金的所有步骤。因此，企业对其内部流程、政策和计划所做的大部分选择都可能是整个规模化客户旅程计划的组成部分。

（3）将客户旅程视为一项综合性计划

由于大规模客户旅程转型是一项长期计划，因此启动一项大规模客户旅程转型计划需要企业高层的决心、耐心和深思熟虑。首先，企业需要制定一份相关旅程的清单，评估每个旅程的商业价值，并将预期结果与企业的整体战略和目标关联起来，这些旅程将成为客户旅程相关团队开展工作的基础，而且这份客户旅程清单需要进行动态的排序和调整。其次，企业应根据这种新的组织结构重新调整现有团队和计划，并补充因采用这种方法而产生的资源或技能欠缺。最后，企业还应任命高潜力人才作为客户旅程的领导者，让他们对整体旅程转型的结果负责。

为了支持客户旅程转型，企业的领导者必须领导建立相关的一系列赋能体系——包括激励计划、绩效管理体系、团队成员的职业发展、工具和平台，以及组织汇报结构，并对企业的高级管理者进行新思维和新工作方式的培训，为团队协同工作提供新的合适的工作空间。如果涉及的客户旅程较多，企业可以建立一个客户旅程交付中心作为客户旅程转型计划的核心赋能机构，这种交付中心将处理财务管理、价值跟踪和关键资源配置等事项，以及管理合作伙伴关系，并与企业的其他部门（如采购、财务和人力资源）进行协调，同时还负责创建和维护客户旅程的方法和标准。

2. 设计客户旅程

由于缺乏数据、工具等各种资源支持，或者仅仅由于时间紧迫，很多企业通常主要基于直觉或粗略的依据向客户提供他们认为客户想要的东西，但最后的结果往往是他们猜错了，设计符合客户需求的旅程需要广泛、持续的研究和创新。

（1）使用以人为本的设计来深入了解客户

以人为本的设计方法将客户的需求放在首位，设计、开发与客户产生共鸣的产品和服务，并加强他们与企业的互动。这种设计方法需要开展民族志研究、深入访谈和定量研究等多种客户研究，还需要了解各种类型的客户，包括他们的特征、态度、动机、行为和未满足的需求。由于客户的需求和偏好在不断变化，因此研究不是一劳永逸的一次性工作，需要持续性进行。

（2）使用零基设计来重新构想旅程

为了有效地重新构想客户旅程，不能受限于企业现有的能力、系统、组织结构或资源。重新构想客户旅程的最佳方法是通过零基设计的方法：从头开始，从客户的视角开发真正满足客户需求的创新解决方案，设计面向未来状态的客户旅程。例如，如果目标是设计一种新的银行服务方式，公司可能需要问的第一个问题是："如果一家数字原生企业要创办一家银行，他们会如何完成这项任务？"

与基于当前流程进行改进的业务流程再造计划不同，零基客户旅程设计寻求的是全新的解决方案，这可能意味着要尽量消除当前流程。当然，这种全新的创新方法会面临更大的风险，以及更多的成本投入，在采用时要全面考虑必要性和可行性。

（3）面向未来的设计

转变客户旅程涉及采用最先进的数字技术和工具，如机器人、人工智能、自动化和机器学习。这些数字技术和工具可以简化甚至取代现有流程，例如，自动填写应用程序、实时拼写错误检查或预测最优的报价等。通过将这些数字技术和工具整合应用到客户旅程中，而不是单独地在某一个触点上采用它们，可以获得更好的投资回报。

3. 赋能与支持

大规模重新设计和交付客户旅程，需要更加分布式的决策和更快的行动，进一步需要创新团队的设置方法、工作模式，以及新型人才和技能的正确组合。

（1）营造价值导向的数据驱动文化

在开展大规模的客户旅程转型时，必须基于数据对这些客户旅程重塑的效果进行监测和分析，并及时作出反应和调整。建立一个能跟踪进度并实施治理的闭环体系，对大规模客户旅程转型至关重要，尤其是在客户旅程之间存在着许多相互依赖的情况下，这种基于客户旅程的监测和测量是非常必要的。诸如使用跟踪财务、运营和客户指标的平衡计分卡等工具，都是非常适合持续跟踪客户旅程绩效的手段。

（2）培养客户旅程人才和技能

理想情况下，每个客户旅程团队需要由各种复合型人才组成，具备各种专业技能，包括用户研究、用户体验设计、客户运营、营销/销售、客户服务，以及数据科学等领域的技能。同时，客户旅程团队成员还应该具备冒险、创新、高度同理心的特质。

通常情况下，企业并不一定需要招聘新人来开展客户旅程的规模化转型，因为客户旅程相关的知识和技能都属于比较新的领域，所以并没有太多的成熟型人才可供选择。许多率先尝试这种方法的企业都成功地利用了现有资源或在职员工，通过开展初始客户旅程转型计划，培养了一批经验丰富的从业者，然后让他们继续领导和支持其他客户旅程计划，不断进行复制和拓展，这也是敏捷方法在人才培养中的实际应用。

（3）构建可持续的支持模式

规模化的客户旅程转型可以客户为中心对各种转型计划进行汇聚与整合，有效减少企业变革计划的数量，还可以避免每隔几个月就要启动（或终止）用于各种变革计划的预算和资源。由于大规模的客户旅程转型是作为持续的计划发挥作用的，因此需要能覆盖较长时间段的预算保障，以确保团队能够实现预期的结果。然而，与传统项目不同的是，客户旅程转型计划并不是在预算周期开始时就进行盲目投入，而是根据透明化的持续测量，基于绩效表现持续调整预算和投入。就如同为客户旅程转型建立了一个足够大的预算池，但是具体的投入会进行灵活的预算调整。

总之，企业只有在围绕客户旅程调动整个组织时，才能实现客户旅程转型的最广泛、最深入的好处。随着时间的推移，越来越多的客户旅程出现并扩大规模，企业的变革计划最终会围绕客户旅程进行组织和运作。围绕客户旅程进行组织重构是一项变革性的措施，不能离散或孤立地构建客户旅程，需要重新配置组织架构及其员工的工作方式，并跟踪效果且不断地进行迭代。

4. 实施与治理

基于客户旅程的大规模转型是一种高度可变和敏捷的工作，意味着企业必须调整其治理流程、激励体系和预算模式，以便更好地融合柔性和刚性。

（1）成立专门的跨职能客户旅程团队

每个客户旅程都需要整个企业中各种不同岗位和专业的人通力合作，因此，客户旅程团队应该由来自每个相关业务和职能领域的成员组成，一个跨职能的客户旅程团队可能需要汇集设计师、研究人员、开发人员、业务经理、技术专家、数据专家和其他人员。来自企业各个领域的代表需要确保相关技能随时可用，所有利益相关者都能及时了解项目进展和存在的问题，并且可以协同工作，快速解决客户旅程中的体验问题。法律、人力资源和财务等职能部门人员，也应该从一开始就参与进来并为客户旅程的设计作出贡献。

随着工作的不断开展，企业内部不同部门之间的孤岛逐步消失。虽然团队的每个成员仍然保留着他们在职能领域的隶属关系，但实际的工作方式已经从基于职能的组织架构转向客户旅程。随着以客户旅程为主线的工作越来越多、越来越顺畅，客户旅程团队成为各个成员的大本营，大家会更多地出现在旅程团队内而不是职能部门。基于职能的部门仍然是一种横向的组织结构，但主要侧重于培养技能和维护标准。

（2）授权团队并匹配相应激励措施

高效的客户旅程团队在很大程度上是自我驱动的，企业的领导者设定高层次目标，由团队围绕这些总体目标做出日常设计和实施决策。领导层的高度授权可以激发客户旅程团队的积极性，领导者只需负责制定 KPI 以及做出高层次的决策。

由于旅程团队的性质与传统的职能式团队截然不同，因此以往的绩效评估方式基本失效。每个团队成员的 KPI 都应通过客户旅程记分卡来反映，以确保每个人的工作目标和激励措施能与客户旅程转型的结果保持一致。每个客户旅程团队都需要有一个负责人，其负责管控目标，并在重要决策上与客户旅程的利益相关者进行沟通协调。

（3）向敏捷工作模式转型

敏捷工作模式虽然发端于开发领域，但现在已经深刻影响着各个行业和各个专业领域，敏捷的核心原则是快速行动胜过深思熟虑，与客户一起协作，从大处着眼，小处着手，快速成长。这些原则可以说是为创建客户旅程量身定制的，它的一些关键特征非常契合客户旅程团队的工作模式——由小型、自我指导、多学科团队组成的工作单元不断地进行迭代式工作。

以敏捷方式工作和思考要求企业的文化和价值观要发生根本性的转变，客户旅程团队需要制订技术改变最少、小规模、简单可行的工作计划，这些计划可以在较短的时间内产生可见的结果。企业的领导者应该鼓励快速失败的思维，这样团队就可以减少因计划失败而造成的损失，并可以快速地转向下一个有潜力的想法。

11.3　劳埃德银行的客户旅程转型案例

劳埃德银行是英国的传统四大银行之一，有 300 多年的历史，服务的客户超过 3000 万人，员工超过 7 万人，是一家大型综合性银行金融机构。自 2011 年开始，劳埃德银行就启动了数字化转型战略，到 2014 年基本完成了第一阶段的数字化转型。针对这一阶段发现的问题，劳埃德银行启动了基于客户旅程的进一步数字化转型。

1. 问题分析：劳埃德银行的数字化转型还不够深入

自 2011 年开始，劳埃德银行一直在通过提升其数字化客户体验来实现客户规模的增长，降低成本，提升客户忠诚度。尽管取得一些早期的成绩，但劳埃德银行总结这一阶段的数字化转型和客户体验仍然存在以下问题。

（1）太聚焦于数字化渠道而不是客户需求

劳埃德银行 9 年前重建了其在线零售银行平台，截至 2014 年年初，劳埃德银行集团拥有 1050 万个活跃的网上银行客户和 520 万个手机银行用户。但集团的数字负责人却感到很沮丧，因为自己所能做的事情仍然非常有限。用劳埃德银行数字与转型首席信息官乔恩·韦伯斯特（Jon Webster）的话来说："我们仍然在解决传统的在线问题，而不是聚焦于跨越触点、政策和流程的客户体验。我们需要停止局限于对数字化渠道的思考，而是从整体上解决客户的问题。"

（2）由于组织架构的不匹配导致客户旅程转型走样

从更广泛的视角来看（包括企业文化、组织结构、流程、监管等），企业为了提供全面、出色的客户体验，仍然面临很多挑战。各种项目都是按照渠道类型（数字、实体或者电话）和职能领域（反欺诈、客户服务、销售）来组织和排优先级的。劳埃德银行数字化和端到端转型总监扎卡·米兰（Zaka Milan）认为："以客户为中心不能仅仅是一句响亮的宣传口号，我们要在如何组织开展我们的工作上体现出来。"根据他的说法，劳埃德银行需要在"我们需要做什么、如何做、企业文化，以及我们组织管理项目的方式"上进行变革。

（3）不能快速地向客户提交成果

劳埃德银行要花 12 ～ 18 个月，才能将一个初始的概念转化成一个实际的产品和服务。他们迫切地需要重新思考整个运营模式，思考如何才能更快地跨越技术和业务团队，创造价值。Zaka Milan 认为，劳埃德银行需要跨越传统业务和 IT 边界，建立统一的设计团队、开发团队、测试团队和部署团队，必须按照交付最小可行性产品（MVP）的方式更快地向客户提交成果。

2. 转型愿景：聚焦以客户旅程为中心的视角

2014 年，劳埃德银行首席执行官宣布了一项为期 3 年的数字业务转型计划，预算为 5.02 亿英镑，聚焦于"创造最佳的客户体验，让体验变得更简便和高效，并实现可持续增长"。这一战略是劳埃德银行整体转型计划第一阶段的延续，计划的第一阶段已于 2011 年至 2014 年实施完成，其重点是改善数字化的客户体验。相比第一阶段的数字化体验提升，第二个阶段的转型更加深入，而不仅仅是关于渠道的变革。最关键的是，它明确了实现以客户为中心的企业需要去做哪些事情，即整个银行该如何设计和实施变革。由于其转型性质，该项目由来自业务和技术管理部门的高管领导，并得到外部合作伙伴麦肯锡公司（Mckinsey）和阳狮睿域营销（SapientRazorfish）的支持，劳埃德银行对这次转型的愿景包括以下方面。

（1）通过客户旅程实现转型

为了在数字化转型中应用客户视角，劳埃德银行与麦肯锡一起合作首先挑选了 10 个客户旅程进行优化。为了挑选出这 10 个优先的客户旅程，该公司对 30 个客户旅程进行了甄别，评估每个客户旅程的成本、对客户的重要性，以及相比竞争对手的优势，筛选缩小列表。也部分考虑了像抵押贷款这样的客户旅程，在这些客户旅程中，快速周转和对体验的控制对客户来说非常重要。最后的名单包括了高层级的客户旅程，例如，雇主如何管理公司养老金和员工福利，也包含了像在营业网点开户这样的微观客户旅程。根据这个有明确排序的列表，劳埃德银行从两个有限的客户旅程开始了试点：商业账户开户和抵押贷款。基于这两个客户旅程的试点，劳埃德逐步将实践经验和方法扩展到各个业务单元的各个客户旅程，进行规模化的转型，如图 11-2 所示。

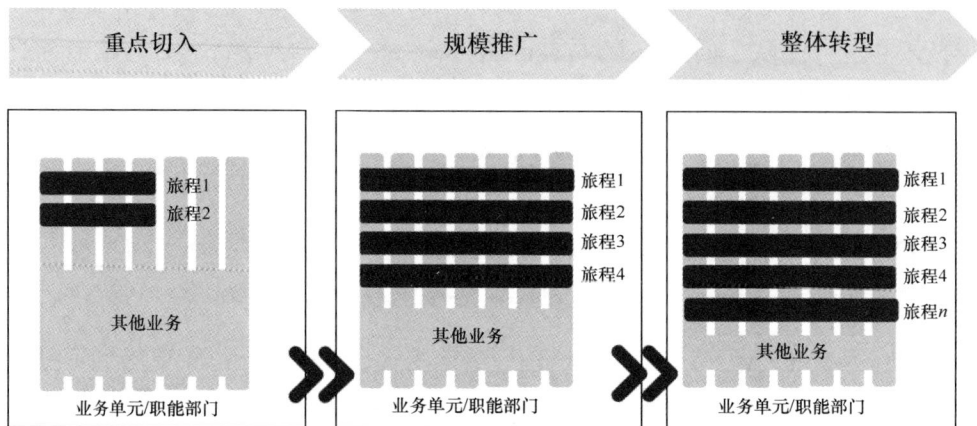

图11-2　劳埃德银行分阶段的客户旅程转型

（2）建立新的运营模式以实现高质量的客户价值

为了在当下及未来实现高质量的客户价值，劳埃德银行认为需要改变其运作方式。2015 年，劳埃德银行聘请了转型合作伙伴麦肯锡和麒灵广告（SapientNitro），利用新的技术、新的设计和交付流程，重构了数字化方案的开发体系。麦肯锡设计了一种新的运营模式和组织结构，帮助劳埃德银行快速适应和应对未来客户的需求。这种新的工作方式的指导原则包括：自主性、利用专门预算聚焦解决客户问题的跨职能团队、对捕捉客户价值和商业价值有意义的关键绩效指标。

（3）实现银行储蓄总额和业务收入的增长

劳埃德银行给这个改造项目分配的总预算为 5.02 亿英镑，每个客户旅程都有自己的预算。预算还可用于开发共享组件（如沙盒）或共享设计。劳埃德银行预计这一转型将在未来 3 年内带来总计 5 亿英镑的储蓄和收入增长，具体包括：

- 减少处理时间，增加自助服务以及第一时间完成任务，从而降低成本；
- 由于转化率提高、忠诚度提高，以及释放员工附加值活动能力带来收入增长。

3. 执行要点：劳埃德银行改变了其交付变革的方式

对新的客户体验愿景和数字化能力的双重关注，要求劳埃德银行集团采用一种全新的方法进行工作，这对文化、组织、技术和测量指标都会产生影响，在实现这种转型时，需要转变企业的关注点。

（1）从范围到质量

设计和交付团队不是先确定每个数字产品所有的需求和范围，而是关注软件的质量，将用户对可用性或功能的反馈应用到软件开发和交付中。客户反馈闭环和行为驱动的开发模式——自动化端到端测试、报告和部署，确保所有更新都经过了完整的测试。

（2）从时间到生产力

有固定期限的大型项目很容易带来一种确定性的错觉，从而导致目标和进度的偏离。劳埃德银行结合微服务和私有云环境，通过实施松耦合的架构与集团后台支撑系统集成，为其软件开发和交付加速，让数字部门可以快速地实现客户体验的调整。

（3）从成本到价值

持续的迭代和软件交付需要一种不同的方式来考虑预算，因为项目从来没有"完成"过。为了改变原来的思维方式，劳埃德银行采用了连续测量法，每周对客户旅程改进是否带来了认可的客户价值进行评估。企业内基于风险投资公司的投资评估模型建立的资金资助框架也反映了这一点，产品负责人（同时也是客户旅程所有者）需要根据每月的情况来为他们的客户旅程申请资金。

在这 3 个关注点转移的牵引下，劳埃德银行通过具体转型措施的执行与落地，实现了在文化、组织、技术 3 个方面的转型。

（1）文化——培育以客户为中心和数字转型的文化

为了建立一种利用数字技术系统地为客户提供价值的文化，劳埃德银行集团采取了以下措施。

① 拥抱设计思维

劳埃德银行集团采用了一种新的、遵循设计思维方法的四阶段设计和交付流程。第一阶段是"理解"，运用客户研究和类似"同理心地图"等工具，从客户的角度重新构建问题。第二阶段是"孵化"，它从各个行业汲取灵感产生设计创意，并为实现目标客户体验水平和业务价值建模。第三阶段是"构建"，通过构建、试点，在不同的工作流中迭代。一旦新服务规模化，第四阶段"优化"就可以将重点放在测量和优化上。

② 强调速度而不是完美

阳狮睿域营销（SapientRazorfish）的体验战略和数字化转型副总裁 Matt Hopgood，负责整个转型过程中的服务设计。根据他的说法，最大的思维变革之一就是拥抱"永久测试版"。例如，设计师的目标不是创造完美的设计，而是将合适的设计呈现给用户。设计冲刺阶段中每天的敏捷会议以及最小可行产品（MVP）方法，帮助团队在只要有足够的客户价值时就发布服务。

③ 专注于端到端服务设计

解决客户痛点或向客户提供新的价值通常需要改变底层产品、流程和技术。例如，过去为新用户在分行开户需要花费 45 分钟，而在线开户仅需要 4 分钟，这是因为当面交易的风险较大。劳埃德银行为分行员工推出了一款 iPad 应用程序，便于新用户开户，但将分行账户开户时间缩短至 30 分钟以内的关键在于，产品披露和风险政策的改变，以及员工展示信息的方式的改变，如使用信息图表。

④ 倡导内外部的转型

为了让该项目具有可见性和权威性，劳埃德银行首席执行官亲自启动了这一转型，数字部门在一个专门的公共网站和博客上展示其进度。数字部门的不同团队也负责企业内部的培训和宣传。数字化客户体验和服务设计团队共同协作，给其他团队培训设计思维、客户旅程地图、人物角色以及创建合适的客户体验测量框架。

⑤ 构建创新生态系统

在数字部门里有一个 50 人规模的创新实验室团队，他们的任务是引入内部和外部的创新资源。一个名为"数字化伙伴关系"（Digital Partnerships）的小组与内部同事一起合作开展客户旅程转型、数据分析、数字化服务、防欺诈和安全工作，同时也与外部的合作伙伴（如亚马逊、谷歌），为劳埃德银行集团探索潜在的新兴技术。创新团队还通过开展"数字咖啡"（Digital Espresso）和"数字马爹利"（Digital Martini）等活动，创造更加宽松的氛围，促进内部不同团队之间的合作。

（2）组织——提升速度与响应

为了克服内部孤岛，更快地响应客户不断变化的需求，劳埃德银行像初创企业一样进行了组织调整。

① 跨职能的客户旅程实验室

为了更有效地开展跨职能的合作，劳埃德银行建立了客户旅程实验室。这些联合团队除了在业务和 IT 部门之间进行协同，还对客户旅程负完全责任，由来自集团各个领域的人员组成。每个客户旅程实验室都由一位完全授权的产品负责人领导，对客户旅程的最终收益负责，他和负责设计和交付的团队一起工作。在 2016 年年中，这个项目成员人数达到峰值，共有多达 600 名同事在 6 个实验室工作。团队的成员组成根据每个产品和服务的需求而变化，但都包括设计和交付部门的人员。使用敏捷开发和交付方法，让这两个部门的人员紧密合作，将长篇叙事分解为一个个用户故事，然后设计、验证、测试和优化数字资产。

② 清晰的问责和奖励机制

劳埃德银行数字事业部门负责转型战略和实施，由 Zaka Mian 领导的数字部门自 2013 年成立以来一直直接向 CEO 汇报，整个转型一直得到了高管的支持。每个客户旅程都有一个业务发起者，例如，企业养老金旅程的发起者是养老金业务的主管。发起者要对他们旅程的成功负责——通过具体的客户价值指标来衡量，并通过一部分奖金来反映这一点。

③ 快速决策设计的治理结构

劳埃德银行建立新的治理结构用来监督整体的转型，审查每一个客户旅程，并在不同的客户旅程间进行协调，包括审查管理层委员会、转型委员会、客户旅程指导小组和调整整个计划的方向和资金，为每一个客户旅程审批预算，并解决任何运营中碰到的问题。客户旅程发起者工作小组和客户旅程交付委员会审查客户旅程状况并调整路线图。核心设计管理团队负责解决任何与客户体验、技术架构和方法相关的跨旅程问题。

（3）技术——构建灵活性和敏捷性

与任何通过收购实现增长的大型金融服务集团一样，劳埃德银行也面临着如此复杂的技术环境。每一段客户旅程的任何新的数字资产都需要集成40～50个接口和20个不同的系统。为提高软件开发与交付的质量和速度，劳埃德银行实施了以下措施。

① 基于云端的开发和测试

为了让软件从沙盒走向真实生产环境，劳埃德银行之前一直在与不稳定的环境和受限的路径作斗争。拥抱云端架构并切断应用程序和基础设施之间的硬链接，能够带来速度和灵活性。开发人员现在可以在几分钟内（而不是几周内）创建新的开发环境，并且只需单击一下就可以部署软件。

② 具有 DevOps 能力的现代化工具链

劳埃德银行部署了一个驻留在 IBM BlueMix（IBM 的一个云计算平台）中的现代工具链。开发人员现在对软件开发和交付有了更大的灵活性和控制能力，而不必依赖远端的基础设施团队。得益于跨系统的自动化端到端测试，以及自动化的报告和部署，劳埃德银行能够将测试周期从 90 天减少到几分钟。

③ 微服务体系架构

在转型之初，劳埃德银行面临着 200 多个紧密耦合的数字系统和后端系统。这限制了研发的敏捷性，任何变更都面临很大的风险和高成本。这些系统正在逐步解耦，目的是实现数字系统和后端系统的完全分离。整个体系架构现在是围绕微服务构建的，其中的每个服务对应一个小型业务功能。

4. 转型成效：转型带来成果与效益

通过基于客户旅程的转型，并将这种方式推广到更大规模的客户旅程，劳埃德银行第二阶段的数字化转型取得了显著的成果。

（1）更新、更好的数字化服务

作为转型的一部分，劳埃德银行重新设计了很多网站和应用程序，提升了功能和可用性，还开发了一些新的数字资产，包括劳埃德银行产品选择工具和一键贷款适配工具。第三方客户体验研究机构 Forrester 评估认为，该银行在英国的零售手机银行服务中首屈一指，很好地平衡了基础功能和先进的特色功能，如能让客户用手机银行 App 预约银行网点服务。

（2）更开心、更满意的客户

新的服务正在为客户创造简单和方便的服务。例如，作为企业养老金旅程的一部分，劳埃德银行集团将企业客户更新员工档案的时间从 21 天缩短到了 24 小时，使得客户的正面反馈增加了 78%。

（3）效率更高的员工

通过将流程和应用程序进行简化和数字化，员工能更方便地工作，减少了学习和出错的时间，可以有更多的时间花在帮助客户上。通过这种数字化转型，劳埃德银行将员工从事更多增值活动的能力提高了 40%。

（4）业务收入与客户价值提升

体验更好的产品、更方便的服务让企业的客户转化率和销售收入都得到了提升。例如，更好的在线个人贷款申请工具和流程使得这项业务的转化率提高了 40%，个人的平均贷款金额增加了 700 英镑。

（5）更快的上市和交付速度

劳埃德银行通过更快地提供新服务和数字资产来节省资金。现在，只需要 4 ～ 5 个月的时间就可以将一个想法转化为实际的产品或服务，而过去这一过程需要 12 ～ 18 个月。更快的软件开发和交付周期意味着一个想法可以在 5 天内成为原型，而不是之前的 90 天。

鉴于客户旅程转型取得的成效，劳埃德银行后来成立了专门的数字化客户体验团队。虽然团队位于数字部门，但它关注的是跨触点的客户生命周期和生态系统。通过拉通研究、用户体验设计、客户体验战略和分析的能力，团队确保新的解决方案能够反映客户的实际情况，而不是公司本身的流程或产品。这个团队正在帮助企业将项目转变为常态业务，寻找新的改进机会。这种专注于解决客户痛点和改善客户体验生态系统的新方法，可以帮助企业找到需要解决的下一个客户旅程。这种方式正在扩展到那些数字化转型尚未涉足的业务领域。同时，劳埃德银行正计划开发自己的新工具和流程，支持和赋能敏捷团队，进一步提升软件开发和交付的速度，例如，从每月进行软件发布提升到每天进行软件发布。

5. 劳埃德数字化体验转型案例的启示

对于很多企业来说，因为所处的市场环境、业务特点各不相同，所以不能直接复制劳埃德的做法。然而，他们的转型经验说明，在大型和复杂的组织里，通过紧抓客户旅程这条主线，从局部入手再敏捷扩展到更大的范围，可以实现持续的客户体验转型。在这个过程中，需要重点注意以下几点。

（1）确定恰当的转型范围，将转型分解为可管理的模块。在风险和回报之间找到平衡至关重要，项目规模做得太小，没人感兴趣，项目规模做得太大，风险就太大。劳埃德从两个客户旅程开始做试点，再逐步扩展到其他十个更大的客户旅程。企业可以选择一个关键的客户旅程作为开始，为它开发新的业务，并在整个过程中测试新的工作方式。工作应尽可能重点聚焦在组织和技术上所需要的改变，并帮助完善数字设计、开发和交付流程。

（2）根据需要调整组织结构，建立清晰的数字领导架构。数字化时代，并不存在一个一成不变的组织蓝图。相反，需要经常调整组织设计，以适应不断变化的环境。有时，转型需要更多地关注业务方面；其他时候，可能需要更多地关注软件工程能力，在为转型进行组织架构调整和决策时必须考虑这一点。劳埃德的客户旅程转型就得益于数字部门强大的数字化领导层，通过对业务、客户和技术的综合理解，数字化转型战略的管理团队能够很好地与关键同事、重要的管理层支持者建立联系，引领和推动这场长期的变革。

（3）建立多角色的敏捷团队，消除业务与技术鸿沟。联系或协调不同领域的业务和技术人员是非常必要的，但还不够。像"IT"这样的标签模糊了成功设计和交付新数字产品和服务所需角色的复杂性。可以像劳埃德一样，将业务、设计和交付更紧密、持续地联系起来。需要有一个对损益承担责任的、经过授权的产品负责人，与设计和交付负责人合作，构建引擎并持续推进数字创新。

第四部分

客户旅程管理
工具和平台

本部分主要介绍客户旅程管理相关的工具和平台，包括客户旅程管理工具和平台的分类和定义，目前各类主流的工具和平台介绍，以及如何进行选择和应用。

第 12 章

客户旅程管理工具与平台：

最酷的数字化体验工具

本章概要

　　对日益复杂的客户旅程进行有效的管理，非常依赖于数字化平台和工具的支持。本章首先介绍数字化客户旅程工具和平台在客户旅程管理中的主要作用，总体介绍客户旅程管理平台的类型，并重点对客户旅程地图绘制、客户旅程分析、客户旅程编排 3 类客户旅程平台进行详细分析，包括每类的定义、成熟度、商业价值、使用成本，以及目前市面上典型的工具和平台。

12.1 利用工具实现高效的客户旅程管理

触点和品牌的爆发式增长，使从单一触点的用户体验走向多触点的客户体验成为必然，客户体验的核心基础就是客户旅程。所以，客户旅程地图的绘制是企业开展所有体验相关工作的第一步，包括达成目标客户共识、客户体验度量、客户体验设计、体验创新等。

客户旅程地图的概念虽然很简单——一张展示客户与企业在各阶段触点进行交互的地图，但是要绘制出一张完整的客户旅程地图，需要完成两方面的工作：一是收集内外部的各项数据，包括客户数据和企业内部运营数据；二是基于对内外部数据的分析，进行客户旅程地图的绘制和可视化。需要强调的是，客户旅程地图并不是绘制一张、绘制一次就可以一劳永逸，而是要针对不同的应用场景，绘制不同维度、不同完整程度的客户旅程地图。而且，由于客户在不停地变化，这些客户旅程地图还得根据需要不断进行刷新，因此，当真正应用客户旅程地图时，客户旅程地图的绘制会是一项非常重要而艰巨的工作。这个时候非常需要借助数字化工具，来提高客户旅程地图绘制的质量和效率。

客户旅程地图绘制只是第一步，要在此基础上进一步洞察、分析跨触点的客户交互如何相互关联、重叠和相互影响，甚至是进行编排，以实现个性化、一致的、实时的客户体验，需要更加系统化的客户旅程管理，这些工作都需要数字化客户旅程管理工具和平台的支持。

1. 将客户旅程地图和绘制工作数字化

客户旅程地图越来越受欢迎，但是许多客户体验专业人员从他们创建的客户旅程地图中获取的价值还远远不够。客户旅程地图工具使团队和企业能够实现客户旅程地图绘制工作的协作，让客户旅程地图的绘制工作更加容易、快速，而且可以让更多的相关方都加入进来，一起更高效地绘制更多的客户旅程地图。借助数字化工具，还可以让客户旅程地图的分享和传播更加方便，这有助于建设以客户为中心的企业文化，并推动基于客户旅程的体验优化和跨部门合作，如图 12-1 所示。

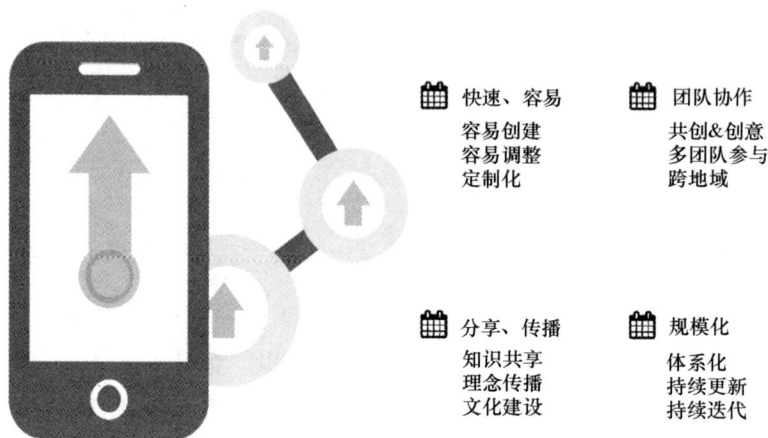

图12-1　工具和平台在客户旅程管理中的作用

2. 利用数字化平台让客户旅程地图走向真实

客户旅程地图只是一张静态的、抽象的地图，它并不能告诉我们此时此刻客户旅程的每一个触点到底在发生什么，处在一种什么样的状态。要想更真实、更具体、更生动地准确描述客户旅程，需要将跨渠道、跨触点的数据合并在一起，并映射到客户旅程地图上，从而分析和评估当前状态的旅程，并测试和监视基于旅程的改进对未来旅程和 KPI 的影响，这都需要数字化平台的支持，如图 12-2 所示。

图12-2　数字化客户旅程平台的价值

3. 使用数字化平台实时编排客户旅程来实现自动化和扩展

分析的目的最终要落实到行动和优化。所以，先进的企业会寻求利用一对一级别的实时数据，来预测客户未来的行为和动线，并立即触发、调整客户旅程中相应的触点和交互，以提高客户生命周期价值、运营效率和商业价值，这就是客户旅程平台的终极目的，如图 12-3 所示。

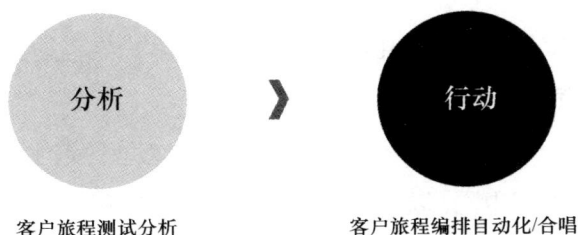

客户旅程测试分析　　　　　　客户旅程编排自动化/合唱

图12-3　数字化客户旅程平台的价值

12.2　客户旅程工具与平台总览

1. 客户旅程工具与平台的类别

根据具备的主要功能，可以将客户旅程工具和平台分为以下 3 种类型，如图 12-4 所示。

图12-4　客户旅程工具与平台的类型

（1）客户旅程地图绘制工具

这类工具可以绘制和可视化客户旅程，但缺乏数据集成。这类工具有助于：

- 创建、可视化和共享客户旅程地图；
- 共同创建和构思以推动跨职能部门的一致体验；
- 确定客户旅程和项目的优先级并进行建模。

（2）客户旅程分析平台

旅程分析平台可以分析跨触点的客户交互行为，评估客户体验的状态。这类平台通过以下方式帮助打破孤岛：

- 在客户旅程中跨渠道和触点连接数据源以创建统一的客户视图；
- 创建数据驱动的客户旅程地图库以测量客户交互并预测客户下一步的行动；
- 测试客户旅程假设，优化测量结果并贯穿客户旅程的交互。

（3）客户旅程编排平台

这类平台除分析跨触点的客户行为外，还能以近乎实时的方式利用预测模型基于客户行为做出调整，以制定决策来改善客户旅程流程和体验水平，从而实现商业目标。

需要指出的是，以上三类客户旅程工具和平台，基本上是依次递进的关系：后面的平台均具备前面类型平台的功能，但是在功能程度和辅助功能上，不一定能达到前面类别的程度。例如，客户旅程编排平台同时也具备客户旅程地图绘制的功能，但是其绘制功能在所支持的元素、可调整选项、可视化视觉效果上，往往与专门的客户旅程地图绘制工具有较大的差距。

2. 客户旅程工具与平台的评估与选择

同样，企业根据客户体验技术的基础评估维度——成熟度、商业价值、投资与成本，可对客户旅程管理工具和平台进行分析。

根据成熟度和商业价值两个维度，企业可以将以上各类工具与平台划分为4个不同的象限，每个象限可以采取原则性策略，如图 12-5 所示。

- 实验象限（左下区域）。低成熟度和低商业价值具有实验技术的特点。大多数企业应该将他们对这些技术的接触限制在有限的实验中，等到这些较新类别技术的商业价值达到预期后再进行投资。
- 投资象限（左上区域）。低成熟度和高商业价值具有投资技术的特点，这些新技术已经达到了企业可以放心投资的地步。

- 维持象限（右上区域）。高成熟度和高商业价值具有维持技术的特点。这些是大多数企业赖以生存的技术，它们通常是稳定的、被充分理解的技术，这些技术会继续给企业带来很高的回报。大多数企业应该维持对这些技术的部署和使用。

- 收缩象限（右下区域）。高成熟度和低商业价值具有收缩技术的特点。这些较老的技术类别的商业价值已经开始下降，或者已经成为一个更加强大的相邻技术的一部分。绝大多数企业应该寻找更新的、高价值的替代品，并从这些类别中撤离出来。

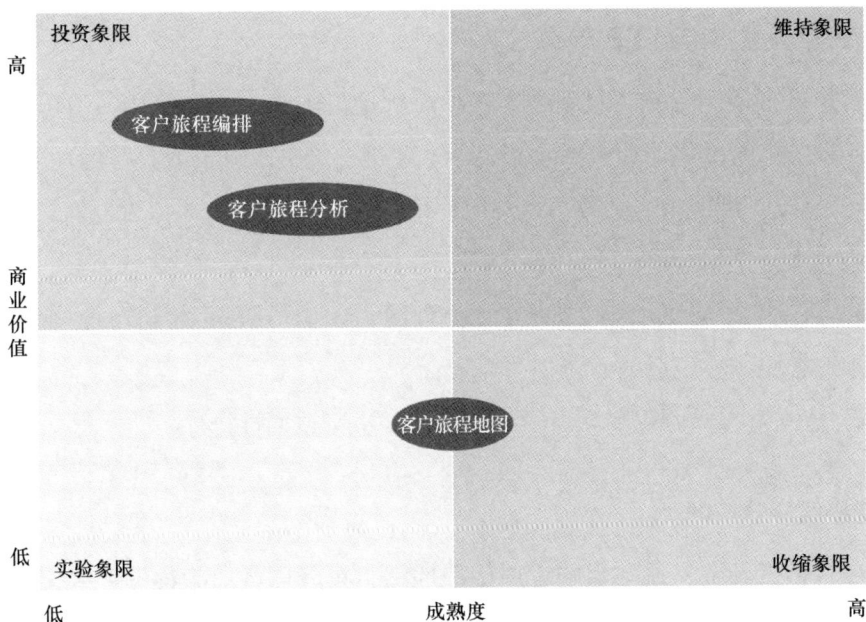

图12-5 客户旅程管理工具和平台策略

说明：图中的椭圆大小表示该类技术的投资和成本，圆圈越大表示投资和成本越大。对于具体企业而言，还要考虑每一类的投资和成本，以及企业自身的预算情况。

12.3 客户旅程地图工具

虽然客户旅程地图的流行程度激增，但许多企业和团队仍然很难从客户旅程地图中获得实际价值，这个时候客户旅程地图绘制工具就能提供帮助，通过将客户旅程地图绘制工作数字化，在平台上共享和协作，驱动跨职能部门合作，以及推动实际的体验优化行动，如图 12-6 所示。

图12-6　客户旅程地图工具和平台的主要功能

1. 客户旅程地图绘制工具定义

客户旅程地图绘制工具将静态客户旅程地图转换为数字文档，可以在基于客户旅程的体验优化行动中持续和灵活地使用，这类工具一般具备的功能包括：

- 生成、可视化，并共享客户旅程地图；
- 协调和驱动跨职能部门的协同工作；
- 将其他数据源和数字文档（如流程图）与客户旅程地图进行连接与集成，监测影响客户体验质量的所有相关要素；
- 建立对客户旅程和项目的分析模型并进行重要性排序。

2. 成熟度评分：低

在这类工具中，最基本的客户旅程地图工具聚焦客户旅程的数字化、可视化和共享，而更高级的工具提供其他数据和文档的集成和数据呈现。这类工具的功能比较单一，随着集成度越来越高，客户旅程地图绘制工具很可能会融合到其他两类平台中。

3. 商业价值评估：低

这些工具帮助客户体验专业人员改进现有的客户旅程，或者规划和构建未来的客户旅程，并进行分享，对实际的跨部门工作有促进作用，但程度无法保证。

4. 全生命周期成本：中

很多这类工具也提供一定数量内的免费版本，超出部分收取订阅费用，水平一般处于中等偏下。

5. 典型的客户旅程地图绘制工具

表12-1为目前市面上典型的客户旅程地图绘制工具清单。其中标星的为推荐使用的工具，这些客户旅程地图工具在功能及使用体验上相比其他工具更胜一筹。

表12-1　典型的客户旅程地图绘制工具清单

序号	工具名称	备注
1	Canvanizer	***
2	Cemantica	
3	CFN Insight	
4	cxomni	
5	Journifica	
6	Miro	***
7	Milkymap	
8	Mural	***
9	Perforce Gliffy	
10	Quadient	***
11	Smaply	***
12	SIMPLIFY	
13	Suite CX	***
14	UXPressia	***

12.4　客户旅程分析平台

伴随着数字化进程，体验将变得越来越个性化、连续、情感化交互，如果不能以接近实时的程度洞察和分析客户与不同接触点的交互之间是如何连接、交叉和相互影响，并预测和优化客户的旅程，就不可能提供出色的体验。而要达到实时洞察和分析的目标，就一定需要数字化客户旅程分析平台的支持，如图 12-7 所示。

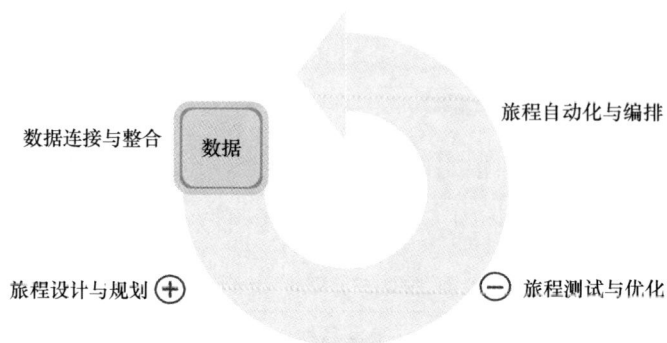

图12-7 数字化客户旅程分析平台的主要功能

1. 客户旅程分析平台定义

客户旅程分析平台可以将定量和定性数据结合起来，分析贯穿不同接触点的客户行为和动机，这些平台提供的功能包括：

- 多触点数据的融合；
- 旅程设计与规划；
- 旅程测试与度量。

2. 成熟度评估：低

这类平台需要通过整合多渠道、多触点数据，需要集成数据采集、同源、分析多项技术。目前这类平台还处在起步阶段，需要在以下方面实现重点突破：

- 多触点数据的采集与整合能力，尤其是针对第三方社交媒体平台触点的数据；
- 识别能证明客户旅程分析价值的关键用例；
- 基于成熟用例的客户旅程分析模型开发能力；
- 可以让用户轻松使用，而不需要企业或个人学习大量的技术和技能。

3. 商业价值评估：高

这类平台帮助企业和团队实时、大规模地监测和分析客户旅程，并预测客户未来的行为，提高客户生命周期价值、运营效率和商业价值。

4. 全生命周期成本：高

为了实现实时的多触点采集数据，这类平台需要进行针对性部署，存在前期的投入成本。使用期间，企业需要支付订阅费，相对属于较高的水平。除了初期的部署费用和使用期间的订阅费用，还需要建立专业团队进行数据分析和研究。总体来看，客户旅程分析平台的成本投入是比较高的。

5. 典型的客户旅程分析平台

表 12-2 为目前市面上典型的客户旅程分析平台清单。由于此类平台的研发难度较大、部署和使用门槛高、市场还不成熟，因此近年来发生多起并购。

表12-2 典型的客户旅程分析平台清单

序号	工具名称	备注
1	Alterian	
2	Clickfox	***
3	IBM Waston	
4	inQuba	
5	Kitewheel	被CSG收购
6	NICE	
7	Pointillist	被Genesys收购
8	Suite CX	
9	Teradata	
10	Thunderhead	被Medallia收购
11	Usermind	被Qualtrics收购

根据总体的数据采集和分析模式，可以将以上这些客户旅程分析平台划分

为两种类型，如图 12-8 所示。

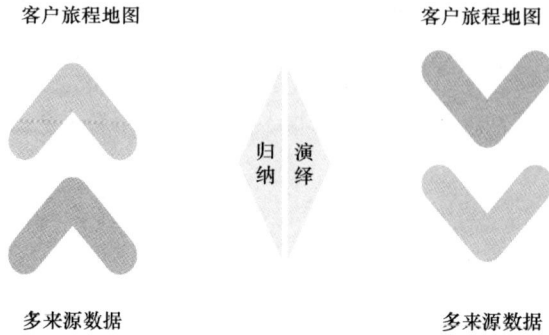

客户旅程地图　　　　　　　　　　　　　客户旅程地图

归　演
纳　绎

多来源数据　　　　　　　　　　　　　多来源数据

图12-8　客户旅程分析平台的主要类型

类型 1："自下而上"型客户旅程分析平台

这类客户旅程分析平台先采集来自各个触点的所有数据，然后基于这些数据来分析、识别和还原主要的客户旅程，因此被称为"自下而上"型客户旅程分析平台，包括 ClickFox、风筝轮（Kitewheel）、Teradata 等。这种类型的平台需要具备强大的大数据采集、处理和分析能力。

类型 2："自上而下"型客户旅程分析平台

这类客户旅程分析平台先基于研究和假设绘制出主要的客户旅程地图，然后根据客户旅程所包含的触点有针对性地去采集数据，进行分析和呈现，因此被称为"自上而下"型客户旅程分析平台，包括 Cora Journey 360、Touchpoint Dashboard 等。这种类型的平台不一定需要强大的大数据能力，而是通常利用更加常规、简便的方式采集和分析数据，如问卷调查、爬虫技术等。

12.5　客户旅程编排平台

不管是客户旅程地图绘制工具，还是客户旅程分析平台，始终都处在研究和分析的层面，而真正让这些研究和分析付诸实施的是客户旅程编排平台，这类平台的功能侧重实操层面，如图 12-9 所示。

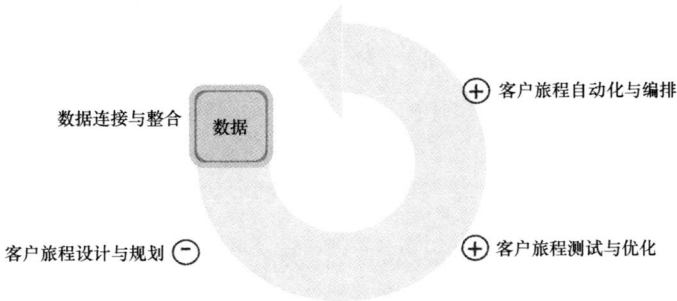

图12-9 客户旅程编排平台的主要功能

1. 客户旅程编排平台定义

客户旅程编排平台将定量和定性数据结合起来，在分析和测量的基础上，通过对客户旅程中触点的交互进行自动化与编排，实现基于客户旅程的体验和最终商业转化的提升。这些平台提供的功能包括：

- 多渠道、多触点数据融合；
- 客户旅程设计与规划；
- 客户旅程测试与优化；
- 客户旅程自动化与编排。

其中，有些平台侧重可视化与规划，有些则侧重测试与分析，但都具备对行动、交互、事件进行编排的能力，而且几乎可以做到实时的程度。

2. 成熟度评估：低

虽然目前有很多供应商开始从不同的技术领域（如 CRM 系统、VoC、大数据分析、客户旅程地图绘制等）进入客户旅程编排平台领域，但由于客户旅程编排平台除了要面临客户旅程分析平台在数据整合方面的难题，还需要具备进一步整合数字化内容、交互和互动的设计、开发和部署的能力，而且要实现这些流程的自动化，因此目前客户旅程编排平台还处在初期阶段。

3. 商业价值评估：高

这些客户旅程编排平台能帮助客户体验专业人员、营销人员大规模、实时地管理客户旅程，并预测客户未来的行为，实时调整和优化各触点的交互和端到端的客户旅程，提高客户生命周期价值和企业的运营效率，实现最终的商业转化。

4. 全生命周期成本：高

为了实现实时的多触点采集数据，以及对客户旅程中各触点的交互控制，这类客户旅程编排平台需要进行针对性部署，存在前期的投入成本。使用期间，企业需要支付订阅费，相对属于较高的水平。除了初期的部署费用、使用期间的订阅费用，企业还需要建立专业团队进行数据分析和研究，以及客户旅程的设计、编排。总体来看，客户旅程编排平台的成本投入是比较高的，涉及整个工作模式和方法的整体变革。

5. 典型的客户旅程编排平台

表 12-3 为目前市面上典型的客户旅程编排平台清单。

表12-3 典型的客户旅程编排平台清单

序号	工具名称	备注
1	Alterian	
2	Clickfox	
3	Coveo	
4	EngageHub	
5	inQuba	
6	Kitewheel	被CSG收购
7	NICE	
8	Pointillist	被Genesys收购
9	Roojoom	
10	Thunderhead	被Medallia收购
11	Usermind	被Qualtrics收购

12.6　客户旅程平台的应用策略

由于看好客户旅程管理的前景，近几年加入客户旅程平台领域的国内外厂商数量在快速增加，各类型的客户旅程平台和相应供应商在支持客户旅程管理方面各有不同的优势，这意味着在选择和应用这些平台时，必须根据企业自身具体的需求和状况进行评估，以确定供应商是否可以支持这些目标的实现。

1.　明确要实现的目标

在引入和部署客户旅程工具和平台之前，企业要先思考以下 3 个问题，它们决定了客户旅程平台的应用能否取得成功，以及能设定什么程度的目标。

- 客户旅程思维在企业或组织内的深入程度如何。
- 整个企业或组织中利益相关者对客户旅程的负责任程度如何。
- 企业或组织中数据驱动和引领的程度如何。

如果想在整个组织中可视化和共享客户旅程地图，那么可以考虑使用客户旅程地图绘制工具推动跨职能部门协同，并推动企业对客户体验的重视和投入。

如果想创建一个整体的以客户旅程为中心的战略，并通过数据驱动将人物角色、客户旅程地图、流程图、优先级模型、投资回报模型连接起来，管理涉及多个利益相关者基于旅程的优化行动，那么可以考虑引入客户旅程分析平台。

如果想通过全面的体验测量，并对与客户的交互进行端到端的编排，实现业务效果的提升（如业务收入、客户生命周期价值、流失率），那么建议考虑客户旅程编排平台。

2.　确定要连接的数据源

企业计划的客户旅程转型范围以及数据的质量将是选择适合供应商的关键因素，应确保备选的供应商可以采集和处理所需的数据。旅程地图绘制工具只是在触点采集数据，主要是一些定量调查数据，以及定性访谈记录、主观感知数据等。客户旅程分析平台和客户旅程编排平台则能在更大的范围内整合数据，包括跨渠道、触点、数据库和系统的数据，除了常见的调查数据，还包括了大量的非结构化数据。其中一些客户旅程分析平台和客户旅程编排平台从某个单一渠道（如 IVR 或数字渠道）开始，逐步添加其他的数据源。

3. 确定谁是主要用户

在经过简单培训之后，大多数企业的利益相关者都可以学会使用客户旅程地图绘制工具。如果企业已经有专门负责改善客户旅程的员工，已经对这一专业领域有了更深入的了解，那么可以从使用客户旅程分析和客户旅程编排工具中获得更多的价值。部分客户旅程分析平台以及大多数客户旅程编排平台都需要一些数据科学方面的技能（如大数据分析、文本分析、人工智能等）。在选择这些平台时，要保证这些厂商能提供这方面的培训，或者所在企业已经有了这方面的人才。

4. 确定是否需要与其他系统集成

大多数客户旅程分析平台和客户旅程编排平台都需要与其他技术（如呼叫中心系统、VoC 平台、内部 OA 等）集成。目前的工具和平台提供商在这方面的能力和经验不尽相同，有些具有敏捷开发工具集成的能力和经验，有些具有营销自动化工具的集成经验，还有一些具有营销活动管理工具的经验，所以要确保正在考虑的供应商已预先搭建了比较成熟的数据连接器，并能与其他常用的关键技术和平台进行集成，这将极大地影响企业洞察和塑造客户旅程的能力。

5. 确定是否需要工具和平台组合

一些公司从基本的客户旅程地图绘制工具开始，逐渐拓展到数据驱动阶段，这时就需要客户旅程分析平台或客户旅程编排平台。有一些旅程分析平台供应商已经与旅程编排平台供应商建立了合作伙伴关系，可以帮助企业规模化扩展客户旅程管理能力。但即使企业在旅程方面已经具备了比较全面的技能，那些准备采用实时旅程编排的企业可能仍会发现，基础性的旅程地图绘制工具对于推动跨职能部门的协同，以及管理复杂的旅程转型路线图，仍然是很有帮助和必需的。

12.7 三大客户旅程平台对比分析

之前列出的为数众多的客户旅程工具和平台，限于篇幅无法具体介绍。这里重点对三个全球领先的客户旅程管理平台（Kitewheel、Thunderhead 和 Pointillist）进行对比分析，在研究机构 Forrester 发布的 2022 年第二季度的客户旅程平台评估报告中，这三个平台都是客户旅程管理平台领域处于第一阵营的领导者。

1. 三大客户旅程平台简介

（1）Kitewheel 简介

Kitewheel 的前身是 Provenir，于 2013 年在美国波士顿成立，主要为营销策划机构提供客户互动的平台服务。2014 年，该平台升级为客户旅程编排平台，并启用新品牌 Kitewheel，通过对来自各个渠道、工具的数据进行采集与整合，进行客户旅程分析、测试，预测客户行为，实时触发个性化客户交互，提升客户体验和转化率。它是一个偏营销环节的客户旅程编排平台。2021 年，Kitewheel 被软件厂商 CSG 收购。

（2）Thunderhead 简介

Thunderhead 是一家来自英国伦敦的客户旅程平台，成立于 2001 年。基于 Thunderhead ONE 功能模块，可以进行全渠道客户数据采集、客户智能分析，以及客户旅程实时编排。其利用人工智能技术来扩展营销和优化客户体验，能够用自然语言提出和分析与客户旅程相关的问题，根据上下文和客户意图预测客户行为，为客户体验的下一个最佳行动提供决策。2022 年，Thunderhead 被客户体验管理平台 Medallia 收购。

（3）Pointillist 简介

Pointillist 是一家来自美国波士顿的旅程分析平台，成立于 2015 年，发展非常迅速。经过 4 年多的平台开发，Pointillist 已经具备从多渠道、多系统采集数据和整合的能力，可以基于数据进行客户画像和客户旅程的探索，可视化呈现，对客户的行为和体验水平进行监测，提供客户旅程洞察和优化策略。2021年，Pointillist 被软件厂商 Genesys 收购。

2. 身份识别分析

要进行客户旅程的分析和编排，通过客户身份识别对每一个客户的各类数据进行整合和同源处理是客户旅程工具和平台的核心基础功能。

（1）Kitewheel 的身份识别模式

Kitewheel 通过其专有的数据模型——Kitewheel ID Manager，实现对客户身份识别和管理。该模型通过用户标识符（如邮箱地址、cookie 等）从各渠道、系统和触点的数据中识别客户身份，与现有资料整合，并存储在数据库中。因此，客户档案可以在持续的数据监测中逐渐被完善，如图 12-10 所示。

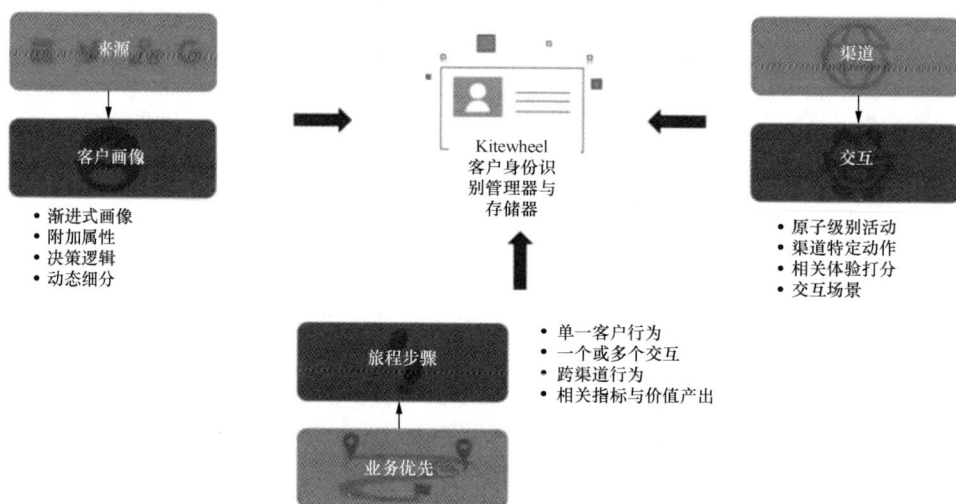

图12-10 Kitewheel的客户身份识别模式

（资料来源：Kitewheel帮助中心）

（2）Thunderhead 的身份识别模式

Thunderhead 借助其身份识别框架及自适应档案管理库（AEP），实现客户身份识别与管理。其中，识别框架负责捕获各渠道和触点（如通信、网络和移动应用程序、CRM 系统及呼叫中心）中的 Thunderhead 客户标识符，并通过标识符关联相同客户，将其行为记录在 AEP 中。AEP 是 Thunderhead 平台的数据库，用于储存 Thunderhead 客户标志符、关联的客户旅程以及记录系统（如 CRM 系统）中客户数据的映射，即 AEP 会通过平台的数据适配器直接访问记录系统中的客户数据，而 AEP 自身不会重复保留相同的客户信息，如图 12-11 所示。

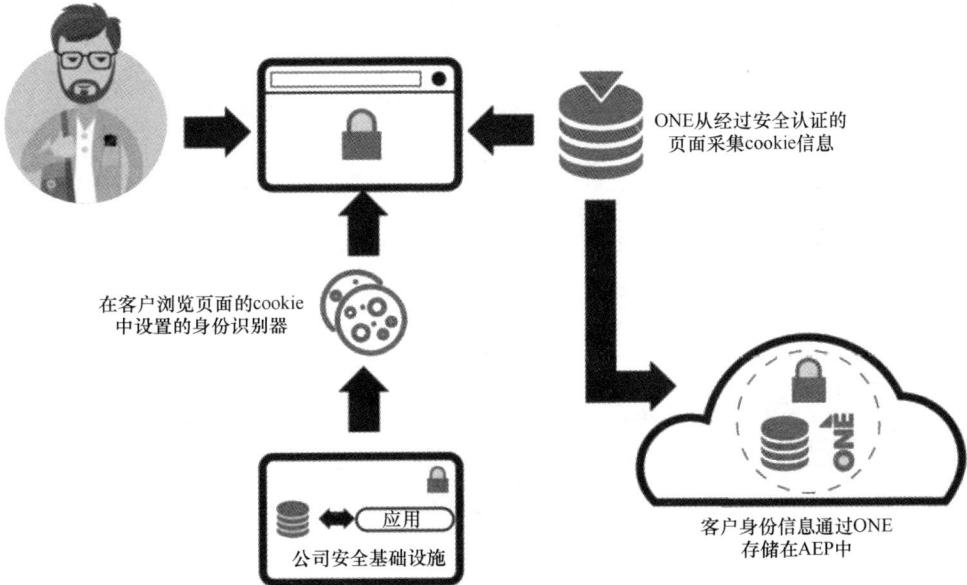

ONE从经过安全认证的
页面采集cookie信息

在客户浏览页面的cookie
中设置的身份识别器

公司安全基础设施

客户身份信息通过ONE
存储在AEP中

图12-11 Thundorhoad的客户身份识别流程

（资料来源：Thunderhead官网）

（3）Pointillist 的身份识别模式

Pointillist 的数据中心拥有自主身份解析功能，可通过邮箱地址、电话号码、客户 ID、session ID、cookie ID 等识别信息，直接关联分散的客户信息，以组建统一的客户画像。因此，Pointillist 在没有数据仓库、数据湖或客户数据平台（CDP）的情况下，可同样识别和管理客户信息。每当收到新的数据流时，Pointillist 的数据中心可自动将先前未识别成功的行为与现有客户档案进行匹配，如图 12-12 所示。

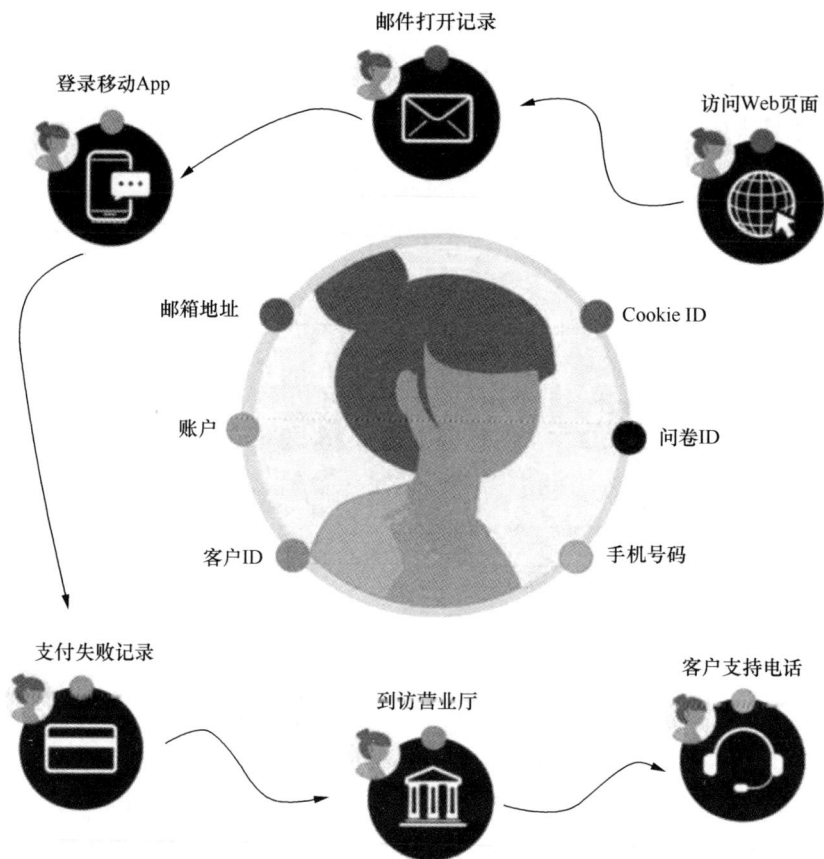

图12-12　Pointillist的身份识别流程

（资料来源：Pointillist官网）

　　综合来看，三个平台针对身份识别和管理，皆遵循以下基本逻辑：通过各类用户标识符，将各渠道和触点中的客户行为信息相关联，以逐渐完善客户档案。其中，Kitewheel 和 Pointillist 可识别多种标识符（如邮箱地址、电话号码、cookie 等），而 Thunderhead 是通过其 Thunderhead 客户标识符关联客户行为。

3. 平台功能分析

　　三个平台都属于行业内领先的客户旅程管理平台，均具备丰富的客户旅程管理功能，包括数据融合、客户旅程地图绘制、客户旅程分析，以及客户旅程自动化及客户旅程优化等客户旅程编排功能，但在各个功能的侧重上，三个平台存在差异。

（1）Kitewheel 的功能分析

数据融合：Kitewheel 支持多种方式（如数据适配器、REST 服务、Kitewheel 标签及像素追踪等）与现有平台与工具（如 CRM 系统数据库、呼叫中心、电子邮件及社交软件等）进行双向对接。既可从各渠道中实时监测和获取客户信息，也可向各平台写入新数据。同时，可以结合 Kitewheel 专有的数据模型（Kitewheel ID Manager），自动识别和管理客户信息。

客户旅程地图绘制：Kitewheel 提供客户旅程步骤框架，支持企业定义各类客户旅程步骤，以描述业务中需要追踪、了解和测量的重要客户行为。结合简单易用的绘图界面，企业可轻松绘制旅程地图，用于分析客户行为及客户编排旅程路径。

客户旅程分析：Kitewheel 的客户旅程发现分析模块可提供多种数据可视化呈现（如桑基图、热图、柱状图等）和多维度分析功能（如根据时间、渠道、步骤、旅程等维度筛选数据），帮助企业在宏观层面进行监控，在微观层面分析客户个体或细分群体的数据，把握客户路径，了解客户偏好。同时，绩效仪表板模块可提供相应可视化分析工具，从微观层面帮助企业追踪关键绩效指标（KPI），了解客户行为对各类指标的影响，理解各细分客户群差异，以及根据定性和定量数据分析投资回报率等。

客户旅程自动化：Kitewheel 的决策引擎提供多种决策工具，从简单的条件规则和逻辑，到决策树、决策表、复杂的决策矩阵、预测模型、脚本语言，再到第三方机器学习，方便企业基于编排流程图制定具体的编排规则。Kitewheel 平台在监测客户行为时，可依照编排规则，跨平台、跨渠道地对客户的具体行为做出即时反应。

客户旅程优化：通过 Kitewheel 的实时指标工具，可自定义与编排策略相关的指标，帮助企业实时统计完成相应旅程的客户数量，并通过可视化呈现了解该段旅程在不同时间区间内的流量波动，以检测编排策略的实施效果。同时，Kitewheel 提供 A/B 测试，支持自适应学习，帮助企业在不同编排策略中选择较优的方案。

（2）Thunderhead 的功能分析

数据融合：Thunderhead 提供多种对接方式 [如支持 iOS 与安卓的软件开发工具包（SDK）、ONE 标签及像素追踪等] 及专有的数据适配框架，与现有客户渠道及触点（包括线上及线下）和外部系统 [如客户关系管理（CRM）、内容管理系统（CMS）等] 进行双向连接，并结合其识别框架及专有的自适应档案管理库，自动识别和管理客户信息。

客户旅程分析：Thunderhead 旅程分析工具提供了多种实时的可视化呈现方式，可真实地反映客户旅程，每个渠道或触点上的数据都可单独可视化，帮助企业分析客户如何流动与生命周期的各个阶段及渠道、触点互动。同时，其产品 ThunderBay 为平台提供 AI 功能，可以自动分析大量的客户旅程触点数据，了解客户旅程规律，预测客户行为，为客户旅程编排提供支撑。此外，分析数据可共享、导出，以便于利用其他工具（如 PowerBI 或者 Tableau）进行分析。

客户旅程自动化：Thunderhead 的决策和编排引擎可基于客户所在触点情景、客户所有信息及实时行为，利用内置 AI 判断客户行为规律及意图，并依照企业预先配置的优先规则，从所有适用对话中选择最佳的方案与客户互动。

在客户旅程地图绘制和可视化，以及基于客户旅程分析的优化方面，Thunderhead 能提供基础的编辑、可视化、测试和优化，但不是平台的重点特色功能。

（3）Pointillist 的功能分析

数据融合：Pointillist 客户旅程数据中心预置了多种数据连接器，方便企业获取和管理不同系统和渠道的数据（如 CRM 系统、网页点击流、邮件、呼叫中心、IVR 及 VoC 等）。数据中心的敏捷数据融合模块简化了数据整合的流程，从数据源开始，逐渐扩展数据范围。自主身份解析模块可以实时解析不同来源的客户身份。同时，数据中心还支持数据质量评估与检测、溯源管理及权限管理等功能，可以最大程度地优化企业级数据管理流程，减少数据管理工作量。

客户旅程地图绘制：Pointillist 客户旅程分析平台支持客户旅程地图绘制功能，并以实时数据作支撑，帮助企业了解每一个渠道及触点的客户流动变化。通过内置 AI 可自动发现主要的客户实际路径，真实地展现客户旅程，帮助企业全面了解客户行为与意图。

客户旅程分析：Pointillist 客户旅程分析平台提供多种可视化呈现方式，帮助企业分析客户行为。支持自定义客户旅程分析及智能提醒功能，以实时监控并了解客户行为变化所带来的关键绩效指标波动，量化当前客户体验计划的投资回报率，以证明未来的投资合理。同时，内置 AI 和机器学习算法（如梯度提升树）可帮助企业分析复杂的全渠道旅程，快速判断问题并确定改进方案。分析数据可共享、导出，以支持外部模型进行分析。

客户旅程自动化：Pointillist 客户旅程编排平台可基于每个客户的目标和体验，实现与之有关的互动来优化旅程结果。同时客户群体板块使企业可依照客户属性和行为来调整行动。

客户旅程优化：Pointillist 可模拟客户旅程改进方案的影响并确定最佳结果。同时，Pointillist 可以轻松进行 A/B 测试并且评估潜在改进方案，而无须通过等待足够的客户量后执行新的步骤来衡量影响。

从 5 个维度（数据融合、客户旅程地图绘制、客户旅程分析、客户旅程自动化及客户旅程优化）综合来看，Kitewheel 平台总体上相对发展得更为成熟，提供了较为全面的功能，可以在客户旅程管理的各个方面比较好地支持客户体验的可视化、分析和自动化编排；Pointillist 在数据融合及客户旅程分析、客户体验测量方面较为突出，而 Thunderhead 在数据融合以及利用人工智能分析技术进行客户旅程自动化方面表现较好。

4. 行为分析及预测技术分析

随着人工智能技术的快速发展，如何全方位采集客户旅程数据，利用 AI 技术进行客户旅程分析和客户行为预测，并制定最佳的下一步行动策略，是各个客户旅程平台实现实时、个性化客户体验编排的关键，因此对客户行为的分析和预测技术对一个客户旅程平台来说将变得越来越关键。

（1）Kitewheel 的分析与预测功能

Kitewheel 的决策引擎可以连接如 AWS Machine Learning 的第三方机器学习

工具，通过调用 HTTPS Web 服务，发送客户行为信息并实时获取预测结果。

（2）Thunderhead 的分析与预测功能

Thunderbay 产品的内置 AI 可识别积极结果中的关键行为规律，发现导致不完整旅程的路径，并预测可以优化旅程的方案。

（3）Pointillist 的分析与预测功能

Pointillist 使用了其特有的梯度提升树智能算法，以帮助企业快速分析复杂的全渠道旅程。

从架构来看，三个平台都有数据分析模块，专注于客户旅程数据的分析和行为预测。从功能上说，三个平台皆提供多种可视化呈现工具及筛选功能，用于分析客户路径和客户流动变化，发现客户行为规律。从技术来看，三个平台皆支持 AI 算法或第三方机器学习工具，可智能发现客户行为特征。